特色课程建设丛书

丛书主编　杨四耕

幼儿个性化运动课程

陆　晔◎编著

 华东师范大学出版社

·上海·

图书在版编目(CIP)数据

幼儿个性化运动课程/陆晔编著. —上海:华东师范大学
出版社,2021
　(特色课程建设丛书)
　ISBN 978 - 7 - 5760 - 1825 - 7

　Ⅰ.①幼…　Ⅱ.①陆…　Ⅲ.①体育课-教学研究-学前
教育　Ⅳ.①G613.7

中国版本图书馆 CIP 数据核字(2021)第 117180 号

特色课程建设丛书
幼儿个性化运动课程

丛书主编　杨四耕
编　著　陆晔
责任编辑　刘　佳
项目编辑　林青荻
特约审读　朱美玲
责任校对　刘　瑾　时东明
装帧设计　卢晓红

出版发行　华东师范大学出版社
社　　址　上海市中山北路 3663 号　邮编 200062
网　　址　www.ecnupress.com.cn
电　　话　021 - 60821666　行政传真 021 - 62572105
客服电话　021 - 62865537　门市(邮购)电话 021 - 62869887
地　　址　上海市中山北路 3663 号华东师范大学校内先锋路口
网　　店　http://hdsdcbs.tmall.com

印　刷　者　上海展强印刷有限公司
开　　本　787毫米×1092毫米　1/16
印　　张　18.25
字　　数　204 千字
版　　次　2021 年 11 月第 1 版
印　　次　2022 年 12 月第 3 次
书　　号　ISBN 978 - 7 - 5760 - 1825 - 7
定　　价　56.00 元

出　版　人　王　焰

本书编委会

陆　晔　　王宜军　　邱　吉　　刘梦莹
张洪勋　　李　芳　　陈　雪

丛书总序　走向课程自觉

　　这是一个焦虑的时代,每一个人都忙忙碌碌;这是一个无坐标的时代,很多人都不知身处何方;这是一个看不见路的时代,大家都不知该如何去面对新的情境;这是一个感觉模糊的时代,对很多事我们缺乏了应有的自觉和反思。

　　面对这样一个时代,我们需要有起码的文化自觉。在费孝通先生看来,文化自觉是生活在一定文化历史圈子里的人对其文化有"自知之明",并对其发展历程和未来有充分的认识。换言之,文化自觉就是文化的自我觉醒、自我反省和自我创建。

　　要提升学校课程品质,实现立德树人根本任务,文化自觉是不可或缺的。在我看来,课程领域的文化自觉就是课程自觉,它是人们基于对课程的理性认识,为着课程品质的提升而有清晰的目标意识和科学的路径观念,自觉参与课程变革实践的理性之思与理性之行。

　　课程自觉是一种有密度的自觉,它不是一个简单概念,而是一种思想、一种行动、一种文化,包含课程自知、课程自在、课程自为、课程自省以及课程自立等基本构成。推进特色课程建设,我们需要怎样的课程自觉呢?

　　1. 清晰的课程自知。课程自知是人们对特定课程情境的自觉理解,对课程理念和愿景的清晰判断,对课程内容和框架的基本认识,对课程实施路径和方位的整体把握。认识课程,认识自我,这不是一件容易的事。对一位校长来说,课程自知意味着对学校课程规划的整体理解,自觉研判学校文化与课程建构的关系、育人目标与课程架构的关系、资源调配与课程实施的关系;对一位教师来说,课程自知意味着对学科课程群建设的自觉思考,自觉跳出"课程即科目""课程即教学内容"等狭隘的课程观,建立与立德树人要求相适应的崭新课程观。

　　2. 透彻的课程自在。萨特说:存在先于本质。他曾将存在分为自在的存在和自为的存在,自在的存在是物体同其本身等同的存在,自为的存在是同意识一起扩展的

存在。课程自觉需要深刻理解课程自在的文化,需要完整把握课程自在的处境,需要清晰认识课程变革的制度环境和现实可能,进而意识到哪些是可为的,哪些是不可为的;哪些是必须做的,哪些是可选择的;哪些是自己即可为的,哪些是需要制度支持的。

3. 积极的课程自为。按照萨特的观点,自为的存在是自我规定自己存在的。意识是自为的内在结构,自为的存在就是意识面对自我的在场。对课程变革而言,课程主体按照课程发展规律,通过自身的自觉行为和实践实现课程品质的提升,就是课程自为。课程自为意味着我们对课程自在的不满足,意味着我们开动脑筋思考课程变革的空间,意味着我们通过直面本己的课程实践培育新的课程文化,意味着我们在积极的卷入中推进课程深度变革。

4. 深刻的课程自省。课程自省即课程反思。杜威(1933)曾将反思解释为"思我所思(thinking about thinking)",他鼓励专业人士审思每一个专业判断之下的潜在逻辑。课程变革是一种反思性实践,需要对实践进行反思,再将反思带到新的实践中去。反思性实践是一种主动且持续地审视理论、信念和假设的过程,它可以帮助我们在课程实践中更好地理解自我与他人,选择合适的方式应对可能的情境。课程反思是凌驾于思维之上的更高层次的反思。当你站在既定的框架里去检查这些规则的时候,是无法发现这些规则的问题的;如果你可以跳脱出来,不带评判和预设地去分析这些规则,其中的不妥之处就会被你看到。课程反思是一种能力,当你掌握了这项能力的时候,你就像"觉醒"了一样,一样的世界,你却会有不一样的"看法"。这就是哈贝马斯所谓的"沟通理性"概念,提升课程品质特别需要这样一种理性:反省、批判和论证。

5. 持守的课程自立。《礼记·儒行》:"力行以待取。"每一个人只有在自己的行动中,才能发现自己,才能向世界宣布他具有怎样的价值。课程自立是一个人认识到课程变革是自己的事,要有自己的立场、自己的创见,自持自守,不为外力所动,不随波逐流,进而"回到粗糙的地面"(维特根斯坦语),自觉参与到课程变革中来。课程自立本质上是在课程自知、课程自在、课程自为以及课程自省的作用之下,依靠自己的自觉和力量对课程实践有所贡献,并在此过程中逐渐提升自己的课程能力和专业成熟度,确证自己的"课程人"地位,成为"自己的国王"。

当我们有了清晰的课程自知、透彻的课程自在、积极的课程自为、深刻的课程自省以及持守的课程自立的时候,我们便作为"有创见的主体"主动地介入到课程设计、实施、评价与管理的全过程之中了,学校课程深度变革便自然而然地发生了。

费孝通先生说:"文化自觉是一个艰巨的过程。"让课程意识从"睡眠状态""迷失状态"到"自觉状态",也是一个艰难而痛苦的过程。可喜的是,本套丛书的作者秉持课程自觉之精神,聚焦特色课程建设,在课程自知、课程自在、课程自为、课程自省和课程自立方面掘进,迎来了课程变革的新境界!

杨四耕

2020 年 7 月 3 日于上海市教育科学研究院

目录

第一章　我走：让幼儿的动作协调有力 / 001

小班阶段,幼儿双脚能够交替迈出,但容易出现身体左右晃动的现象,行走的速度慢,身体易疲劳。中班阶段,幼儿双脚迈出有力,双手手臂能够协调摆动,行走速度较快,但能够持续行走的时间较短。大班阶段,幼儿上下肢动作协调,双脚迈出的步幅大,手臂前后摆动有力,行走的速度快,能够持续行走的时间长。

第二章 我跑：释放幼儿自由奔跑的天性 | 043

小班阶段,幼儿一般能够勉强跑起来,但身体重心不稳定,腿部无力,容易左右摇晃,跑起来速度不快,跑的路线左右摇摆,持续时间很短;中班阶段,幼儿能够跑起来且双脚迈步有力,手臂能够摆起来但不够协调,速度较快,持续时间短;到了大班阶段,幼儿能轻松跑起来,上下肢协调,双脚迈步大,蹬地有力,手臂前后摆动有力,速度快,持续时间较长。

第三章　我跳：有爆发力地控制身体平衡 / 085

小班阶段，幼儿基本能双脚跳，但腿部力量不足，跳起高度低、远度小，跳的过程中身体摇晃，落地不稳；中班阶段，幼儿能较轻松地双脚跳，腿部力量增强，跳起高度、远度增加，跳的过程中身体开始稳定，落地较稳定，开始尝试单脚跳；大班阶段，幼儿能轻松地双脚跳，腿部力量大大提升，跳的高度、远度继续增加，跳的过程中身体稳定，落地稳定，单脚跳的能力也大大增加，跳的形式也越发复杂。

小班阶段，幼儿上肢力量弱，投仅仅是上肢在发力，无身体联动性，投的动作随意，无目的性，投出的物体远度小，高度低；中班阶段，幼儿上肢力量仍偏弱，投的动作开始有身体联动性，投开始有目标性，开始会蹬地发力传递到上肢，投出的物体远度与高度均增加；大班阶段，幼儿上肢力量开始明显增强，投的动作有完整的连贯性，会蹬地、转体、摆臂，投的目标性明显，有相当的准度。

第五章 我爬：发展幼儿的四肢协调能力 / 175

小班阶段,幼儿上下肢力量较弱,爬行以手肘、膝脚为主,重心低,爬行速度慢,持续爬行距离有限,但是也能很好地爬行,方向主要以向前爬行为主;中班阶段,幼儿上下肢力量增强,可以手膝或手脚爬行,但是手脚爬行不熟练,速度较慢,爬行时间和距离增加,爬行方向多样,可以随意转弯;大班阶段,幼儿手膝爬行、手脚爬行、匍匐爬行等多种爬行方式都可轻松掌握,爬行时身体协调、爬行时间和距离有很大进步。

小班阶段，幼儿身体不稳定，动态平衡能力先于静态平衡能力发展；中班阶段，幼儿平衡能力得到迅速发展，做各种运动时平衡能力大大提高，身体逐渐趋于稳定，静态能力也开始发展；大班阶段，幼儿静态平衡能力大大提高，逐渐趋近于动态平衡的发展，幼儿对于身体的控制大大增强。

序

　　2020年是一个令人难忘的特别之年,我们有了太多太多难忘之事。在这个特别的时期,经过崔岚老师的引荐,我在嘉定新城实验幼儿园获得了一个特别的惊喜。嘉定新城幼儿园的园长和老师们,立足中国文化情景和教育实践,充分研磨上海本土文化特点,在当代新的课程观念指导下,探讨出别具一格的"我的课程",从而形成了幼儿园课程改革发展大势下一个园本课程建设的典型个案,值得我们予以充分的钦佩和赞赏!

　　我向幼教界同行郑重推荐嘉定新城实验幼儿园的"我的课程"。园长和老师们将他们研制的课程命名为"我的课程",立意为"面向每一个心灵的课程",非常清晰地展现了这套幼儿园园本课程的基本理念。事实上,从上个世纪八十年代开始,中国的幼儿园课程改革发展已经走过了四十年的历程,我们都不由自主地裹挟其中,经历了从分科到整合、从教师导向到儿童中心等一系列的革新变化。"我的课程"的研制者告诉我们,每个孩子都是不一样的,都有独特之处。教育的使命是发现和挖掘每个孩子的天赋潜能,为他们的个性发展提供均等机会,让他们成为独一无二的"自己"。在这一使命的驱动下,嘉定新城实验幼儿园开始了"我的课程"的园本化、班本化和生本化的研究过程。这样的教育观念和课程思想,我们在《3—6岁儿童学习与发展指南》读到过,在《上海市学前教育课程指导纲要》中也读到过,那些字里行间所提倡的教育观点和课程理念如何落到实处?嘉定新城实验幼儿园的"我的课程",给了我们十分详实的答案。

　　在当前幼儿园十分热捧的"园本课程"建设中,中国幼教界有令人眼花缭乱的不同做法。一个共同面临的突出难题,就是如何处理原有课程(或者称之为地方课程)和园本课程(特色课程)的关系。嘉定新城实验幼儿园的"我的课程",研制者在工作过程中,为我们提供了很好的解决方案。他们将"我的课程"分为基础性课程、菜单式课程、阶梯微课程:(1)基础性课程。满足全体幼儿学习与发展的共同需求,也兼顾到在共同性需求下每个幼儿学习与发展的多元及独特需求,赋予幼儿自主选择和主动成长的权利,让幼儿得到全面和谐且不失个性的发展。(2)菜单式课程。在基础性课程我的生活、我的运动、我的游戏和我的学习四类活动中,菜单式课程主要满足幼儿发展的多元

性需求,从满足每个幼儿发展外在合理教育需求及内在需求的角度出发,给予幼儿自主选择的机会,让幼儿根据自己的需求选择活动,尊重幼儿的参与权和发言权;(3)阶梯微课程。阶梯微课程针对个别幼儿发展的特殊情况而专门设计和实施,教师编制幼儿行为问题观察表,通过轶事记录的方式如实记录班级幼儿情况;园方将各班级的观察表进行汇总,明确个别幼儿发展的特殊情况;根据汇总的观察表,对各班级中个别幼儿的特殊需要实施个别化课程。仔细研读本书的内容,我们将会发现,同样幼儿园的运动内容,用不同的结构重新组建之后,对于每个不同的孩子的发展需要,就可能更加具有适宜性。用这样的方式的确可以为每一个孩子提供适应他们发展需求的课程学习机会,让幼儿园课程成为每一个孩子成长的独特摇篮,从而确保每一个孩子的全面发展。

在为嘉定新城实验幼儿园"我的课程"点赞的时候,我觉得应当特别指出,一个幼儿园的园本课程建设,是一个长期地不断进行园本教研的结果。嘉定新城实验幼儿园的"我的课程"建设发展,正好可以批评现有一些"拍脑子""戴帽子""编本子"的所谓园本课程建设错误思路。嘉定新城实验幼儿园的"我的课程"研究,经历了十余年三个阶段的发展过程。在第一个阶段,2010 年至 2013 年,幼儿园重点研究基于每个幼儿充分发展的教育过程公平实践问题,教育公平理念逐渐被教师所认同,进而形成让每个幼儿的学习与发展"看得见"的讨论,教师们日益关注每个孩子的发展。在第二个阶段,2013 年至 2017 年,基于幼儿学习与发展需求,幼儿园尝试对课程进行了重构与丰富,逐步做到让每个幼儿"活起来",形成了富有特色的"我的课程"体系。2017 年进入研究第三阶段之后,园本教研致力于让每个幼儿有"获得感",不断探讨如何让每个幼儿在幼儿园一日生活各环节都有参与感,体验成就感,经历有意义的学习,最终实现让幼儿园的教育活动与每个幼儿的发展相切合。我想说,这是非常成功的自下而上与自上而下相结合的园本教研之路,也因此嘉定新城实验幼儿园才能圆满完成园本课程的建设与发展任务。

我相信嘉定新城实验幼儿园的"我的课程"教研工作,不仅促进了幼儿园课程教学的高质量发展,而且将对他们未来的工作产生长远的影响。衷心祝愿嘉定新城实验幼儿园的"我的课程"更上一层楼,希望他们在建设具有中国特色的幼儿教育课程研究中作出自己的特别贡献!

周兢

华东师范大学教育学部教授

2021.1.20

前言

让每一个孩子唱响生命的天籁

"我的课程"是上海市嘉定新城实验幼儿园在"让每个生命绽放精彩"的办园理念的推动下,以"教育公平"为内核,以幼儿的学习与发展需求为导向,充分尊重儿童权利,经过十余年探索发展出的园本课程体系。

我们认为,每个孩子都是不一样的,都有独特之处。教育的使命是发现和挖掘每个孩子的天赋潜能,为他们的个性发展提供均等机会,让他们成为独一无二的"自己"。在这一使命的驱动下,我园开始了"我的课程"的园本化、班本化和生本化的研究。至今为止,历经三个发展阶段。

2010年至2013年,让每个幼儿的学习与发展"看得见"。我园深入开展了《基于每个幼儿充分发展的教育过程公平实践研究》的探究,旨在让每一名幼儿在保教活动中都获得同等发展的条件和机会,都能通过活动发展潜能,达到最好的发展水平。在实践研究的过程中,"为了每一个孩子"的教育公平理念逐渐被教师所认同,我们也在思考,在教师看到每个幼儿的需要后,如何更好地支持教师激发每个幼儿的个性潜能? 于是,我们开始了第二阶段——园本课程体系的构建。

2013年至2017年,让每个幼儿"活起来"。在研究过程中,我们发现,落实公平教育的关键在于给予每个孩子与其发展需求匹配的教育,也就是说公平不是"大一统"的齐步发展,而是因人而异的"因材施教"。因此,2014年我们申报市级课题《基于幼儿学习需求的"我的课程"规划与实施的实践研究》并成功立项。在三年的研究中,我们基于幼儿学习与发展需求,对幼儿园课程进行了重构与丰富,逐步形成了以"唱响自己,个性生长"为课程理念的富有我园特色的"我的课程"体系。形成三类课程覆盖幼儿全体、群组及个体需要。"我的课程"在各省市辐射影响,获广泛好评。同时,在课程激活了幼儿的个性潜能后,我们也在实践中反思,

如何支持、持续推进每个幼儿在课程中进行深度学习？课程的发展由此迈入第三阶段。

2017年至今，让每个幼儿"有获得感"。这一阶段是将"我的课程"理念落地的关键时期，要让每个幼儿在幼儿园一日生活的各环节中都有参与感，体验成就感，经历有意义的学习，让幼儿园的教育活动与每个幼儿的发展相切合。这对教师的课程实施提出了巨大的挑战，我们试图在本阶段的研究中，总结"我的课程"运行机制，在各类活动中观察、分析幼儿需求，满足幼儿需求，梳理评价幼儿需求是否得到满足的评价要素和评价策略，逐步形成和更新"我的课程"实践路径和规范，让"我的课程"符合每个幼儿发展需要，并不断支持幼儿深度学习。

一、"我的课程"的要义与要素

"我的课程"是立足每一个幼儿的成长与发展，在充分把握幼儿生理、心理、认知、社会性发展特点和规律的基础上，以发展需求为导向而设计的园本化课程。"我的课程"的架构立足幼儿本位课程价值观，关注幼儿个体对经验的感知和获得，注重幼儿的个性发展和创造性表现，给予幼儿按照自身学习方式参与活动的时间和空间。因此，在"我的课程"的框架下，教师要深入了解班级每个幼儿，包括幼儿的气质、性格、学习方式、优势智能等等，从幼儿天生的、自然的需求出发思考课程的设计和实施。

"我的课程"的价值取向改变了以往以教师的"教"为主的课程实施惯性思维，打破了教师统一步调实施课程的局面，让教师的视野从自身的"教"上真正转移到幼儿的"学"上，使课程实施真正满足幼儿的需要和兴趣。"我的课程"具有以下特点：

第一，精准性，即基于精准调查的课程设计思维。以满足幼儿发展需求为前提的"我的课程"首先需要科学地把握幼儿的发展需求，即需要变基于经验的了解为基于数据的研究。只有科学地研究幼儿不同层次、不同类型的发展需求，才可能有针对性地规划课程，为每一个幼儿提供适宜、优质的教育服务。

第二，灵活性，即开辟弹性空间保障课程实施。幼儿的发展需求丰富多样且富有个性。面对一个个灵动的生命体，我们的课程实施应该是一个存在着各种可能性的运作体系，而不是毫无协商余地的"照本宣科"。以往千人一面的课程实施,淹没了幼儿的发展个性,不同孩子在同一时间以同一方式接受同一内容,这显然无法满足幼儿个体发展的需求。只有开辟弹性空间才能让幼儿的个体需求获得发展机会。

第三,建构性,即过程性评价贯穿始终。"我的课程"的构建旨在通过适宜的课程发现和挖掘每一个幼儿的优势潜能,填补弱势区域的发展空缺,最终促进幼儿整体和谐发展。此外,幼儿的发展是一个不断发展变化的过程,具有鲜明的阶段性特点。"我的课程"通过过程性、形成性的评价,让课程的运转形成螺旋上升的发展态势。

总之,基于幼儿学习需求的"我的课程"经历了精准调查、把握需求——按需灵活调整课程空间——做实儿童发展的过程性评价、推动课程建构的过程,从根本上改变了以教师的"教"主导课程的固有局面,逐渐走向以幼儿学习为核心的课程建设。也只有这样,"让每个生命绽放精彩"的办园理念才能最终落地、生根,枝繁叶茂。

在对"我的课程"内涵和特点的深度解读的基础上,我们开始了一系列的实践和探索,逐步将课程理念渗透在真实的教育场景中,贯穿于教师的教育行为上。首先,我们基于对幼儿需求、课程实施及课程资源利用情况的现状调查,开展以幼儿学习需求为核心的"我的课程"规划的研究,具体包括,"我的课程"课程理念、课程目标、课程内容、课程实施以及课程评价。

幼儿园立足"让每个生命绽放精彩"的办园理念,提出让每个幼儿"唱响自己,个性生长"的课程理念。具体而言,"我的课程"遵循幼儿发展内在的、固有的规律,满足每个幼儿对学习与发展的需求,赋予幼儿自主选择和主动成长的权利,注重让幼儿得到全面和谐的发展;还注重对幼儿个体潜能的挖掘和个性特点的彰显,使幼儿焕发生命活力,实现个性及整体的协调发展。

在深入解读《3—6幼儿学习与发展指南》《上海市学前教育课程指南》基础上,我们通过轶事记录、儿童行为的时间取样和事件取样以及行为检核等方法,在常态教育活动中持续收集幼儿的行为表现,与国家教育指南进行对照,从中梳理和归纳本园幼儿共同的发展需求,部分幼儿的发展需求以及个体幼儿的发展需求。在此基础上,形成符合我园幼儿发展特性的"我的课程"目标。

我们期望通过"我的课程"的实施让幼儿做自己生命的主人,发挥自己的个

性,成为"有主张、喜探究、乐做事、善表达"的健康活泼、和谐全面发展的儿童。具体来说就是:有主张:乐观自信,会思考,敢质疑;喜探究:好奇善问,喜探索,亲自然;乐做事:学会生活,能自理,会共处;善表达:乐于表达,会倾听,能交谈。

在对幼儿发展需求进行研究时,我们认为幼儿的发展需求可以分为两大方面。一方面,需求是幼儿作为一个生命体自然生长发展的内在基本需要,是受幼儿内部动机驱使的,比如幼儿对生理、安全、归属感、社交、探究、表达的需求。另一方面,需求是成人基于幼儿终身发展的教育目标轨道对幼儿学习与发展需要进行的合理判断,幼儿这部分的需求是受外部动机驱使的。当幼儿内在的发展需求和成人判断的合理教育需求相一致并同时得以满足时,幼儿就会获得最大效益的发展,但是当幼儿的发展需求和成人判断的发展需求冲突时,幼儿便会失去对自身发展的自主感和掌控感。"我的课程"结构就是结合幼儿发展的内在基本需求及成人判断的幼儿合理教育需求进行构建的。

通过进一步的研究,我们发现无论是幼儿内在的基本需求还是着眼于幼儿终身发展的合理的外在需求,都具有共同性、多元性和独特性的特点。

共同性是指处于生命体发展的幼儿期,儿童有其一般性、典型性和本质性的身心发展需求。幼儿发展需求的共同性要求"我的课程"内容要科学均衡,确保满足幼儿阶段每个幼儿的基本发展需求及兼顾其终身发展的教育需求。多元性是指幼儿生长中的发展需求是内容丰富、种类多样的,而即使有相同的发展需求时,其外在的表现也是多样的。幼儿发展需求的多元性要求我们的"我的课程"内容要有充分的可选择性,能够兼顾幼儿发展需求的多样性及个体对发展需求反应的多样性。独特性是指每一个幼儿在发展速度、发展优势领域和发展的最终水平上都会表现出自身的特点,故其发展需求就表现出较大的个体差异性。幼儿发展需求的独特性要求"我的课程"要满足不同个体幼儿特有的、差异化的发展需求。

根据对幼儿发展需求的共同性、多元性和独特性的特点,我们将"我的课程"体系分为基础性课程、菜单式课程、阶梯微课程三大类。基础性课程主要满足幼儿发展的共同性需求,菜单式课程主要满足幼儿发展的多元性需求,阶梯微课程主要满足幼儿发展的独特性需求;但在实际构建课程内容体系中,每一类课程在兼顾其针对的幼儿发展需求特点外,同时还兼顾到幼儿发展需求的其他特点。(见图1)

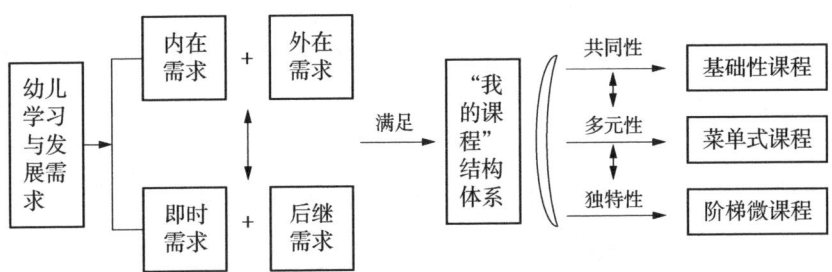

图 1 需求导向的"我的课程"设计思路图

"我的课程"以上海市二期课改的共同性课程为蓝本,同时也兼顾到在共同性需求下每个幼儿学习与发展的多元及独特需求,赋予幼儿自主选择和主动成长的权利,让幼儿得到全面和谐且不失个性的发展。由此,我园课程分为"我的生活课程""我的运动课程""我的游戏课程"和"我的学习课程"四类活动。通过聚焦四类活动的组织形式,从满足每个幼儿外在发展合理教育需求及内在需求的角度出发,思考如何创新课程实施,让每个幼儿都能在亲身体验和亲手操作中经历有意义的学习。

"我的生活课程"是指生活自理、交往礼仪、自我保护、环境卫生、生活规则等方面的活动,旨在一日活动的各个环节中根据幼儿上述方面的内在需求及基本经验获得的外在适宜需求,给予每个幼儿自主选择和主动动手的机会,让其在真实的生活情境中自主、自觉地发展各种生活自理能力,形成健康的生活习惯和交往行为,在集体的生活中能够愉快、安全、健康地成长。

"我的游戏课程"是指幼儿自发、自主的,能够满足幼儿各种内在与外在发展需求的自由的活动。游戏活动有其独有的特征:不受外在目标控制,是一种内在动机性的活动;游戏者自主,是一种选择自由度很高的活动;表现已有经验,是一种力所能及的活动;注重过程体验,是一种不在意结果的活动,是一种假想的、非正式的、不受评价约束的活动;体验积极情感,是一种充满安全感、胜任感、成就感的活动。游戏活动的特征决定了教师必须尊重幼儿游戏的权利,给予幼儿自由的游戏空间,支持幼儿根据游戏需求及自我发展需求自主选择游戏主题和游戏材料,鼓励幼儿自由选择同伴。教师的角色定位为幼儿游戏的观察者、支持者和引导者。教师的主要任务是观察幼儿的游戏,判断幼儿的游戏需求,在适当的时机

给予幼儿工具、材料或是提供意见。

"我的学习课程"主要指基于幼儿基本经验获得的教育需求及幼儿自主探索本能需求而组织的高低结构活动。"我的学习"高结构活动主要是基于幼儿基本经验的共同教育需求而开展的主题教学活动。"我的学习"低结构活动主要包括主题下的各领域个别化学习活动及项目化学习活动,主要指向幼儿生命体与生俱来的制作、探究等本能需求。

"我的运动课程"旨在为每个幼儿提供适宜其运动发展水平的指导,帮助幼儿提高身体素质、运动协调能力和适应环境的能力,为幼儿健康的体质奠定基础。《3—6岁儿童学习与发展指南》明确指出:"幼儿阶段是儿童身体发育和机能发展极为迅速的时期,也是形成安全感和乐观态度的重要阶段。发育良好的身体、愉悦的情绪、强健的体质、协调的动作、良好的生活习惯是幼儿身心健康的重要标志,也是其他领域学习与发展的基础。"由此可见,运动对幼儿的身心健康发展起着极为重要的作用。

二、"我的运动课程"的框架设计

依据《上海市学前教育课程指南》,幼儿园一日活动包括生活活动、运动活动、学习活动、游戏活动四类活动。运动是幼儿园课程重要的组成部分。随着运动园本化研究在我园的全面铺开,教师们感叹自己最缺乏的是幼儿运动水平发展等本体性知识;最困惑的是幼儿当下运动行为水平的表现与识别;最需要的是面向每个幼儿不同的运动发展水平差异化的课程设计与实施。

为了让运动真正适宜每一个儿童的发展,并为教师提供科学的支持,我园组建以中高级教师、骨干教师和体育专任教师为主的运动课程核心组,结合幼儿发展与教育规律和运动专业知识,基于我园"我的课程"的理念,深入开展运动课程园本化研究,形成"我的运动课程"。

"我的运动课程"目标是:为每个幼儿提供适宜其运动发展水平的支持,提高幼儿身体素质、运动协调能力和适应环境的能力,为幼儿健康发展奠定基础。

"我的运动课程"以基本动作作为内容组织的维度,将运动领域的能力要求融入到幼儿身体运动的基本动作中,以幼儿为主体进行描述,使得课程实施中更加关注幼儿的主体地位和经验。(见表1)

表 1 "我的运动课程"内容维度与《指南》的对应关系

"我的运动课程"内容维度	对应《3—6岁儿童学习与发展指南》	
	具有一定的平衡能力,动作协调、灵敏	具有一定的力量和耐力
我走	√	√
我跑	√	√
我跳	√	√
我投	√	√
我爬	√	√
我稳	√	√

《上海市学前教育课程指南》从课程功能维度将幼儿园课程分为共同性课程和选择性课程,"我的运动课程"由满足全园幼儿共同性发展需求的运动活动、满足班级幼儿差异化需求的运动活动和满足幼儿个体发展需求的个性化活动组成。从运动发起主体划分,"我的运动课程"分为幼儿自主运动和教师发起的运动;从运动组织形式划分,"我的运动课程"分为区域活动和运动游戏。

"我的运动课程"的实施根据幼儿不同类别的需求进行分层与分类,有目标地开展差异化课程。课程实施关注幼儿学习的过程,体现过程性;过程中持续观测幼儿的发展情况,体现科学性;根据幼儿的发展状况,动态调整课程实施内容,体现针对性。其本质是以幼儿学习与发展为内核,差异化实施与动态调整课程内容,展现教育螺旋式上升的路径(见图 2)。

"我的运动课程"评价主要指向幼儿运动能力发展,以"评价促发展,评价促改进"的理念引领评价实施,将依据评价工具收集到的幼儿运动中的数据作为课程差异化实施与改进的依据。

概言之,在基于教师真实问题的运动园本化研究过程中,构建"我的运动课程",创生以动作发展科学性和课程实施差异化为特征、指向每个幼儿个性化发展的阶梯式运动模式;形成基于幼儿体能发展实证数据差异化制定运动方案的订制模式,形成基于循证和动作发展差异化实施运动的运行模式,形成运动中教师差异化支持幼儿体能和品质发展的指导模式,最终指向幼儿个性化发展。每个幼儿都有自己的发展速率,每个幼儿都有自己的学习方式,指向每个幼儿个性化发展的"我的运动课程"实现了儿童友好的幼儿园运动课程。低结

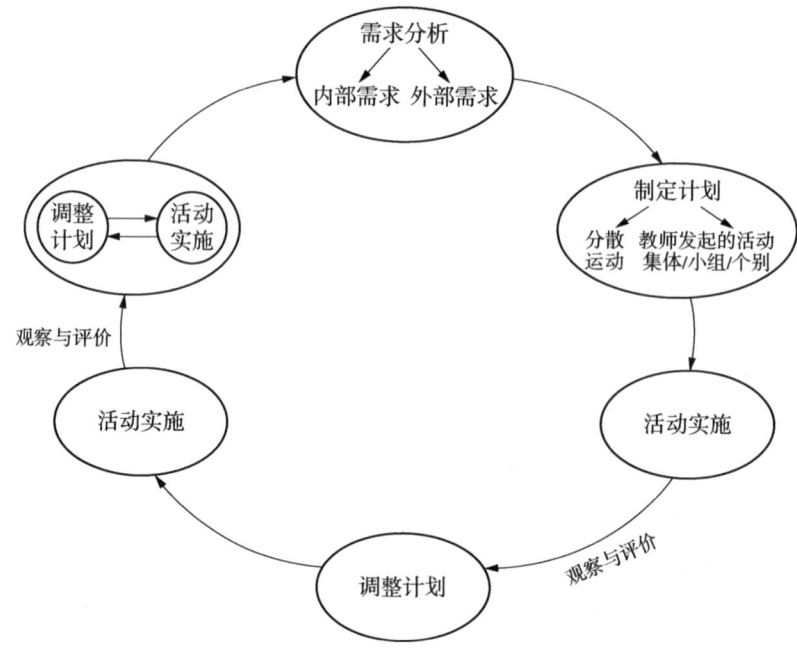

图2 "我的运动课程"实施路径图

构、乐运动的友好型环境,系统规划、横向一致、纵向连贯的阶梯式课程,最终培育出热爱运动、身心健康、个性化发展的幼儿。

三、"我的运动课程"的实施与推进

(一)基于调研的问题发现与行动,夯实教师本体性知识

在调研中,我们发现了几个重要的问题:(1)教师对各年龄段幼儿运动发展目标和动作发展要求不够清晰;(2)教师在运动中对幼儿运动能力观察与分析的意识和能力还不够;(3)教师根据幼儿运动发展目标以及动作发展需求科学设计活动的能力还需加强,特别是针对教师发起的运动游戏的重视度还不够;(4)教师根据不同幼儿的发展需求差异化实施运动课程的能力还需进一步提高;(5)教师设计的体育活动科学性和系统性不够强,运动强度不能充分促进幼儿身心的发展;(6)教师自我运动经验不足,体育活动中只是观察者和保护者,缺少在运动中对幼儿进行指导。简而言之,教师系统性的幼儿运动发展知识不够扎实,在运动过程中识别幼儿运动水平并提供支持的能力有待提升。

　　基于此,我园进行了以下尝试:一是组建以体育专业教师引领的运动课程核心组,强化教师运动本体性知识的学习,如幼儿基本动作发展的序列和梯度,以确保运动的科学性(见表2);二是依据《上海市学前教育课程指南》等编制我园《户外体育游戏操作指引》,将幼儿动作发展和日常运动活动、运动器材进行关联,为教师指导、支持幼儿运动提供抓手。

表2　幼儿运动基本动作进阶式发展——以平衡能力为例

影响因素	平衡分类	实施方法	动作发展梯度		
			阶段一	阶段二	阶段三
1. 支撑面的大小 2. 支撑面的稳定性 3. 身体重心高低 4. 身体的感知觉	静态平衡	改变身体接触面	双脚支撑站立	双脚垫脚站立	单脚支撑站立
		改变支撑面稳定性	平衡木上站立	平衡球上站立	荡荡桥上站立
		改变身体重心	站立支撑	蹲立支撑	平板支撑
		改变前庭刺激	闭目站立	旋转后静止站立	闭目旋转后静止站立
	动态平衡	改变身体接触面	恰恰步走	交叉步走	垫脚走
		改变支撑面稳定性	地标线上走	平衡木上走	荡荡桥上走
		改变身体重心	蹲立行走	站立行走	手持物行走
		改变前庭刺激	侧向滚动	前滚翻	后滚翻

　　研究发现,影响幼儿身体平衡的四个因素是支撑面的大小、支撑面的稳定性、身体重心高低、身体的感知觉,教师可分别从静态平衡和动态平衡开展进阶式的活动设计。如,发展幼儿静态平衡能力时运用减小支撑面积的方法,引导幼儿循序渐进改变身体静力支撑的身体姿势,双脚支撑站立→双脚垫脚站立→单脚支撑站立;发展幼儿动态平衡能力时,则通过减低支撑物稳定性的方法,循序渐进的改变支撑物的种类,设计从地标线上走→平衡木上走→荡荡桥上走的进阶式活动,基于动作发展规律进阶式地设计运动方案,让运动更加科学。

（二）基于数据的课程需求与分析,提升教师观察识别能力

　　如何识别班级幼儿运动发展的差异化,并有针对性地提供运动活动的支持,成为运动课程实施中的新问题。识别的基础是观察与分析,对幼儿在运动中真实活动状态的观察与实录就成为收集数据的必要途径。我们依据《3—6岁儿童学习与发展指南》《上海市学前教育课程指南》,结合国家体育总局颁布的《国民体质标准测定手册(幼儿部分)》制定全园幼儿运动发展的评价工具,使用定量与定性分

析相结合的方法,对幼儿在运动中的真实表现状态以数据的形式进行收集。

学期初,运动课程核心组专职教师对全园幼儿进行体能发展的诊断性评价,了解幼儿已有运动水平和能力。学期中,教师以现场观测、视频录像等方式进行常态化观测,对班级每个幼儿运动水平进行形成性评价,并据此数据进行差异化课程实施;家长通过家庭日常活动的观察了解自己孩子的运动强项和弱项,和幼儿园形成教育合力,促进幼儿体能的全面发展;幼儿通过自我评价,了解自己的运动优势和不足,寻找自己的运动兴趣。学期末,运动课程核心组专职教师对全园幼儿进行体能发展的终结性评价,了解幼儿本学期运动发展情况,为运动课程实施有效性提供证据。(见表3)

表3　幼儿运动发展评测工具及使用方法

	工具	目的	适用年龄	时段及频次	评测主体
1	《幼儿体能发展观测表》(包括速度、力量、灵敏、协调、柔韧、耐力等身体素质发展水平)	比较全面了解各班幼儿的运动经验和身体发展水平;分析全园幼儿基本体能素质发展情况。	中大班	每学期初和学期末教师以现场观察、体质观测等方式对全园各班幼儿进行体能发展观测	专任教师
2	《幼儿运动能力发展日常观测表》(走、跑、跳、投等基本动作表现情况)	了解每个幼儿自身运动经验和身体动作发展水平;持续跟踪幼儿运动发展水平。	小中大班	时段1:上午分散运动期间 时段2:下午体育游戏期间	班级教师
3	《幼儿运动发展家园双向观测表》	科学指导家长了解幼儿运动发展情况	小中大班	弱:每周1次 一般:每月1次 强:每学期2次	家长
4	《幼儿区域运动能力观测表》(室内5个和户外10个)	收集幼儿室内外场地使用器材的直接经验;进一步了解幼儿运动能力发展趋势。	小中大班	每周室内外活动期间进行多次观察记录	班级教师
5	《幼儿运动自我评价表》	养成在运动活动中表达需求、自我安排、自主评价的习惯;培养幼儿运动兴趣和活动中的自我觉知。	中大班	融于一日活动中	幼儿

在对幼儿体能发展的数据进行全面收集后,我们将数据依照《国民体质标准测定手册(幼儿部分)》的体能标准转换为六个不同的等级,从上到下依次为:强、较强、一般、较弱、弱、非常弱,通过幼儿表现的情况判断幼儿在"我的运动课程"下基本

动作能力和体能发展程度。了解每班、每个幼儿的运动经验和身体发展水平,逐步形成"个人健康档案""班级分析报告""全园运动发展趋势",提升教师课程实施改进的实证意识,关注每个阶段课程实施的效果,看到儿童发展的足迹。(见图3)

全园幼儿体质测试评分能力等级表

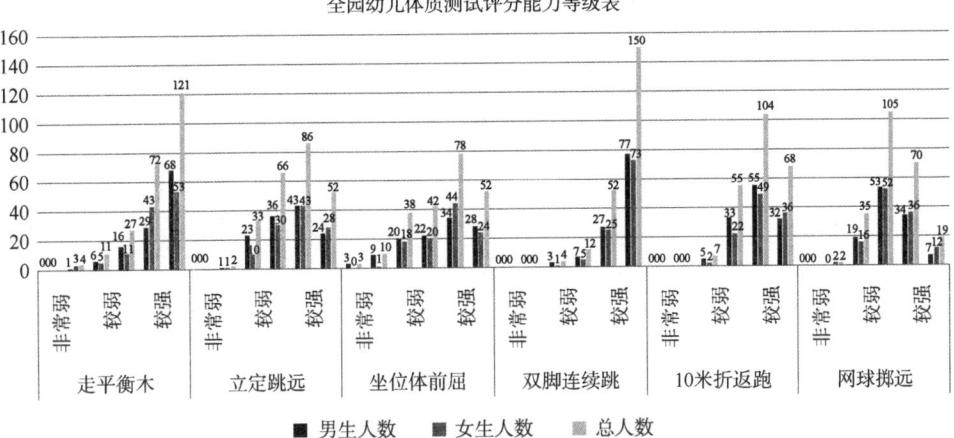

图3 幼儿园幼儿体能发展观测数据分析

全园幼儿运动发展报告的分析显示,在走平衡木与双脚连续跳两个项目中,绝大多数幼儿处于"较强"和"强"水平;幼儿在立定跳远、坐位体前屈、网球掷远三个项目上相对较弱。于是,我们分析了影响幼儿这几项体能发展的原因。(见表4)

表4 幼儿体育活动弱势项目原因分析表

项目	涉及能力	原因分析
坐位体前屈	全身柔韧性	1. 生理原因:柔韧性随年龄增长而下降; 2. 环境原因:幼儿日常体育活动中缺少关节与肌肉拉伸练习。
立定跳远	下肢爆发力	1. 日常游戏设计针对下肢爆发力的内容较少; 2. 教师日常游戏中对立定跳远的动作讲解较少。
立定跳远	上下肢协调性	
网球掷远	上肢(双臂、肩部、腰背部)肌肉力量	1. 我园锻炼上肢肌肉力量的相关器材、活动场地等设施偏少; 2. 幼儿参与投掷类活动的机会较少,部分投掷类活动设计趣味性不高,难以吸引幼儿积极参与。
网球掷远	空间位置感	
网球掷远	手脚协调	

各班教师在运动课程核心组老师带领下,形成各班的幼儿运动发展情况报

告,根据分析图教师能清晰地了解本班级幼儿当前体能发展情况。(见图4)

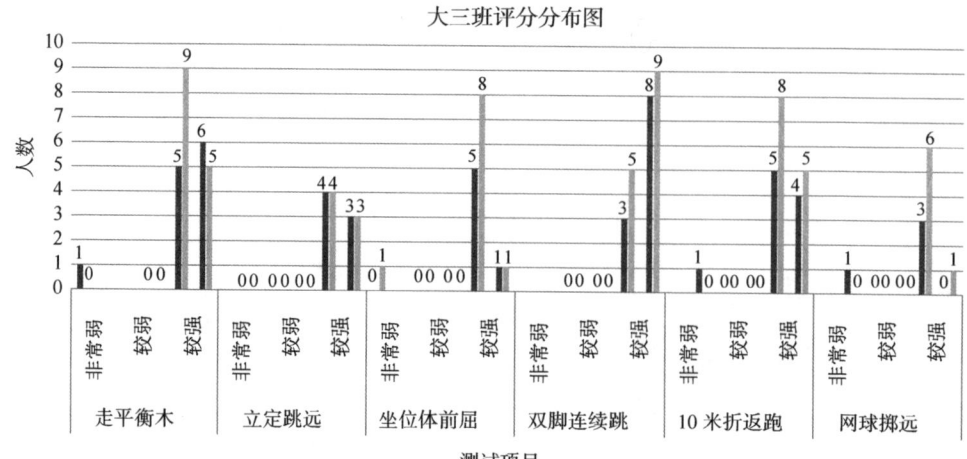

图4 班级幼儿体能发展情况分析：以大三班为例

上图为大三班幼儿运动体能整体情况分析图,教师通过数据分析后发现,本班级幼儿优势与弱势情况及可能原因如下：(1)走平衡木、10米折返跑整体水平较好,说明本班级幼儿平衡能力较好、反应能力及快递位移能力较好。(2)立定跳远和网球掷远的整体水平较弱,说明本班级幼儿下肢力量较弱、上肢力量及物控能力较弱。教师对此进行了原因分析：有几名幼儿营养不良,身体力量素质较弱,导致蹬地力量不足;幼儿平时缺乏相应的上肢力量锻炼,而且投掷姿势的不正确,出手角度较小,经常向下方投掷,导致网球在空中飞行距离较短。

教师根据幼儿体能发展数据,得出各项体能中薄弱幼儿的情况,并分析原因,制定班级的运动差异化活动方案,针对班级优势和弱势开展日常运动活动,如在运动区域增加锻炼上肢力量的活动内容,比如"打怪兽""堡垒对战"等,指导幼儿在游戏化的运动过程中习得正确锻炼上肢力量和上下肢协调的动作。

在分析班级幼儿优势与不足的基础上,我们关注在某一运动领域中相对较弱的幼儿,分析弱势的可能原因,解读他们的运动发展需求;同时,对整体较弱的幼儿进行个体分析,了解他的运动优势和不足,以期后续的指导更加科学。以大三班为例,班级中各项运动发展较弱的幼儿和个别幼儿体能分析情况如下(见表5)。

表5 大三班幼儿体能观测弱势情况梳理表

表现情况	走平衡木	立定跳远	坐位体前屈	双脚连续跳	10米折返跑	网球掷远
非常弱	王＊＊		＊婉童			
弱		陈＊＊			＊昱同	陈＊＊
较弱		＊彦芃 严＊＊	＊熙辰 ＊璟轩 ＊俊辰 ＊疏影	封＊＊	王＊＊ 林＊＊	＊璟轩 余＊＊ 王＊芯 ＊家爱

为更好地关注在运动方面发展较弱的幼儿，我们将班级平均数据收集汇总，分析个体幼儿的体能情况。（见图5）

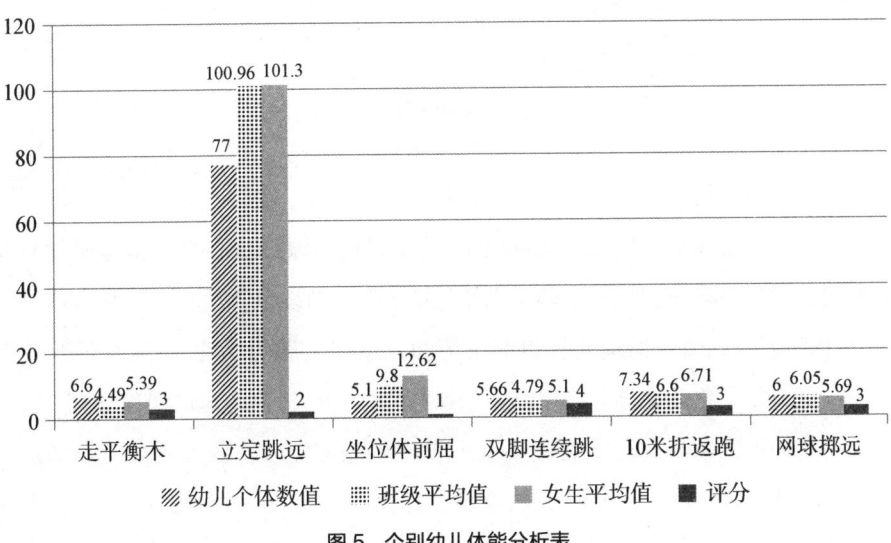

图5 个别幼儿体能分析表

（三）基于循证的课程决策与改进，促进幼儿个性化运动发展

基于以上调研和数据，我们形成基于幼儿运动发展实证数据的差异化课程实施路径：首先，对幼儿运动能力发展进行常态下的跟踪观测与收集，并进行阶段汇总与分析，形成全园幼儿、班级幼儿、个别幼儿运动能力的证据；然后，根据班级、个别幼儿运动发展的差异化，制定班级差异化的运动方案和个别化指导方案，通过家园共育的方式提升幼儿运动能力，最终形成指向幼儿个体运动发展的"我的运动课程"。

"我的运动课程"是基于实证数据分析的差异化课程实施,强调课程实施的循证依据,注重课程实施过程中的评价及基于评价的动态调整。基于评测数据的"我的运动课程"循环改进路径如下(见图6)。

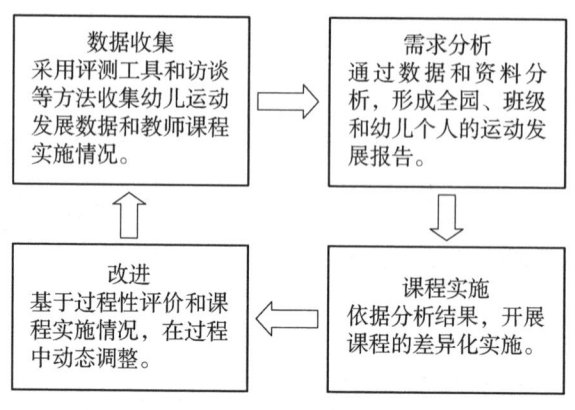

图6 "我的运动课程"循环改进路径

1. 幼儿园顶层设计

根据全园幼儿运动发展的数据收集,幼儿园运动课程核心组根据全园幼儿发展的优势和弱势多角度思考全园运动场地的规划:创设包含幼儿运动基本动作的综合性场地区域、制定场地轮换机制平衡幼儿动作发展均衡性、更新场地互动形式满足班级差异化需求;同时,完善运动操作指引,形成"我的运动课程"的迭代。

一是场地区域规划调整机制,保证幼儿运动基本需求。我园户外运动场地分为南区和北区,由大大小小的山坡、草地、"S"型塑胶跑道、木地板等组成,各类固定运动器械分散在各个山坡上。结合我园运动场地的优势,充分利用山坡的优势,幼儿园合理开发各个场地的内容,让每个山坡发挥不同的运动效果,满足班级幼儿运动需求和每个幼儿运动发展的需要。基于此,幼儿园统筹将运动场地划分为十个涵盖基本动作的区域——投掷区、走跑跳区、轮胎区、平衡攀爬区、球类区、大型综合玩具区、钻爬区、车类区一、车类区二、木制综合攀爬区,使用者一目了然。

基于全园幼儿运动情况分析,幼儿园定期对运动场地区域划分进行微调并丰富相关运动器材,形成基于幼儿运动发展需求的场地区域规划调整机制。如,发现幼儿园孩子上臂力量发展整体偏弱,在运动场地上增加锻炼上臂力量的运动器材,如单杠、双杠、鞍马、平衡带桥、网球、滑板等;又如,采购大量趣味性器材:碰球球、平衡车、坦克车、轮胎筒、平衡绳、海盗船、投掷抢、飞盘等,满足儿童的各类运动需求。通过器材的调整激发了幼儿的运动兴趣,幼儿动作发展以及上肢力量、协调能力、器材操控能力明显进步,运动中的智慧得以凸显。

二是场地轮换机制,保证幼儿运动发展的均衡性。一方面,混班运动。为了更好地凸显我园课程理念,"我的运动课程"活动中关注儿童的兴趣、经验,满足儿童自我选择、自我安排、自我规划的需求。因此,我园每周五为混班运动,教师和幼儿提前规划场地,幼儿根据自己的兴趣自主选择场地进行运动。同时我们利用心率手环关注运动中体弱儿、肥胖儿等特殊儿童的心率变化情况,提高孩子自主运动的积极性,当幼儿出现心率变化异常,教师能够及时采取适宜的保教配合及跟进指导。另一方面,针对早操进行场地及形式调整。在幼儿体质分析报告中发现我园幼儿柔韧性整体偏弱,在调研中也发现幼儿做操的兴奋度不够高。因此结合"我的"精神理念,我们进行了"我的早操"大访谈活动,采访幼儿"我喜欢怎样做早操",针对早操的场地、早操的形式等内容访谈幼儿。孩子们的回答启发了我们新的思考:"我的"理念是在尊重儿童需求基础上,解读儿童发展水平,设计适宜的活动,以实现自我提高的课程。在早操环节是否也能实现"我的早操我做主"。于是我们遵循儿童的意愿,进行了幼儿操节场地的调整、队列调整,由幼儿自选做操场地,自我选择做操队形。我们看到孩子选择的场包括:山坡上、草地上、树林里等,做操的队形有圆形、方形、三角形等。这一调整大大提升了幼儿做操的兴趣,动作幅度有明显提升,进一步提高幼儿的柔韧性,孩子在运动中的智慧也得以体现。

三是场地活动形式满足班级差异化需求。根据幼儿体能分析报告,在每日分散运动及下午体育游戏中,我园准许教师合理安排弹性的作息时间,根据班级幼儿运动发展情况进行差异化设计与实施。如,当班级轮换到新的运动场地时,教师要根据班级幼儿的动作发展情况,可将运动时间调整设计为"10分钟准备活动 + 20分钟基本动作学习 + 30分钟自主运动";又如,当老师发现班级幼儿有竞赛需求时,时间又可调整为"10分钟准备活动 + 20自主运动 + 20分钟分组比赛 + 10分钟身体拉伸"等等。在"我的课程"实践的过程中,教师作为班级层面的课程领导者,享有课程自主研究与教学的权利,能够在一定范围内动态地调整课程实

施的场地和时间。以下是我园运动组织形式与实施要点。（见表6）

表6 幼儿园运动组织形式与实施要点

时间	组织形式		实施要点
8:10 — 9:10	周一	准备活动 动作学习 自主运动	1. 以基本动作技能为主,如爬、走、跑、跳、平衡、攀爬、投掷、球类、骑行等。(时刻关注内在需求表现) 2. 动作学习中先让幼儿自主探索,再根据幼儿水平进行必要的动作示范,让幼儿掌握动作要领。 3. 自主运动中多关注运动能力偏弱的幼儿。(如有运动特殊需求的幼儿) 4. 记录幼儿在自我探索中表现的创造性动作。
	周二 — 周四	准备活动 自主运动	1. 自主运动中多关注幼儿动作发展和运动品质。 2. 自主运动中根据幼儿能力的差异进行针对性指导。 3. 自主运动多关注幼儿之间的团队合作。 4. 记录区域体育器材幼儿的使用情况。
	周五	准备活动 混班运动	1. 同年级组进行混班运动。 2. 自主运动中根据幼儿能力的差异进行针对性指导。 3. 关注每个区域幼儿的安全和运动量。 4. 让幼儿了解自身运动强强项与弱项,鼓励幼儿去异班学习和比赛。
15:30 — 16:00	每周	准备活动 动作练习 体育游戏	1. 专项动作学习(中班进行拍球练习,大班进行跳绳练习。等中大班大多数幼儿学会跳绳和拍球,后续一周以1—2次的练习为主)。薄弱动作学习(根据体质测试结果,发现班级运动能力的不足之处)。 2. 运用易搬运器材,巩固本周学习的基本动作技能。 3. 老师既是指导者也是参与者,与孩子一起享受运动带来的快乐。 4. 游戏强度以不低于中等强度为宜,依据幼儿体能过程性的调整运动强度。

四是完善运动操作指引,形成"我的运动课程"迭代。在日常运动中,教师由于运动专业知识的缺乏,经常会只关注幼儿的情绪是否愉悦,而对幼儿在运动中动作的科学性、运动能力的发展方面思考甚少。为此,幼儿园编制了《幼儿运动课程操作指引》,其中包括各年龄段运动发展目标及基本经验、各年龄段动作发展要求、各运动区操作指引、幼儿运动解析等,将运动专业的知识梳理到文本上,为教师系统性指导幼儿的运动实践提供科学依据,在源头上确保运动课程的科学性。操作指引从关注动作的1.0版本到关注运动能力发展的2.0版本,再优化到关注差异化实施的3.0版本,不断引领教师更好地实施运动课程。

2. 班级差异化实施

以我园大三班为例,班级教师通过对班级幼儿运动发展情况的数据分析,整体构建班级运动活动差异化实施方案,并根据儿童运动能力发展的差异性,科学设计运动场地的活动内容。关注共性与个性需求,关注内容的挑战性,关注幼儿的运动智慧,灵活设计、动态调整,进阶式实施"我的运动课程",让幼儿循序渐进地学习基本动作技能。(见表7、表8、表9)

表7 下肢力量阶段发展内容参考

影响因素	跳的分类	实施方法	动作发展梯度		
			阶段一	阶段二	阶段三
1. 下肢爆发力 2. 上下肢协调性	双脚蹬跳	跳远	高处跳下	低处跳上	高处跳下接跳上
		跳高	跳跃细绳	跳跃栏架	纵跳摸高
		连续跳	连续前跳	连续侧跳	连续收腿跳
		综合跳	连续双脚跳+开合跳	连续双脚跳+弓步跳	连续双脚跳+后退跳
	单脚蹬跳	前跨跳	原地跨跳	助跑跨跳	连续跨越障碍
		侧跨跳	侧跨走	侧跨跳	连续侧跨跳
		单脚跳	连续单脚前跳	连续单脚侧跳	单脚跳摸高
		综合跳	单脚跳+开合跳	单脚跳+弓步跳	单脚跳+后退跳

表8 针对下肢力量的运动活动设计

发展领域	活 动 设 计				
	动作练习	体育游戏	区域运动		家庭需跟进的活动
			室内器材	户外器材	
下肢力量	连续双脚跳 纵跳摸高 连续侧跳 助跑跨跳 跨越障碍跳 连续单脚跳	青蛙王子 大力超人 蹦蹦跳跳 小马过河 跨栏高手 小独角兽	1号区:毛毛虫、垫跳跳 2号区:羊角球、标志盘 3号区:栏架、呼啦圈 4号区:足球、标志筒	2号区:跨栏、跳跳鞋 3号区:网格轮胎路 5号区:足球、篮球 8号区:三轮自行车、滑板车 9号区:平衡车、扭扭车	建议家长多鼓励孩子: 骑自行车、跑步、爬楼梯 亲子体育游戏: 小袋鼠跳、乐跳格子、开小汽车、跳绳
重点关注	*昱同、*彦芃、严**、林**、平**等幼儿				

表9 针对下肢力量的体育游戏(示例)

活动内容	矮人超人变变变
活动目标	1. 锻炼腿部爆发力,提高行进间的快速变换跳跃能力 2. 提高身体的跳跃能力,具有一定的耐力。

（续表）

活动准备	2块彩色数字垫、2条木板
活动过程	**一、故事导入** 超人你们都认识吗,超人的本领是什么?(他会飞!)那么今天我们就来学一学勇敢的超人吧。 **二、游戏形式** 1. 男生女生分两组游戏 2. 根据口令做起跳动作 3. 根据游戏进程在幼儿起跳点与终点之间加上木板 **三、游戏方法** 引导幼儿听口令做动作。 1. 老师说"矮人"时幼儿双手下摆、双膝弯曲。 2. 老师说"超人"时幼儿双手上摆举高,双脚踮起,身体像超人一样伸展开。 3. 用"矮人、超人、矮人、变!"这样的指令引导幼儿做起跳前的准备动作,说到变的时候跳出去。 **差异化指导:** 1. 重点指导个别幼儿(赵*辰、管*尧、孙*范)的起跳动作,注意幼儿在起跳前身体动作的协调性以及肢体伸展是否到位。 2. 提醒幼儿(周*陈、李*璞、徐*远、杨*漾、何*如、秦*泽)落地时脚跟着地,轻轻落。

3. 幼儿个性化定制

"我的运动课程"旨在基于每个幼儿学习与发展的不同需求,为每个幼儿提供最合适的教育,让幼儿在自己的最近发展区内获得发展。个性化幼儿健康运动方案制定路径:分析原因→分阶段实施→家园共育→调整反馈。为每一个孩子订制个性化、配方式运动课程,让每一个孩子获得一份明确的"运动课程标准",促进儿童动作和体能的全面发展。根据每一个幼儿的学习特点和发展需求,设计有差异的运动课程"配方",并多样地、活跃地推进,满足儿童运动课程的共性需求和个性需求。下图为某幼儿的健康运动个别化教育计划图(见图7)。

四、"我的运动课程"的实施成效

经过多年的研究探索和课程实践中,"我的运动课程"取得了一定成效。

第一,幼儿整体运动能力提高。实践表明,幼儿能够按照自己的运动发展的水平参与各项运动项目,在科学和专业的指导下获得运动能力的全面发展。基于实证的差异化的运动课程实施,不仅切实提高了全体幼儿运动能力、增强幼儿体质,而且重点提高了体质偏弱、运动能力不强的个别幼儿的身体素质,为幼儿一生健康发展奠定了基础。

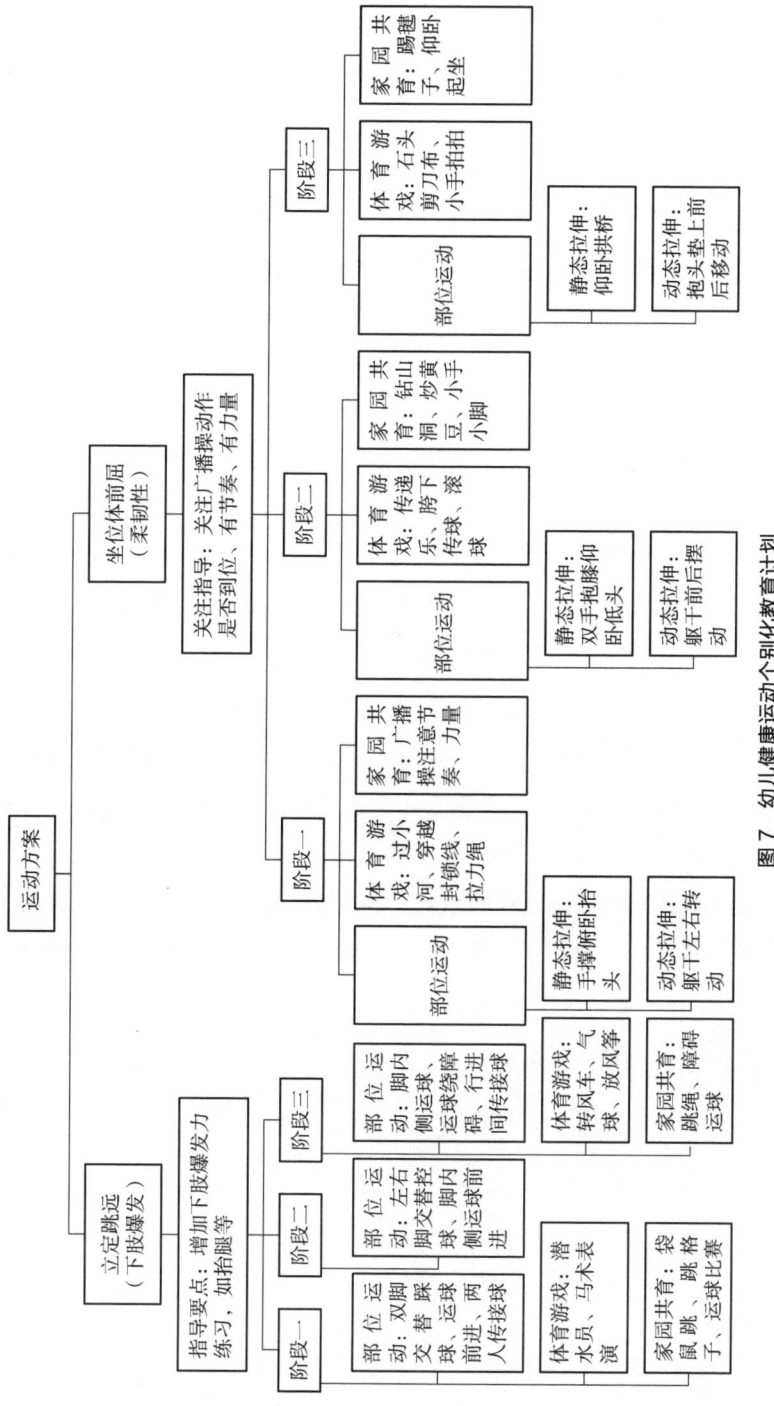

图 7 幼儿健康运动个别化教育计划

第二,实现"我的运动课程"的园本化与迭代。"我的运动课程"的不断优化与完善,是我园将共同性课程根据我园幼儿发展需求进行园本化的过程,也是幼儿园践行"以幼儿发展为本"理念的过程。"我的运动课程"是"让每一个生命绽放精彩"办园理念落地的成果,是"唱响自己,个性成长"课程理念具体化、操作化的成果。以幼儿发展为出发点和目标的运动课程架构体现了教师教育理念的转变,也为新教师更好理解幼儿园运动课程的理念、内容、框架等提供可操作性的指引,以机制的方式确保幼儿园课程的延续性和科学性,确保保教质量。

第三,提升教师在运动领域的课程领导力。基于实证数据的运动课程差异化实施,挑战的是教师惯性的"教"的思维,释放的是教师的专业自主权。教师改变以往以教参参考开展运动活动的教育方式,取而代之的是,教师要结合班级幼儿实际运动发展水平和课程要求,实施差异化的教育支持,切实面向每一个孩子的发展需求,支持每一个孩子的发展与提升,实施面向每一个孩子的高质量教育。教师不再是被动的课程执行者,更是主动的课程思想者、设计者和评价者,教师的课程领导力在"我的运动课程"中得到提升。

本书凝结了我园近十年在幼儿园一线教育实践过程中积累的宝贵经验,是一本一线教师经验汇集的心得书,是一本指引幼儿园运动实践的参考书,是一本能真正提升教师专业发展的运动课程专业的工具书。幼儿的发展离不开幼儿园课程富有品质的实施,而教师作为幼儿园中的课程领导者,自身是否拥有过硬的专业水平,将直接影响幼儿园课程的品质。本书旨在成为教师专业发展道路上的一根拐杖,帮助广大一线教师切实提升个人的专业能力,从而更好地通过幼儿园体育课程培养幼儿的运动技能和体育精神,使其养成良好的运动习惯,增强幼儿抗挫能力,形成勇敢、自信的品格。

第一章

我走：让幼儿的动作
协调有力

　　小班阶段，幼儿双脚能够交替迈出，但容易出现身体左右晃动的现象，行走的速度慢，身体易疲劳。中班阶段，幼儿双脚迈出有力，双手手臂能够协调摆动，行走速度较快，但能够持续行走的时间较短。大班阶段，幼儿上下肢动作协调，双脚迈出的步幅大，手臂前后摆动有力，行走的速度快，能够持续行走的时间长。

情景再现

　　户外运动时间到了，今天大家一起玩"小小解放军"的游戏。热身阶段，大象老师对第一个动作进行了示范：双手前后摆动，双脚交替向前行走。此时，在一旁观测的我心想：这不就是走路吗？也太简单了，这绝对难不倒我们班的孩子！没想到，观测的结果让我大吃一惊：全班30名幼儿中，有13名幼儿在行进的过程中出现了同手同脚的问题。

　　第二个示范动作，"正步走"（双手前后摆动，双脚前踢，手脚协调向前行走），孩子们在模仿"正步走"的过程中也陆续出现了各种各样的问题：有的孩子同手同脚，走得很别扭；有的孩子东倒西歪，身体无法保持平衡；还有的孩子无法交替将双脚向前踢出，还是停留在普通行走的动作上。

　　看着孩子们形态各异的走姿，我不禁展开思考……

　　走，是幼儿最早学会的动作之一，看似简单的动作，幼儿也会出现各种各样的姿态，你们是否也遇到过这样的情况？是否也感到有些困惑？

理论认知

　　走，是幼儿最早学会的动作之一，它在幼儿平时的生活、运动中扮演者着不可或缺的地位。影响幼儿行走能力发展的相关因素有二：

　　一是幼儿的身体机能的影响。行走是幼儿的基本运动方式之一，是提高有氧耐力的重要方式。由于动作简单，老师和家长往往会忽视动作的正确性，缺少对幼儿正确动作的指导，这种情况下容易出现不标准的行走姿态，影响幼儿的正常发育。

　　二是幼儿所处的环境与教育影响。环境影响因素有：体育设备、户外场地、幼儿园建筑面积、运动场占地面积、泥沙草地等。幼儿园的面积越大、设施越多，幼儿行走的能力越强。家长、学校和社会教育的影响因素有：户外活动、体育运动、活动形式、作息时间、教师行为等。家长多带孩子到公园、运动场运动能让幼儿行走得又好又快；在幼儿园，多让幼儿进行户外活动，能保证幼儿基本动作的正常发展；睡眠充足、生活有规律的幼儿行走的能力较强。

幼儿走的主要动作及要点如下(见表 1-1)。

表 1-1 幼儿走的主要动作及要点表

动作＼要点	1	2	3	4
自然走	收腹挺胸,目视前方	膝盖自然弯曲,朝向前方	手臂前后摆动,手脚协调	步伐轻盈,心情愉悦
前滑步	身体侧向前方站立,膝盖微屈,手臂自然弯曲	前脚低抬向前,后脚蹬地向前迅速跟上	向前滑步后两脚间距离保持不变,身体姿势保持不变	注意力集中,做动作时果断迅速
侧滑步	身体正对前方站立,膝盖微屈,手臂自然张开	一侧脚低抬向侧迈出,另一侧脚快速蹬地向侧	向侧滑步后两脚间距离保持不变,身体姿势保持不变	听口令后能够辨别左右方向,快速移动
侧向交叉步	侧对前进方向移动,两脚自然左右打开、略比肩宽	移动时,移动脚向支撑脚前(后)侧方向移动,髋部主动发力转动	支撑脚向移动方向后(前)侧方移动成准备动作	注意力集中,喜欢尝试新动作
倒退走	身体背朝前进方向,手臂自然弯曲前后摆动	头部微转向侧后方,用余光观察行进路线	身体微前倾,脚后跟微抬,膝盖弯曲,手脚协调向后退	胆大心细,敢于挑战

实施指引

一、自然走

（一）运动要点

自然走的动作要点与运动经验发展如下(见表 1-2)：

表 1-2 "自然走"的动作要点和运动经验发展表

动作＼要点	1	2	3	4
自然走	收腹挺胸,目视前方	膝盖自然弯曲,朝向前方	手臂前后摆动,手脚协调	步伐轻盈,心情愉悦
运动经验发展	正确的自然走可以培养幼儿健康的体型,促进幼儿耐力的发展,为跑、跳等基本动作发展奠定基础。			

幼儿自然走动作要点示例图（见图 1-1、1-2）：

图 1-1 正视图 　　　　　　　　图 1-2 侧视图

（二）实施建议

自然走主要有下列两种动作形式：（1）沿直线走，场地上设置一条直线，要求幼儿在一定时间内到达终点。（2）绕障碍物走，场地上放置一系列标志桶，标志桶间隔 3 米左右，要求幼儿绕"S"形走到终点处（根据幼儿身高的 2—3 倍，大体确定间隔距离，"S"形走是最常见的绕障碍物走形式）。

（三）温馨提示

（1）走路应该抬头挺胸，双眼平视前方，要避免含胸驼背走。

（2）自然走要膝盖脚尖朝前，全脚掌滚动式接触地面，注意避免外八、内八走。

（3）慢动作迈步摆臂练习，要迈左脚前摆右臂，迈右脚前摆左臂，应避免上下肢协调性弱，出现同手同脚。

（4）原地踏步走或限定步幅走动应避免身体重心不稳，身体左右摇晃。

（四）游戏分享

1. 幼儿自主发起的运动游戏：

①材料和场地提供："割草机"、拖拉小车、山坡。②观察要点：观察幼儿割草过程中控制割草机方向的情况和前进速度；观察幼儿拖拉小车时的方向和前进速度；观察幼儿手推割草机和拖拉小车时能否主动避让同伴和障碍物；观察幼儿游戏时肢体动作

的协调情况。我们需要特别关注班级幼儿身体协调性的差异,提醒幼儿动态调整割草机和拖拉小车内部的重量;关注幼儿行走割草和拖拉小车时的方式,比如:斜坡走、绕树走、沿山坡走等。

2. 教师发起的运动游戏

游戏一:峡谷冒险(小、中、大班)。①游戏准备:两位教师左右手持长 15 米左右(太短锻炼效果不明显,太长锻炼难度偏大)的溜溜布,将两块溜溜布垂直向下,中间留出宽 0.5 米的通道。②游戏价值:发展幼儿的动作位移能力、前后摆臂能力和专注力。③游戏方法:幼儿排成一条长龙依次从起点处进入,快速走通过峡谷时两位老师左右摆动溜溜布;游戏持续时间建议 20 分钟到 30 分钟左右。④温馨提示:提醒幼儿运动中前后摆臂,不要碰到溜溜布;穿越过程中幼儿速度不宜过快,注意保持安全距离。

游戏二:海草海草(小、中、大班)。①游戏准备:丝巾若干、4 条起止点间隔约为 10 米的路线。②游戏价值:发展幼儿的动作位移能力、前后摆臂能力、抓握能力、团队合作能力。③游戏方法:分为 4 个队伍,同时进行游戏;幼儿双手手持丝巾,前后挥动走到终点后返回到起点,并将丝巾交给下一名幼儿;游戏持续时间建议 20 分钟到 30 分钟左右。④温馨提示:幼儿根据自身身高调整丝巾长度,挥动丝巾时不要将丝巾扔掉。

游戏三:连体人(小、中、大班)。①游戏准备:1 米长棍若干、一条 15 米长的活动路线,设置起点和终点。②游戏价值:发展幼儿的动作位移能力、团队协作能力。③游戏方法:幼儿两人为一组用两根长棍进行游戏,两位幼儿左右手分别抓住长棍两端前后站立,自然向前走动;行走过程中注意棍子前后摆动幅度大,不能掉落。④温馨提示:游戏中两个人可以配合一起喊口令,长棍不能随便挥动。

游戏四:报纸人(中、大班)。①游戏准备:报纸若干张,一条 15 米长的活动路线,设置起点和终点。②游戏价值:发展幼儿的动作位移能力、手臂力量、团队协作能力。③游戏方法:幼儿两人为一组进行游戏;将报纸挖出两个洞,挂在脖子上两人前后站立,正常走通过 15 米跑道;行走过程中报纸撕裂为游戏失败。④温馨提示:注意游戏中两个人的配合,可以一起喊口令;报纸套在脖子上,幼儿看不清脚下,注意相互保护。

二、前滑步

（一）运动要点

前滑步的动作要点与运动经验发展如下（见表1-3）：

表1-3 "前滑步"的动作要点和运动经验发展表

动作 \ 要点	1	2	3	4
前滑步	身体侧向前方站立，膝盖微屈，手臂自然弯曲	前脚低抬向前，后脚蹬地向前迅速跟上	向前滑步后两脚间距离保持不变，身体姿势保持不变	注意力集中，做动作时果断迅速
运动经验发展	前滑步是在走的基础上延伸出的一种基本步法，是自然走的提高，前滑步动作快速隐蔽，可以有效锻炼幼儿下肢的爆发力和幼儿注意力。			

幼儿前滑步动作要点示例图（见图1-3、1-4）：

图1-3 正视图

图1-4 侧视图

（二）实施建议

前滑步主要有两种动作形式：（1）正前方滑步：场地上设置一条直线，沿着直线向前滑步。（2）侧前方滑步：场地上设置不同角度斜线，沿着斜线向侧前方滑步。

（三）温馨提示

（1）双脚同时离地做成跳的动作。首先左脚腿朝前滑一步，接着右脚用力蹬地并向前滑一步。

（2）身体重心向前或向后倾斜。膝盖微屈、重心降低，身体重心放在两脚之间。

（四）游戏分享

1. 幼儿自主发起的运动游戏

①材料提供：海绵棒、皮球、不倒翁等。②观察要点：观察幼儿能否主动用海绵棒相互击打，去赶皮球，触击不倒翁；观察幼儿是否出现同伴间比较赶皮球，比赛击倒不倒翁的情况；观察幼儿运动时的兴趣、情绪、运动量等情况。③温馨提示：引导幼儿思考如何更好、更快地展开游戏，比如共同制定简单的游戏规则；关注幼儿之间的差异性，将安全意识始终贯穿于游戏中。

2. 教师发起的运动游戏

游戏一：小小击剑手（小、中、大班）。①游戏准备：皮球若干。②游戏价值：发展幼儿的动作位移能力、下肢肌肉力量、手眼协调能力、竞争意识、抗挫能力。③游戏方法：幼儿两人为一组进行游戏，一位幼儿双手抱着皮球，另一位幼儿从距离 1 米左右（留给幼儿充分的空间做前滑步的动作）处向前滑步移动用手击球，碰到球为成功击球一次，然后跑步快速回到起点，能够在规定时间内击球次数最多者胜利。④温馨提示：注意使用前滑步进行移动；及时轮换抱皮球与击球的幼儿。

游戏二：捅蜜蜂窝（中、大班）。①游戏准备：布置几个用绳子挂起来与幼儿肩膀高度一致的小皮球作为蜜蜂窝；长 20—30 厘米的小塑料棒或海绵棒若干。②游戏价值：发展幼儿的动作位移能力、下肢肌肉力量、手眼协调能力、安全意识。③游戏方法：幼儿扮演小熊，手持塑料棒或海绵棒前滑步捅掉蜜蜂窝获得蜂蜜，然后快速跑回起点；小熊和蜜蜂窝的建议距离为 3—5 米，适合幼儿做 6—8 次的前滑步动作的密度比较合理；游戏持续时间建议 20 分钟到 30 分钟左右。④温馨提示：小棒的尖部用软布包裹；小棒不可以对着其他小朋友捅。

游戏三：小小拳击手（中、大班）。①游戏准备：用绳子挂起小皮球，并依据幼儿的胸部、肩部和头部位置设置三个不同的高度。②游戏价值：发展幼儿的动作位移能力、下肢肌肉力量、手眼协调能力。③游戏方法：拳击手和击打目标的距离为 5—8 米；幼儿扮演拳击手，前滑步拳头击打三个不同高度的皮球，快速跑回起点；游戏以进行 3—5 次为宜。④温馨提示：冲拳力度适中，不宜过大或过小；引导幼儿根据自身高度选择击打不同高度的皮球。

游戏四：无敌旋风腿(中、大班)。①游戏准备：设置几个用绳子挂起来的小皮球，高度与幼儿膝盖一致。②游戏价值：发展幼儿的动作位移能力、下肢肌肉力量、眼脚协调能力。③游戏方法：幼儿和击打目标的距离为8—10米，可适当拉长距离锻炼幼儿体力；幼儿扮演踢腿高手，向前滑步结束后用脚背击打皮球3次后快速跑回起点；游戏进行3—5次为宜，可根据运动游戏强度和密度灵活调整。④温馨提示：腿部击打力度适中，不宜过大或过小；踢球时注意绷紧脚背，不要勾脚或松脚踝。

三、侧滑步

（一）动作要点

侧滑步的动作要点与运动经验发展如下(见表1-4)：

表1-4 "侧滑步"的动作要点和运动经验发展表

要点 动作	1	2	3	4
侧滑步	身体正对前方站立，膝盖微屈，手臂自然张开	一侧脚低抬向侧迈出，另一侧脚快速蹬地向侧	向侧滑步后两脚间距离保持不变，身体姿势保持不变	听口令后能够辨别左右方向，快速移动
运动经验发展	侧滑步是在前滑步的基础上向左右两侧的滑步动作，可以效锻炼幼儿的下肢内外侧肌群发展、膝踝关节的稳定性以及神经系统的反应能力，为后面的球类等移动技能技术打下一定的基础。			

幼儿侧滑步动作要点示例图(见图1-5、1-6、1-7、1-8、1-9)：

图1-5 侧滑步1

图1-6 侧滑步2

图1-7 侧滑步3

图 1-8　侧滑步 4　　　　　图 1-9　侧滑步 5

（二）实施建议

侧滑步主要有两种动作形式：（1）侧滑步：场地上设置一条直线，沿着直线向侧滑步。（2）前滑步＋侧滑步：听口令向前滑步、向左侧滑步、向右侧滑步。

（三）温馨提示

（1）侧滑步应挺胸抬头、背部挺直，屈膝屈髋下蹲，要避免身体前倾过度。

（2）侧滑步头部应保持在稳定高度移动，要避免重心起伏过大。

（3）慢动作的抬外侧脚、蹬内侧脚练习，要避免外侧腿先发力。

（四）游戏分享

1. 幼儿自主发起的运动游戏

①材料提供：长绳、足球、足球筐、长凳等。②观察要点：观察幼儿在长绳上横向移动的情况，注意个别幼儿是否出现侧向划步的移动方式；观察幼儿踢足球时相互传接球的左右侧滑步情况以及射门时守门员守球时左右移动的侧滑步情况；观察幼儿横向过长凳时，如果加快速度是否出现侧滑步情况。③温馨提示：提醒幼儿安全第一，鼓励幼儿玩出新的花样，尝试新的玩法。

2. 教师发起的运动游戏

游戏一："横"行霸道(小、中、大班)。①游戏准备：一条 15 米长的跑道，设置起点和终点。②游戏价值：发展幼儿的动作位移能力、大腿内侧肌群力量、动作学习

能力、模仿能力。③游戏方法：幼儿分为两个队伍，依次进行游戏；幼儿模仿小螃蟹走路，侧滑步通过 15 米长的跑道；游戏持续时间建议 20 分钟左右。④温馨提示：游戏前要活动髋关节、踝关节、大腿内侧肌群；不熟练的幼儿可以放慢脚步，防止绊倒。

游戏二：**躲避火球（中、大班）**。①游戏准备：篮球若干、两条间隔 1 米的平行线段，（长度为 20 米，幼儿分两侧站立，间距 1 米左右）。②游戏价值：发展幼儿的身体反应能力、大腿内侧肌群的爆发力、游戏专注力。③游戏方法：幼儿分为两队，分别站在两条平行线段上面对老师，间距 1 米左右；老师站在线段的一端将球快速抛出，幼儿观察球的位置，快速向两侧闪躲；游戏建议进行 6—10 次，可根据幼儿练习的兴趣和强度而定。④温馨提示：循序渐进地改变滚球的速度；幼儿侧移时观察侧面的情况，避免踩到别人。

游戏三：**螃蟹运球（中、大班）**。①游戏准备：篮球若干、长 10 米的跑道，终点线和起点线可根据活动场地空间和幼儿练习运动量而定。②游戏价值：发展幼儿的动作位移能力、物体控制能力、团队协作能力。③游戏方法：两人为一组，两人双手同时拿球置于胸前，侧身站在起点线后，使用侧滑步保持篮球不能落地移动到终点；游戏建议进行 6—10 次，可根据幼儿练习的兴趣和强度而定。④温馨提示：球中途不能掉下；两个人之间保持距离，不能相互碰到。

游戏四：**穿越火线（中、大班）**。①游戏准备：设置 3 条间隔 5 米的平行线段，长度为 20 米；设置一条起点线，5 米的左右间隔可以让幼儿有足够的空间和安全距离进行左右侧滑步的移动。②游戏价值：发展幼儿的动作位移能力、应急反应能力、游戏专注力。③游戏方法：将幼儿分为红队和蓝队，红队双手两侧打开面对老师站在两条平行线段（火线）上左右滑步移动，蓝队从起点线处跑动穿过火线，躲过红队的抓捕；游戏建议进行 6—10 次，可根据幼儿练习的兴趣和强度而定。④温馨提示：每轮结束后及时进行位置互换；提醒幼儿根据火线的位置调整运动方向。

四、交叉步

（一）动作要点

交叉步的动作要点与运动经验发展如下（见表 1-5）：

表 1-5　"交叉步"的动作要点和运动经验发展表(以侧向交叉步为例)

动作 \ 要点	1	2	3	4
侧向交叉步	侧对前进方向移动,两脚自然左右打开,略比肩宽	移动时,移动脚向支撑脚前侧方方向移动,髋部主动发力转动	支撑脚向移动方向后侧方移动成准备动作	注意力集中,喜欢尝试新动作
运动经验发展	交叉步是侧向移动的基本步法之一,也是在走的基础上发展起来的,可以锻炼幼儿下肢的灵活性和协调性以及腰髋部的肌肉力量,也可提高幼儿的注意力。			

幼儿交叉步动作要点示例图(见图 1-10、1-11、1-12):

图 1-10　正视图 1　　　　　图 1-11　正视图 2　　　　　图 1-12　背视图

(二) 实施建议

交叉步主要有两种动作形式:(1)沿直线向正前方的前交叉步走,场地上设置一条直线,要求能够沿着直线交叉步到终点。(2)沿直线侧向面对的侧向交叉步走,场地上放置一些障碍物,要求能够躲避障碍物走到终点。

(三) 温馨提示

(1) 髋部应灵活转动,上体不要转动过多,要避免身体左右摇摆幅度过大。

(2) 先将右腿移动到左腿后侧,然后左腿向左侧跨出一步。第二次交叉时,右腿移动到左腿前侧,要避免交叉步步型单一。

(3) 交叉步步幅应增大,身体髋部主动发力带动脚的移动,要避免交叉步步幅过小,身体腰部没有左右转动。

（四）游戏分享

1. 幼儿自主发起的运动游戏

①材料提供：平衡木、呼啦圈、梅花桩、蓝红相间的地标签（距离15—25厘米，与幼儿的一步大体相等）。②观察要点：观察幼儿走平衡木、呼啦圈、梅花桩和蓝红相间的地标签时使用交叉步的情况；观察幼儿是否能够自己建立游戏规则，开展运动游戏；观察幼儿使用交叉步时身体的灵敏、协调情况。③温馨提示：提醒幼儿运动中的安全；关注幼儿之间的差异性，给予幼儿适时的指导。

2. 教师发起的运动游戏

游戏一：突破石室（中、大班）。 ①游戏准备：班级分为4个队伍，每队依次进行游戏；在场地上设置4条起终点距离为6米的前进路线，终点处放置标志杆，在起终点之间随机放置若干个颜色各异的标志盘，其中起终点距离也可根据幼儿实际运动能力进行调整。②游戏价值：发展幼儿的下肢协调能力、空间位置感。③游戏方法：幼儿从起点出发，以前交叉步躲避路线上的标志盘，到达终点从右手边绕过标志杆返回队尾；每人参与游戏3—4次，也可根据幼儿游戏兴趣和游戏强度而定。④温馨提示：关注运动能力差和方位感差的孩子；提醒幼儿不要在场地上奔跑，从右边缓慢走回来。

游戏二：走窄桥（中、大班）。 ①游戏准备：平行放置四架窄桥，间距1到2米。②游戏价值：发展幼儿的身体平衡能力、身体协调能力、冒险能力。③游戏方法：幼儿四路纵队从窄桥起点出发，幼儿保持前后距离控制行走速度和身体平衡前交叉步走到桥尾；每人参与游戏5—8次，可根据幼儿的兴趣延续时间和运动锻炼地强度、密度进行调整。④温馨提示：教师保护指导平衡能力较弱的幼儿；可根据幼儿能力拼接窄桥，增加窄桥的长度。

游戏三：走梅花桩（中、大班）。 ①游戏准备：梅花桩若干，按照一左一右的规律依次摆放整齐。②游戏价值：发展幼儿的身体平衡能力、身体协调能力、注意力。③游戏方法：幼儿从起点出发，保持身体稳定前交叉步依次踩梅花桩。④温馨提示：教师指导平衡能力弱的幼儿；依据幼儿能力动态调整梅花桩之间距离。

游戏四：小蚂蚁运粮食（中、大班）。 ①游戏准备：小皮球若干；一条15米长的跑道，起终点设置可根据运动场地大小和锻炼的强度而定。②游戏价值：发展幼儿下肢灵活性、物体控制能力、团队协作能力。③游戏方法：幼儿两人为一组进行游戏，两人双手持球面对面侧身站立于起点线，使用侧交叉步将球运到终点后再返回起点。行走过程中球不能落地,否则重新从起点开始。④温馨提示：观察游戏中两个人的动作配合,培养幼儿合作能力。

五、倒退走

（一）动作要点

倒退走的动作要点与运动经验发展如下（见表1-6）：

表1-6 "倒退走"的动作要点和运动经验发展表

动作＼要点	1	2	3	4
倒退走	身体背朝前进方向,手臂自然弯曲前后摆动	头部微转向侧后方,用余光观察前进路线	身体微前倾,脚后跟微微抬起,膝盖弯曲,手脚协调向后退	胆大心细,敢于挑战
运动经验发展	倒退走是向后的自然走,动作要求比向前走复杂,也是很多复杂运动项目里经常用的基本步法之一,除了锻炼下肢力量外,还可以锻炼幼儿的前庭器官,发展幼儿的空间本体感觉。			

幼儿倒退走的动作要点示例图（见图1-13、1-14）：

图1-13 正视图　　　　图1-14 侧视图

（二）实施建议

倒退走主要有两种动作形式：一是沿直线倒退走,场地上设置一条直线,要求能

够沿着直线后退走到终点;二是绕障碍倒退走,场地上放置一些障碍物,要求能够躲避障碍物走到终点。

(三)温馨提示

(1)倒退走应脚后跟微微抬起,膝盖弯曲,上身微前倾,身体重心前移,要避免重心过度后倾。

(2)倒退走时头部应转向后侧方,余光看后退路线,避免后退走没有方向感。

(四)游戏分享

1. 幼儿自主发起的运动游戏

①材料提供:瑜伽球、大桩、轮胎、滚筒等。②观察要点:观察幼儿滚动瑜伽球、轮胎和滚木桶时出现多种动作方式的情况;观察幼儿能否主动设置障碍(大桩)增加挑战难度;观察幼儿向前或向后滚动时是否能够熟练躲过障碍物。③温馨提示:提醒幼儿游戏中注意安全,注意幼儿之间发展的差异化,必要时介入引导。

2. 教师发起的运动游戏

游戏一:形影相随(中、大班)。①游戏准备:1 米长棍若干,长度可根据幼儿身高而定,粗细以幼儿能够灵活操控为宜;一条 15 米长的活动路线,起点和终点的距离设置可根据活动场地条件与幼儿年龄段相应运动能力而定。②游戏价值:发展幼儿的动作位移能力、抓握能力、团队协作能力。③游戏方法:幼儿两人为一组用两根长棍进行游戏,两位幼儿左右手分别抓住长棍两端前后站立,同时自然向后退着走动;行走过程中棍子前后摆动幅度大,不能掉落。④温馨提示:游戏中两个人可以配合一起喊口令,长棍不能随便挥动。

游戏二:双胞胎(中、大班)。①游戏准备:准备报纸若干张,一条 15 米长的活动路线,起点和终点的距离设置可根据活动场地条件与幼儿年龄段相应运动能力而定。②游戏价值:发展幼儿的动作位移能力、前庭感觉、团体协作能力。③游戏方法:幼儿两人为一组进行游戏,将报纸挖出两个洞,套在两个人的脖子上,两人前后站立,倒退走通过 15 米跑道;行走过程中报纸撕裂为游戏失败。④温馨提示:注意游戏中两个人的配合,可以一起喊口令;报纸套在脖子上,幼儿看不清脚下,注意相互间的保护。

游戏三:灵活的小汽车(中、大班)。①游戏准备:用路障围成三个区域、呼啦圈若干。②游戏价值:发展幼儿的位移能力、身体反应能力、团队协作能力。③游戏方法:三个人为一组,将呼啦圈套在身上扮演小汽车根据老师的指令做动作;当老师说"倒车请注意"时，幼儿就做倒退走的动作；老师说"向前开"，幼儿就做向前走的动作；当听到"慢慢开"，就边慢慢走边做开汽车的动作；当听到"快快开"时，就边跑边做开车的动作。游戏可根据幼儿运动兴趣持续时间和运动量进行5—8次。其中"倒车库"游戏规则是：提醒幼儿记住自己的号码。当教师说"一号车进库"，一号幼儿就倒退到相应车库。④温馨提示：幼儿注意不要碰到别人的车库。

游戏四：小指挥官(大班)。①游戏准备：眼罩若干、障碍物若干，设置起点和终点以及指挥官的位置，其中指挥官应当站在行动者的正后方。②游戏价值：发展幼儿的动作位移能力、倾听能力、团队协作能力、专注力。③游戏方法：设置障碍物，行动者戴上眼罩和指挥者同时站在起点，行动者在前，指挥者在后；指挥者只能说口令：前进、后退、向左、向右等，行动者在指挥者的口令提示下躲避障碍物从起点走到终点。④温馨提示：开始设置障碍物少一些，简单一些；注意游戏中两个人的配合，一人喊口令指挥，一人行动。

运动故事

还能怎样走？

观察与实录

片段一：运动开始了，孩子们来到了2号场地(走跑跳区)。2号场地由跑道、山坡、沙坑组成，其中主要的运动游戏为："撕名牌"、"森林探险"、跨栏、"袋鼠跳"和"跳房子"等，分别锻炼幼儿在走、跑、跳方面的能力。大部分的孩子热衷于竞赛类的游戏，有的孩子穿梭在"森林"中寻宝，通过跳跃的方式触碰不同高度铃铛；有的孩子身穿披风，奔跑在山坡上，沉浸在"撕名牌"的游戏中；有的孩子在沙坑边，尝试各种方法，不断挑战"跳房子"的距离；还有的孩子钻进麻袋中，模仿袋鼠跳跳跳。孩子们在2号场地玩得热火朝天，唯独跑道区域很少有孩子光顾。

片段二：体育游戏开始了，今天的主题是"小小解放军"。开始时，大象老师对第一个动作进行了示范：双手前后摆动，双脚交替向前行走。此时，我心想：这不就是走路吗？也太简单了，这绝对难不倒我们班的孩子！没想

到,结果却让我大吃一惊！全班 30 名幼儿中,有近 13 名幼儿在正常行走的过程中出现了同手同脚的问题。第二个示范动作:双手前后摆动,双脚前踢,双手协调向前行走。孩子们在模仿"正步走"的过程中陆续出现了各种问题:有的孩子同手同脚,走得很别扭;有的孩子东倒西歪,无法保持平衡;还有的孩子无法交替将双脚向前踢出,还是停留在普通行走的动作上。看到孩子们五花八门的姿态,我开始对"走"有了思考。

识别与分析

走,是幼儿最早学会的动作之一,但它在平时的生活中却处在一个不可或缺的地位上。面对孩子们在体育游戏中出现的各类关于"走"的问题,我进行了以下几点分析:

（一）幼儿因素

第一,幼儿自身的协调性、平衡性发展较弱。通过片段二的描述,我对在行走过程中出现同手同脚、东倒西歪的 13 名幼儿进行了进一步的跟踪观察。我发现,这些幼儿在"走平衡木"的活动中,所用时间基本在平均水平及以下;在各类"爬"的活动中,这些幼儿也不同程度地出现了同手同脚甚至难以前行的现象。这一系列表现都说明,在"走"中出现同手同脚、东倒西歪的这群孩子在身体协调性与平衡性的发展上是相对较弱的。

第二,幼儿的身体因素,如肥胖、瘦小等。通过观察,我发现在行走中存在问题的这部分幼儿有 30% 是超重与肥胖儿。他们对于运动的兴趣较低,运动持续时间较短,接触不同运动器材的机会较少,导致动作的基本经验有所缺失。除此以外,他们自身的身体重量对行走也造成了不同程度的影响,尤其是身体协调性。另外 20% 的幼儿是体弱儿,在行走中最大的问题在于下肢力量较弱,导致他们的平衡性较弱。

（二）教师因素

日常运动中,教师缺少对幼儿"走"的相关活动观察与动作指导。片段一中描述了幼儿在 2 号走跑跳区的运动情况,其中"撕名牌"、跨栏重点发展了幼儿"跑"的能力;"森林探险"、"袋鼠跳"、"跳房子"发展了幼儿"跳"的能力。虽然活动设计很丰富,也很受幼儿的欢迎,但是教师忽略了"如何发展幼儿'走'的能力?"的思考,缺少了针对"走"的活动与游戏设计。

在体育游戏的设计与组织过程中，教师也往往会关注幼儿跑、跳、爬、钻等动作的发展，却忽略了最基本的走，仅仅把它看做一种活动的衔接。但其实恰恰相反，我们需要花更多的时间去观察幼儿走路，例如走路时的姿态、脚尖的方向、身体重心情况、双手前后摆动情况、双腿是否协调交替、双腿是否发力自然协调等，这些都会影响幼儿在游戏中的运动表现。同时，教师也缺少相关的专业知识、评估依据和针对性的发展策略。

（三）家庭因素

日常生活中，家长缺少对幼儿"走"动作发展的关注。虽然，如今的家长对体育运动的关注度逐渐提升，但是对于"走"的认识是少之甚少。大家都还停留在孩子1岁时，手把手扶着他们学走路的时候。大部分家长将"走"看做孩子生活中的一部分，甚至把"走"当做孩子的一种活动本能，却从未想过孩子"走"得对吗？"走"得好吗？

因此，越来越多的孩子在走路的过程中出现内八、双手无法自然协调地摆动、踮脚走路、重心前移、驼背等不良现象。

回应与支持

第一阶段：丰富幼儿"走"的游戏

首先，在日常体育活动前可以增加关于"走"的热身运动。例如，简单的小游戏"小小解放军"（脚尖走、脚跟走、高抬腿走等）。一方面，可以通过游戏对四肢进行热身，为随后更为激烈的身体活动做准备，同时满足幼儿生理和心理上的需要；另一方面，通过幼儿丰富性"走"的游戏，能够提高幼儿全身协调性发展，加强幼儿在运动过程中的手脚配合。其次，让幼儿突破自身"自然走"的动作锻炼，增加走的形式多样性，如前滑步、侧滑步等。（见表1-7）

表1-7　第一阶段策略

	游戏	观察与指导
前滑步	小小击剑手：一名幼儿抱着皮球，另一名幼儿从3米外前滑步移动击球，碰到球为击球一次。 捅马蜂窝：幼儿扮演小熊，使用前滑步快速捅下马蜂窝（皮球）寻找蜜蜂。然后迅速返回。	1. 观察幼儿前滑步时两脚是否有短暂的离地过程，指导幼儿后腿蹬地，一脚迈步另一只脚紧跟其后而不超过。 2. 观察幼儿身体重心是否靠前，指导幼儿支撑脚放在前脚，手脚协调向前滑步。

（续表）

	游戏	观察与指导
侧滑步	"横"行霸道：在一条 15 米长的跑道上设置起点与终点，幼儿模仿小螃蟹走路，横向通过。 协作运球：两名幼儿双手同时拿球于腹前，侧对起点线，使用侧滑步将球运到终点，中途球不能落地。	1. 观察幼儿身体方向，指导幼儿身体侧对前进方向，左右移动。 2. 观察幼儿脚步动作，指导幼儿膝盖微微弯曲，双脚呈平行姿态，后腿向前腿并步。
交叉步	花样运球：幼儿面对面，两人双手拿球，侧对起点线，使用交叉步移动到终点。行走过程中，球不能落地。 躲炸弹：幼儿从起点出发，交叉步形式到终点，前进过程中需要绕过场地中的标志盘，否则踩到炸弹。	1. 观察幼儿身体协调情况，指导幼儿双手侧平举打开，侧对前进方向，双腿交叉左右移动。 2. 观察幼儿髋部转动情况，指导幼儿交叉步时一次在前、一次在后，连贯完成动作。

第一阶段的游戏设计主要增加了教师对于"走"的关注，引导教师从不同角度、用不同方式，将运动融入游戏情境中从而起到促进幼儿运动发展的作用。这样的做法，不仅提高了针对性，更重要的是提升了运动的趣味性。

通过第一阶段体育游戏的实施，班级幼儿的身体协调性逐渐提高，平稳性也有了很大的提升，行走有问题的幼儿从原来的 13 名缩减为 8 名。这 8 名幼儿在进行前滑步、侧滑步、交叉步的过程中，完成连贯动作仍然有一定的困难。

第二阶段：从直线到曲线、从平面到立体

其实，"走"不仅仅是在平坦的地面上直直地走。随着孩子年龄的逐渐增加，我们也可以在游戏中调整幼儿走的环境、路线和高度，例如，从笔直的路线转换为"L"型路线、"T"型路线、"S"型路线等；从地面转换到倒放的转碗、有高度的平衡木、跨栏架、绳索等。同时，教师需要根据幼儿发展的个体差异，动态调整这些材料的高度、宽度或摆放的位置。（见表 1-8）

表 1-8 第二阶段策略

游戏难度	一级	二级	三级
转碗 游戏：丛林探险 ——梅花桩	1. 方法：把转碗倒放在平坦的地面上。 2. 路线：直线（见图 1-15）→"L"型（见图 1-	1. 方法：把转碗倒放在有坡度的斜坡上。 2. 路线：直线→"L"型→"S"型	1. 方法：把转碗倒放在有坡度的小树林中。 2. 路线：根据树的分布，随意摆放。

（续表）

游戏难度	一级	二级	三级
	16)→"S"型(见图1-17) 3. 目的：通过"改变方向"的刺激，增加幼儿调整身体重心的难度。	3. 目的：在改变方向的基础上，增加了坡度的变化，对幼儿下肢力量有了挑战。	3. 目的：增加方向的不确定性，对幼儿的灵敏性有了更大的挑战。

图1-15 直线型

图1-16 "L"型

图1-17 "S"型

跨栏架 游戏：螃蟹过河	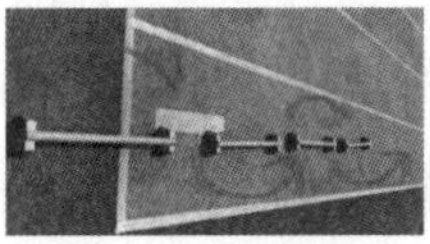 图1-18 跨栏架1 跨栏架之间的夹角为180°	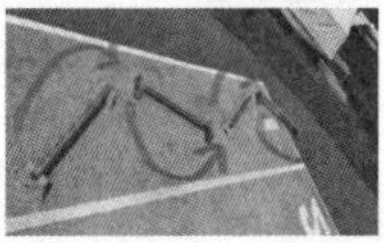 图1-19 跨栏架2 跨栏架之间的夹角为90°—120°	 图1-20 跨栏架3 跨栏架之间的夹角为60°—90°
	随着跨栏架摆放角度的逐渐减小，对幼儿绕行过程中的速度与反应力的要求逐渐提高。教师可以根据幼儿的实际发展水平，对栏架角度或是行走方式进行动态调整，从而满足不同发展水平的幼儿的需求。		

（续表）

游戏难度	一级	二级	三级
平衡木 游戏：小熊过桥 ——独木桥	使用30厘米宽的平衡木	使用15厘米宽的平衡木	使用10厘米宽的平衡木
	幼儿园内的平衡木分为以上三种规格,越宽的平衡木幼儿"走"的稳定性就越强,因此我们同样可以根据幼儿的发展水平,选择不同宽度的平衡木。甚至可以在确保安全的前提下,让能力更强的孩子尝试在平衡木上进行侧滑步等动作。(见图1-21) 图1-21 幼儿行走示例		

第二阶段的教育设计主要在同一个游戏情境中通过调整同种运动材料的摆放位置,分成三种水平满足不同运动发展水平幼儿的需求,并且循序渐进、由易到难,逐渐提高挑战性。

经过一段时间的实施,我们发现各个层次的幼儿在不同程度上都有了明显的提升。例如,班级中有87%的幼儿能够完成一级的活动设计,70%的幼儿能够完成二级的活动设计,62%的幼儿有勇气尝试三级的活动设计。说明幼儿的运动能力是有无限的发展空间的,重要的是作为教师的我们是否有关注、是否有思考、是否有目标。

第三阶段：从前进变后退

我们的正常运动,无论是行走还是奔跑,方向都是向前的,所以很少有人会去尝试"后退"。其实,后退对幼儿的方位感知能力与平衡能力有了更高的要求。因为在后退的过程中,幼儿无法时刻看见身后的道路,他们需要时刻调节自己身体的方位和重心，从而完整地完成一次活动。

由于考虑到幼儿的安全因素，个人建议这类活动在比较平坦的地面上进行。但是，我们可以根据幼儿发展水平的差异，在游戏情境中动态调整路障摆放的位置，从而改变幼儿后退的路线。最后，达到改变活动难度的效果，满足不同幼儿的需求。例如，直线（单一方向）→"L"型（单个方向变化）→"S"型（多个方向变化）。当然我们也同样可以在阶段三中采用阶段二的策略，使得活动能够继续延续，挖掘幼儿更多运动的可能性。

表 1-9　第三阶段策略

游戏：颠倒火车		
	路线	图示
易 ↓ 难	直线型倒退 （沿地上的白线倒退走）	 图 1-22　直线型倒退
	"L"型倒退 （通过路障向幼儿标示"L"型路线）	 图 1-23　"L"型倒退

（续表）

路线	图示
"S"型无障碍绕行倒退（无路障降低幼儿绕行的难度）	 图1-24　"S"型倒退
"S"型障碍绕行倒退（根据身后路障摆放的位置，进行"S"型的绕行）	图1-25　"S"型障碍绕行倒退

第三阶段的活动设计主要是在游戏中打破孩子常规的走路方式，从方向进行突破，对幼儿的行走提出更高的要求。在"颠倒火车"的游戏情境中，鼓励幼儿独自或是小组组建火车，通过后退的方式反向驾驶。然后在游戏情境中，根据幼儿的需求逐步调整路障的摆放模式，从而改变游戏的难易程度。

通过活动实施，发现幼儿在倒退走的过程中速度明显降低，而且90%以上的幼儿在倒退走的过程中出现低头、侧身、耸肩等动作。以上现象说明，倒退走对于幼儿是存在挑战性的，幼儿在看不见身后的道路或是对路障的位置不确定时，会出现紧张的身体反应。因此，我们需要由易到难，逐渐对幼儿提出新的挑战，再根据幼儿的发展需要进行动态调整。

由于"走"贯穿于我们的一日生活，因此除了教师在幼儿园中实施各类活动,更离不开家庭的关键作用。我们结合 13 名幼儿的个体分析,与家长进行沟通后,总结出以下家庭指导策略。(见表 1-10)

表 1-10 家庭指导策略

问题		家庭措施
行走姿态		家长在日常生活中关注幼儿的行走姿态,发现幼儿出现内八、驼背、高低肩等问题及时提出并纠正。
身体素质较弱	肥胖儿	控制幼儿的饮食,增加幼儿蔬菜、粗粮等食物的摄入,适当减少蛋糕、饮料等甜食的摄入;增加日常体育锻炼。
	营养不良	增加蛋白质、维生素的摄入,增强日常户外活动与体育锻炼,通过晒太阳的方式促进钙的吸收。
协调性、平衡性较弱		增加幼儿参加户外活动的机会,利用周末时间多带孩子在空旷的地方进行亲子游戏,例如骑自行车、跳舞等。
每周完成关于饮食习惯、活动情况的家园双向检核表,促进家园双向沟通。		

通过家庭教育的配合,能够很大程度上改变幼儿部分生活习惯以及运动习惯。通过一个月的家园互动,在行走姿态上有问题的幼儿,明显有所改善,能够有意识地调整自己在行走过程中的身体姿态;身体素质较弱的幼儿,通过饮食以及户外活动调整,在运动中的积极性普遍提高,生病导致的缺勤情况明显减少,体重也相应得到改善。

效果与感悟

通过上述教育实施,我有了以下几点感悟:

第一,尊重个体差异,满足不同幼儿的需求。每个孩子的发展水平存在差异,教师作用就是根据幼儿的发展水平,找到他们的最近发展区,通过活动设计在环境的创设与材料的提供中满足不同幼儿的需求。再在实施过程中,根据幼儿的具体活动情况进行进一步的动态调整,将运动的难度逐渐调整,从而满足不同幼儿的发展需求。同时,也使得活动变得更有持续性。

第二,一日活动皆课程,将运动融于生活。其实,运动在我们的生活中并不是独立、割裂的,而是与生活融合在一起的。我们通过一次运动游戏的观察发现幼儿的问题,通过分析与解读寻找生活中存在的原因,最后从生活和运

动中去改善这些发展较弱幼儿的能力,从而再从观察中寻找新的问题,这是一个循环的过程。在生活中,我们也可以将专业的运动课程变为游戏融入其中,使孩子在游戏中玩得更快乐,也能够得到针对性且有效的发展。

第三,构建家园桥梁,实现幼儿的发展。幼儿园是孩子接受教育的主要阵地,而家庭是孩子出生以后第一个且需要长期依赖生存的环境,因此任何教育都离不开父母与老师的双向努力,包括运动。

通过整体的教育策略实施,幼儿身体的平衡性、协调性、方位感知能力等,在"走"中得到了更好的发展。但是,这不全是教师的功劳,更重要的是家园合作。因为,只有当家园相互配合,我们才能把教育做得更深入、更有成效。家园双向检核表,让家长了解到了孩子在幼儿园中的运动发展水平是如何的,也让教师了解了孩子在熟悉的家庭环境中的运动表现,使得我们的观察变得更全面、更客观,最后才能够达成最好的效果。因此,家园紧密合作、双方及时沟通与反馈,才是幼儿园教育最重要的衔接。

通过教育成效,我们发现"走"在幼儿的整个运动体系中是不可忽视的,教师需要思考的是如何将"走"融入幼儿的各类体育活动中,让运动变得不再"折磨"人,让运动变得更丰富、更多样,更有趣、更快乐,让孩子变得更自信!

(沈璐依)

大班幼儿足球防守
——侧滑步的运用案例

观察与实录

户外早运动时间,中大班幼儿正在室外场地上自由地奔跑、玩耍,有些幼儿在大型器械上攀爬,有些幼儿在相互投掷对抗,还有些幼儿在比赛跑步……班级的教师和保育员在场地之间来回走动巡视,关注幼儿在运动是否出现安全性问题。

片段一:几个男孩子在踢足球,在两个足球门框前各有一个男孩子在守门,门框比较小,射门的男孩子们很难把足球踢进球门,踢球的兴趣大减。带班老师在旁边说道:"加油,多尝试几次你们一定能成功!"可是,两个射门的男孩子通过多次尝试后依旧很难将足球踢进球门。(见图1-26)

图1-26 踢足球的幼儿

他们带着充满失落的面部表情说道:"老师,我不想玩踢球的游戏了,我想去玩其他的游戏。"在两个男孩就要离开足球场地时被专职的运动老师看到,老师跑过去拉着他们的双手说道:"我们一起来尝试将球射进两个球门吧。"然后,老师把两个球门横着并排摆放在一起,增大了进球的可能性。射门的孩子发现踢进球门容易多了,马上又来了兴致,继续踢起来了。可是守门的孩子又不高兴了,因为球门变大以后,总是守不住球,屡屡被破框而入。(见图1-27)

图1-27 守球门的幼儿

片段二:带班的老师依旧是给孩子加油打气,但是并没有进行动作指导。观察中发现男孩子们在守门时,大多数原地站在足球筐的中间,缺少观

察足球的移动路线，及时根据来球调整身体向前、向后、向左、向右移动。即使有个别孩子有意识根据球的位置调整身体卡位，但是由于没有掌握正确的位移移动作，造成动作不连贯，移动的速度慢，因此守门的孩子总是守门失败。此时指导运动的老师又走过来了，将这批孩子们招呼在一起，跟他们说，其实足球守门也是有技巧的，说着便让幼儿在门框前准备射门，而他则在两个球门前，打开两脚，伸出两手，膝盖微屈做好守门的动作。老师让每个幼儿都尝试踢球射门，却发现每一次球都能被老师轻松地挡住。孩子们很好奇，不禁问道："老师，你好厉害！你是怎样做到的?"老师回答道："就是呀！你们看老师守门的时候，横向移动的速度很快，'嗖'的一下子就从左边移到了右边，'嗖'的一下子又从右边移到了左边。"刚刚守门的一个男孩子急切地插进来说道："快告诉我！我也想像你一样厉害!"。

片段三：于是，运动老师在男孩子们的七嘴八舌中娓娓说道："那你们可要看清楚了。"老师边说边做出了守门的准备动作，两手打开，两脚似扎马步，身体微微前倾，眼神坚定地目视前方。说道"这是向右移动，或者可以简称'右滑步'"。只见老师身体微微一沉，右腿猛地发力，迅速向右侧蹬地，左脚顺势抬起，身体重心左倾，两脚贴着地面，向滑冰似的向左侧飞快地滑了过去，孩子们不禁模仿了起来，还相互比较起来，看谁移动地快、远。运动老师继续说道："这次示范的是右滑步，还有向左的左滑步，向前的前滑步，向后的后滑步等。"这些动作其实都是在走的基础上发展而来的，但比普通走移动得更快，也更累、更有挑战性、更刺激。（见图1-28、1-29）

图1-28 教师守门1

图1-29 教师守门2

片段四： 运动老师接着又问道："除了足球守门,你们还在哪些运动中发现了滑步的使用?"这一下子就打开了这帮男孩子的话匣子。"还有击剑运动中,我在电视上看到过。""跆拳道也有,我在外面学过跆拳道的前滑步和后滑步","篮球运动中也有,我爸爸喜欢在电视上看打篮球,我也跟着看过"。运动老师夸赞道："你们说的都很棒！好多运动中都会运用到滑步。"

识别与分析

足球是幼儿常见和喜爱的运动项目之一,尤其是男孩子,而且足球运动简单易开展,其动作包含了走、跑、跳、投等常见的基本运动形式,经常参与足球运动,可以全面提高幼儿走、跑、跳等各种运动能力,同时提高他们对身体的控制能力,身体的柔韧性、协调性和平衡能力也可以得到很大的提高；足球带来的心理对抗压力、成功与失败的体验、不放弃、不服输等也可以有效地锻炼幼儿的心理素质,提高幼儿的运动意志品质。所以,在上午幼儿自主户外运动的时间段,带班老师们经常会布置好一块足球运动场地,便于喜欢足球的幼儿活动。

(1)从现场与实景中我们发现,幼儿自主足球运动时,带班教师参与的普遍不多,就是让幼儿基本完全自主踢球,最多关注幼儿的安全问题。此时,运动教师的适时介入可以有效地促进踢足球的这一批幼儿运动能力的个性化发展。

(2)幼儿自主运动时缺少一定的运动经验,对于一些专项运动的技巧和技术动作无法运用,但是他们对未体验过的动作和挑战性的动作,有较大的好奇心,能够激发内在的运动需求,有利于幼儿运动兴趣的激发和运动习惯的培养。

(3)幼儿踢足球时,一般做守门员的幼儿直接站在球门前,但是因为幼儿园的足球筐一般很小,门框宽1米左右,高0.8米左右,所以造成有人守门时,踢球的幼儿很难将足球射进球门。此时,为了提高幼儿的运动兴趣,可以加大足球门框的宽度,将两个足球门框并排放在一起(后期甚至可以三个或四个足球筐组合成一个超级大的足球门框),让幼儿射门变得更容易些,同时也可以让守门的幼儿前后左右动起来,不至于一直站在一个固定的位置不动,造成守门的幼儿运动量和强度不足。

(4)对于在幼儿自主运动中出现的各种问题,教师需要及时观察并提供

必要的帮助,甚至技、战术上的专业指导。教师不仅需要特别针对个别弱势幼儿进行个性化、差异化的指导,对于某些方面表现出一定优异的幼儿同样也可以进行更高水平的个性化、差异化指导,让这一批幼儿在满足基本需求的情况下能够更进一步的发展,充分体现"我的课程"理念,叩响每一个幼儿的心灵,让每一个幼儿都可以展翅翱翔在自由探索的世界。

回应与支持

足球防守是足球比赛中非常重要的一个环节,所以守门员在队中扮演着举足轻重的角色,在一场比赛中,守门员至少可以阻止 20 次有效射门,并通过手掷球发动有威胁的进攻。一名合格的守门员需要掌握移步、接球、扑球、托球、拳击球和手掷球、脚踢球等技术,其中最基础也是最重要的技术就是移步。

移步:面对来球的横向移动、迎球向前移动,选择哪种方式取决于射门时的角度和距离。快速的步伐移动能使困难的扑救变得容易。移动的方法是滑步(前滑步、后滑步和侧滑步)。

针对这一批平时特别喜欢足球的幼儿,和他们对于守门员的不甚了解,我给这些男孩子设计并实施 3 周三个阶段的挑战性"定制"游戏。"定制"游戏的主要内容就是关于足球守门员中的"移步"技术。移步,其实就是在走的基础上发展出来的快速移动的步法,在许多运动项目中都会运用到,比如篮球、足球、羽毛球等所有的球类运动中。根据幼儿的身体、心理特点和足球守门的特点,我这次重点给幼儿设置的挑战的游戏内容是横向移步"侧滑步"。虽然都是"侧滑步"的内容,但我设计的形式力求丰富多彩,种类繁多:一是激发幼儿踢足球的兴趣,满足他们成为小小足球运动员的愿望;二是满足孩子的情感驱动,实现孩子们想要像运动员叔叔一样灵敏地移动的愿望;三是时间控制,选择每天幼儿自主活动时间段的前 8 分钟左右,也就是他们踢足球前 8 分钟,进行针对性的指导。(见表 1 - 11)

表 1 - 11   第一阶段:横向移动"游戏"(为期一周)

游戏名称	一横到底	横来横去
游戏准备	跑道,跑道线(长 10 米)	跑道,跑道线,标志杆(标志杆之间距离 5 米)

（续表）

游戏名称	一横到底	横来横去
游戏方法	起点横向移动到终点	标志杆横向移动到标志桶位置再返回标志杆位置,循环4个单趟,共20米距离。
游戏提醒	身体侧向(横向)面对移动方向	身体侧向(横向)面对移动方向

"一横到底"游戏示意图(见图1-30)：

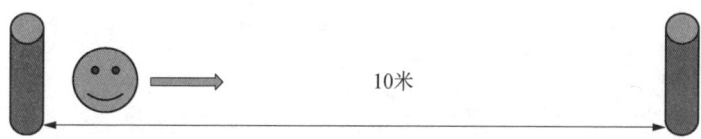

10米

图1-30 "一横到底"游戏示意图

"一横到底"游戏幼儿示范图(见图1-31)：

图1-31 "一横到底"游戏幼儿示范图

"横来横去"游戏示意图(见图1-32)：

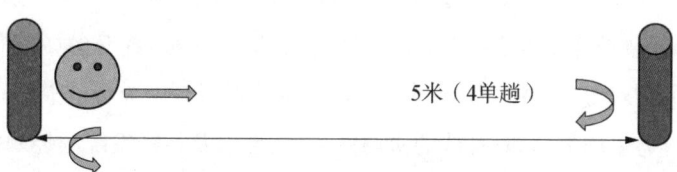

5米（4单趟）

图1-32 "横来横去"游戏示意图

"一横到底"游戏幼儿示范图(见图 1-33):

图 1-33 "一横到底"游戏幼儿示范图

抽其中三天游戏最后一回合,进行掐秒计时统计,得出几名幼儿每次游戏平均用时数据如下(见表 1-12)

表 1-12 幼儿每次游戏平均用时统计表

时间(s)	第一次	第二次	第三次
一横到底	5.8	5.6	5.3
横来横去	12.3	12.1	11.8

第一阶段成效:由上表可以得出,经过连续一周每天8分钟的针对性游戏训练,几名幼儿的横向移动速度有显著的提高,侧滑步的动作水平进步明显。"一横到底"游戏由第一次的平均用时 5.8 秒到第二次的 5.6 秒最后到第三次的 5.3 秒,每次都有进步;同样的,"横来横去"游戏,由第一次的平均用时 12.3 秒到第二次的 12.1 秒到第三次的 11.8 秒,提升的幅度很明显。这一周的游戏专项"特训",让幼儿的腿部肌肉群得到了充分的刺激,使得内外侧肌群力量增加,同时身体的协调性、灵敏性以及神经系统的控制能力等

都有了显著提高。

我们第二周又开始了第二阶段的"定制"游戏。

表 1-13　第二阶段横向穿越障碍物"游戏"安排(为期一周)

游戏名称	左右穿梭	左盼右顾
游戏准备	6个标志杆一竖排，间隔1米，起点、终点与头尾标志杆间隔1米	6个标志杆两竖排，插空排好，前后间隔3米，左右间隔3米
游戏方法	起点开始，左右滑步穿梭依次绕过6个标志杆到达终点	起点标志杆处开始，左右依次侧滑步移动，用手依次触碰标志杆梢部
游戏提醒	穿梭过程中始终采用侧滑步	穿梭过程中始终采用侧滑步

"左右穿梭"游戏示意图(见图 1-34)：

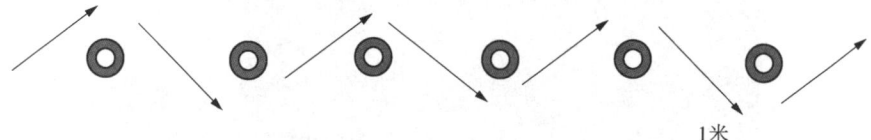

1米

图 1-34　"左右穿梭"游戏示意图

"左右穿梭"游戏幼儿示范图(见图 1-35)：

图 1-35　"左右穿梭"游戏幼儿示范图

"左顾右盼"游戏示意图(见图 1 - 36):

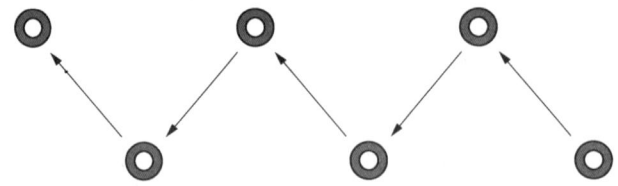

图 1 - 36 "左顾右盼"游戏示意图

"左顾右盼"游戏幼儿示范图(见图 1 - 37):

图 1 - 37 "左顾右盼"游戏幼儿示范图

抽其中三天游戏最后一回合,进行掐秒计时统计,得出几名幼儿每次游戏平均用时数据。(见表 1 - 14)

表 1 - 14 幼儿每次游戏平均用时数据表

时间(s)	第一次	第二次	第三次
左右穿梭	6.2	5.9	5.5
左盼右顾	7.4	7.1	6.6

第二阶段成效:由上表可以得出,经过连续一周,每天 8 分钟的针对性游戏,几名幼儿的侧滑步移动速度有显著的提高,侧滑步的动作水平进步明

显，"左右穿梭"游戏由第一次的平均用时6.2秒到第二次的5.9秒最后到第三次的5.5秒，每次都有进步；同样的"左盼右顾"游戏，由第一次的平均用时7.4秒到第二次的7.1秒到第三次的6.6秒，提升的幅度明显。通过这一周的游戏专项性挑战，幼儿的腿部肌肉群进一步得到了充分的刺激，内外侧肌群力量再次增加，同时身体的协调性、灵敏性以及神经系统的控制能力等再次显著提高。

我们第三周继续第三阶段的"定制"游戏。（见表1-15）

表1-15　第三阶段双人互传足球；守门员横向滑步防守安排表(为期一周)

游戏名称	双人5米距离传接球	5米距离射门、守门（并排双门框）
游戏准备	足球	足球，双门框
游戏方法	两人一组，相互玩传接球，左右横向滑步接球	一人射门，一人守门，守门幼儿左右侧滑步阻挡射门幼儿踢来的足球
游戏提醒	侧滑步快速移动先挺住来球	守门员左右侧滑步快速移动防守射门来球

"双人5米距离传接球"游戏示意图（见图1-38）：

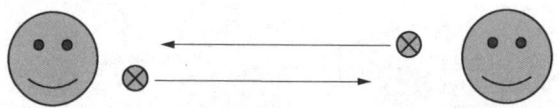

图1-38　"双人5米距离传接球"游戏示意图

"双人5米距离传接球"幼儿游戏示范图（见图1-39）：

图1-39　"双人5米距离传接球"游戏幼儿示范图

"5米距离射门、守门"游戏示意图(见图1-40):

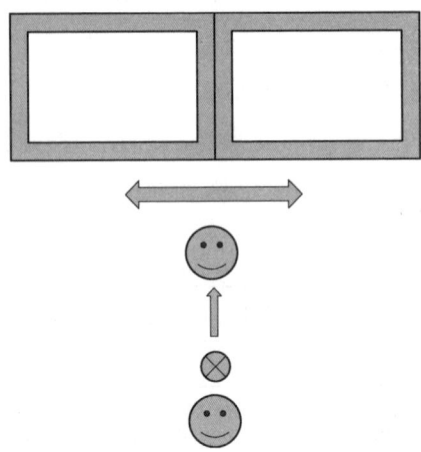

图1-40 "5米距离射门、守门"游戏示意图

"5米距离射门、守门"游戏幼儿示范图(图1-41):

图1-41 "5米距离射门、守门"游戏幼儿示范图

抽其中四天游戏最后一回合,进行连续10次传接球回来数统计和射门守门成功率统计,得出几名幼儿每天游戏数据如下表。(表1-16)

表 1-16　幼儿游戏数据统计表

成功率%	第一次	第二次	第三次	第四次
双人 5 米距离传接球	30%	50%	60%	60%
5 米距离射门、守门成功率	40%	50%	60%	70%

第三阶段成效：由上表可以得出，经过一周每天 8 分钟的针对性游戏，几名幼儿的传接球成功和守门成功率都有显著的提高，最后一次的两个项目的成功率都由之前的低于 50％成功突破了 50％，成功率分别达到 60％和 70％，进步明显。分析原因如下：两个游戏采用的侧滑步的动作与第一阶段、第二阶段的游戏练习的内容一脉相承；有了前面的基础，再加上第三阶段专门的模拟真实场景游戏，幼儿的侧滑步动作得到了足够密度与强度的练习，大大地提高了下肢力量的爆发力、灵敏性、协调性等，幼儿的足球技术水平也相应地得到了一定的提升。

通过以上三个阶段的设计与实施，我们的幼儿不仅学会了侧滑步的基本动作，而且还初步掌握了足球基本的传接球技术以及守门技巧，孩子们很辛苦，付出了许多汗水，但也得到了许多：身体素质的提高，足球技术的学习与掌握，基本"走"步法的高阶动作侧滑步的学习与熟练，自信心的提升，不怕困难、不轻易放弃的运动品质的养成等等。

此外，为了配合这三周的相对大强度运动游戏，幼儿可适当增加营养摄入，如高蛋白食物，运动完成后做好充分的放松练习，还要保证充足的睡眠等。

效果与感悟

首先，幼儿户外运动会每天都会出现各种各样的问题，教师在幼儿分散运动的过程中，除了关注幼儿的安全与基本生活卫生外，还需要关注幼儿运动的状态，慧眼发现、识别幼儿运动中的问题，并结合幼儿实际情况给予专业的指导。指导幼儿运动，需要教师参与运动中来，与幼儿成为运动小伙伴，成为幼儿学习和模仿的对象，结合幼儿年龄、生理、心理特征，对幼儿实施合理的教育教学行为。

其次，对于幼儿运动中问题，除了差异化、个性化指导能力偏弱的幼儿，

也可以根据幼儿的兴趣、爱好等适当地个性化指导表现良好甚至优秀的幼儿,让这一部分幼儿也能够得到更进一步的提高。

此外,鉴别活动方案实施的效果,将运动方案效果数据化,通过前后对比,可以清晰地验证出设计方案的时效性,并根据结果适时调整方案的设计,将方案变得更完善。

幼儿的成长与进步是可持续地、阶段性、螺旋式上升的,所以,对于幼儿的指导也是可持续的,任何方案都有一定的限制性,都没有最完美的,但是我们的孩子是可持续发展的,所以,要跟上幼儿的发展,给幼儿提供尽可能多的、能够促进幼儿持续进步的各种方案。

(张洪勋)

跌跌撞撞的宝贝

——小班幼儿"走"的故事

观察与实录

小班开学第三个星期,班级里因新入园产生的此起彼伏的哭声已经渐渐平息,宝贝们慢慢地适应了来园生活。我们老师也从安抚幼儿情绪的工作中渐渐脱开身来,各项保育和保教工作日渐走入正轨。在一次户外游戏中,我们带领小朋友们沿着地上彩色的线条玩"过小桥"的游戏。在游戏中,晨晨、恩恩和熙熙三位小朋友走路时的姿态吸引了我的注意。

地上的彩色线条约有两掌宽,然而在游戏中晨晨、恩恩和熙熙在沿着线条走的时候,几乎从第三、第四步开始,就会偏离线条,走到小河里,行进的轨迹呈现"S"型;在走路的姿态方面,三位幼儿一直盯着地面,略有驼背,双腿较为无力;熙熙的手脚协同摆动动作尚可,而恩恩行走时双臂上曲,晨晨则出现了同手同脚的现象。

识别与分析

针对三位幼儿的这一现状,我们进行了原因分析。

首先是幼儿个体因素。幼儿自主控制的动作能力是遵循一定的顺序进行发展的,一般是由头部逐渐到躯干再到四肢,优先发展靠近身体中心的身体肌肉和身体动作,最后发展远离身体中心的四肢末端部分的动作。因此,随着年龄的增长,幼儿的动作能力呈现出从中心到四肢逐步增强的趋势。而本班的三名幼儿晨晨、恩恩和熙熙,都是月龄偏小的幼儿,其中晨晨的月龄最小。与班级其他幼儿相比较小的月龄所带来的较缓的发展,可能是三位幼儿对"走"这一基本动作掌握情况不佳的因素之一。同时,恩恩存在较为严重的营养不良,研究显示身体发育的水平与基本动作技能水平存在明显相关关系。

其次是家庭因素。结合开学前的家庭情况摸排,以及通过家访对幼儿基本情况的了解,我们总结出了以下可能影响幼儿动作能力发展的因素。(见表 1-17)

表 1-17　影响幼儿动作能力发展的因素表

幼儿姓名	晨晨	恩恩	熙熙
家庭情况	主要由祖辈带养,平时喜欢被外婆抱着。老师在来、离园接送时也经常看到外婆抱着孩子。	1. 父母工作比较忙,恩恩基本都在家里玩,很少外出。 2. 在家挑食严重,祖辈对挑食问题听之任之。	家中独子,父母更为注重对幼儿"学习能力"的培养,相对忽略了幼儿的运动发展。

从上表可见,三名幼儿均由于不同的家庭原因造成了运动机会少、运动时间短的客观结果。而根据相关研究,幼儿运动经验的不同会导致其基本动作技能水平的不同,三位幼儿由于家庭环境带来的运动经验缺失可能是影响其表现的因素之一。

最后是环境因素。幼儿园刚开园,教师对幼儿尚处于了解之中,保育和保教工作随着幼儿渡过入园适应期后刚刚步入正轨,还有待进一步展开。

回应与支持

由于三名幼儿对"走"这一基本动作产生的问题主要集中在步态和行进轨迹方面,难以量化,因此我们有针对性地制作了质性观察表,对三位幼儿在"过小桥"游戏中行走时呈现出的步态和行进轨迹作记录,结果如下。(见表 1-18)

表 1-18　起点观测表

幼儿姓名	步态	行进轨迹
晨晨	步子"跌跌撞撞",行走时身体左右摇晃,出现同手同脚	从第二步开始走出小桥,"掉入"河中。
恩恩	双腿无力,步子"跌跌撞撞",行走时身体左右摇晃,行走时双臂上曲	从第三步开始走出小桥,"掉入"河中。
熙熙	上下肢协同性尚可,步态别扭、不自然	从第六步开始走出小桥,"掉入"河中。

由于幼儿运动的经验与其基本动作技能水平存在正相关关系,依据起点观测中幼儿表现出的问题,结合背景分析,我们决定从幼儿园和家庭两个方面对幼儿进行支持,具体计划如下。(见表 1-19)

表 1-19　第一阶段教育计划

	增加运动机会	增强下肢力量	增进步幅协调性
幼儿园	1. 设计体育游戏"找宝贝""峡谷冒险""海草海草""连体人",有意识引导目标幼儿参与游戏,并依据幼儿兴趣反复开展。 2. 利用户外散步时间,鼓励幼儿走直线、过小桥等。	1. 设计体育游戏"割小草""上山坡",有目标地引导幼儿参与。 2. 适当增加幼儿在运动时跑步和跳跃的机会。	教师每周至少两次鼓励目标幼儿走"彩虹桥"、参加"原地踏步走"的游戏。
	晨晨	恩恩	熙熙
家庭	1. 与晨晨的父母、祖辈进行沟通,保证来离园请宝贝自己走路,不抱孩子。 2. 在家、外出时也增加孩子自己走路的时间,尽量不抱。	1. 沟通幼儿的挑食问题,帮助幼儿养成样样爱吃的好习惯,改进营养不良的情况。 2. 请祖辈保证至少两天一次带孩子到小区玩耍,父母每周带孩子外出游玩一次。	1. 与家长沟通运动对于三岁幼儿脑发展的影响,转变家长的育儿观念,从单纯的"智育"走向全面发展。 2. 引导家长每周至少带孩子参与体育活动三次,如亲子足球等。

经过一个月的活动实施后,熙熙有了肉眼可见的巨大进步;晨晨和恩恩的运动能力似乎也有了一定的改善,于是我们安排了第二次节点观测,同样是基于"过小河"的游戏进行观察。(见表 1-20)

表 1-20 节点观测表

幼儿姓名	步态	行进轨迹
晨晨	步态不自然，无同手同脚	基本能沿着小桥走直线
恩恩	步态不自然，双腿无力	能够沿小桥直线行进近一半的距离，后半段呈现较明显的"S"型轨迹
熙熙	步态较为自然，手脚协调	基本能沿着小桥走直线

结合节点质性观察和我们对幼儿在日常运动过程中的观察了解，可以发现晨晨和熙熙对"走"这个基本动作的掌握有了显著的进步，说明前期的活动实施是适宜的、有效的。而恩恩虽然纵向相比有了很大进步，但是与班级幼儿的横向对比还存在一定的差距。可能的原因如下：一是挑食问题有了一点改善，但从饮食到幼儿体质的进步还需要时间，目前为止恩恩仍然在体检中被评估为严重营养不良；二是比起另外两位幼儿，恩恩参与运动的积极性更弱，更需要成人的个别鼓励和指导。

此外，恩恩存在步态不自然的现象，我们查阅相关研究，学者 Scrutton 提出："幼儿早期通过脚趾的外展来维持平衡，增加稳定性，因为这样不仅增大了受力面积，还能使得强壮的趾短屈肌和足底方肌来帮助提高横向稳定性；随着年龄的增长幼儿自身稳定性也慢慢提高，不再需要依靠脚趾的外展来提供稳定性，直到 4～5 岁的时候就可以像成人一样行走。"即恩恩目前较为不自然的步态是会随着年龄的发展到四岁左右自然调整好的，需要一个过程，不需要教师进一步的"揠苗助长"。因此，在后续只需要在日常的运动、生活中对恩恩的步态发展给予适当的关注即可。由此，我们针对恩恩的情况开展了第二阶段的个性化指导。

由于身体发育的水平与基本动作技能水平存在明显相关关系，针对恩恩的两个问题，我们设计出如下教育计划。（见表 1-21）

表1-21　第二阶段教育计划

	改善挑食、增强体质	运动中的个别化指导和鼓励
幼儿园	结合班级的生活课程"样样都爱吃",在生活课程中重点注意对恩恩小朋友进餐习惯的培养。	1. 在运动场地中设置与基本动作"走"相关的游戏和运动,教师每日有计划、有针对性地鼓励恩恩参加,并及时给予正向反馈。 2. 鼓励班级运动能力强、月龄较大的幼儿与恩恩"结对子",带着恩恩一同运动,增加恩恩运动的机会和积极性。
家庭	继续进行家园共育,引导家长在家鼓励恩恩不挑食,多运动,增强体质。	指导家长在小区布置简易的运动场地,与恩恩一起"走",每周保证至少三次亲子运动的机会。

　　经过二阶段活动的实施,我们老师明显感到恩恩动作发展水平的进步,他的步态虽然还有些不自然,但是已经能够走得很稳了,而且运动的积极性也有了明显的提高。于是,我们又带恩恩玩了一次"过小河"的游戏,以下是观察结果。(见表1-22)

表1-22　终点观测表

幼儿姓名	步态	行进轨迹
恩恩	双脚交替迈出,身体略有摇晃,上下肢有一定的协同性。	基本能够沿着小桥走直线

　　果然,相比起前两次观测,恩恩的动作发展水平有了明显的进步。同时,在第三个月的体质测试中,恩恩已经摆脱了"严重营养不良"的问题,转变为"轻度营养不良",身体的发育也得到了改善。通过两个月持续不断的引导和鼓励,我们的努力得到了可喜的回报。

效果与感悟

　　首先,运动课程与生活课程可协同整合。幼儿是发展中的个体,他们的发展不是割裂的,而是一个整体。虽然我们幼儿园的课程分为四大板块进行实施,但落实到每个幼儿身上,需要教师有全局观和尊重科学的意识。比如在这次故事中的恩恩,虽然他在运动课程中表现为基本动作发展的弱势,但究其原因,身体发育的滞后在其中也占到了不可忽视的比重。因此,在实施中将生活板块的内容与运动板块的内容进行协调整合,既增强了幼儿的体质,又提高了幼儿的运动水平和运动积极性，达到了"一加一大于二"的良好效果。

其次，基于观察开展运动活动。幼儿是课程的主体，幼儿园的各项活动都应当遵守"以幼儿发展为本"的原则。要以幼儿为本，就要求我们幼儿园的各项教育教学活动都基于对幼儿的了解之上，而观察就是教师了解班级每位幼儿最重要的途径之一。在此次活动中，我们先通过在日常教育教学活动中的观察，发现了幼儿可能存在的问题，进而通过有计划、有针对性地运用质性观察工具，对具体问题进行了分析，从而找到幼儿在动作水平发展中存在的问题，并持续地在活动实施过程中进行观察，保证了活动的科学性和有效性。

（刘梦莹）

第二章

我跑：释放幼儿自由奔跑的天性

小班阶段，幼儿一般能够勉强跑起来，但身体重心不稳定，腿部无力，容易左右摇晃，跑起来速度不快，跑的路线左右摇摆，持续时间很短；中班阶段，幼儿能够跑起来且双脚迈步有力，手臂能够摆起来但不够协调，速度较快，持续时间短；到了大班阶段，幼儿能轻松跑起来，上下肢协调，双脚迈步大，蹬地有力，手臂前后摆动有力，速度快，持续时间较长。

情景再现

"预备,跑!"老师的指令语刚落,一场激动人心的接力折返跑就开始了,大班的孩子们卯足了劲往前冲。

拿到第一棒的陌陌在跑回终点时步伐越来越大,但他的左脚没有踩稳,蹬地的力量过小,导致一个"踉跄"差点摔倒。拿到第二棒的万万在跑步的过程中拿着接力棒的右手没有任何摆臂的动作,只有左手随意地在身侧直直摆动;而且我注意到他一直用前脚掌着地往前"踮着跑",再加上时不时低头看接力棒,导致跑步时重心前倾;"哎呀!"他的脖子往前一伸,脚像是被"绊"了一下,他赶紧将目光注视到前方,稍微稳了稳身体,接着往前跑。

乐乐拿到第三棒后迅速出发。他身体直立、微微仰头;跑步时脚尖向外,不能沿一条直线奔跑,跑着跑着就跑到别人的跑道上去了;折返跑快到达标志前没有及时减速停止,导致侧摔撞到标志物。

这一幕幕映入我的眼帘,我的心也跟着提了起来……

奔跑是幼儿最喜爱的活动之一,然而出于对孩子安全的考虑,他们自由奔跑的天性经常得不到释放。如何让孩子在畅快跑的同时,既能跑得"稳"、又能跑得"好",我们一直在思考……

理论认知

跑,是幼儿学会走之后最先接触的动作之一,它在幼儿平时的生活、运动中扮演着不可或缺的角色。实践证明,影响幼儿跑动能力的相关因素有三。一是幼儿体格机能发育。与小班幼儿最为相关的因素依次为:呼吸差、心率、胸围;与中班幼儿最为相关因素依次为:心率、胸围、呼吸差;与大班幼儿最为相关的因素依次为:胸围和呼吸差、心率。各年龄段幼儿相关因素的排列虽有不同,但这几项都说明了心率在正常范围内的幼儿跑的速度快,呼吸差、胸围越大跑得也越快。

二是幼儿家庭环境和教育。家长的教养方式和孩子的作息是影响小班幼儿快跑的主要影响因素;中班幼儿的相关影响因素依次为:教养方式、居住环境、幼儿作息;大班幼儿的相关影响因素依次为:教养方式、幼儿作息、居住环境。可见,家长的教养方式对幼儿快跑的影响较大,中、大班幼儿比小班幼儿需要更多的活动场所,因此居住环境的空间条件也有相关关系。

三是幼儿园环境和教育。与小班幼儿相关的硬件因素依次为：户外场地、体育设备、占地面积和建筑面积、泥沙草地；与中、大班幼儿相关的硬件因素依次为：户外场地、建筑面积和体育设备、占地面积；户外场地对幼儿的快跑能力有重要的意义,幼儿园必须有一条30米的跑道,以供幼儿练习快跑。与小班幼儿相关的教育因素依次为：教师行为、体育活动、户外活动；与中班幼儿相关的教育因素依次为：体育活动、户外活动、教师行为、活动形式；与大班幼儿相关的教育因素依次为：体育活动、活动形式、户外活动、教师行为；可见,幼儿的年龄越小,对教师的依赖越强,随着年龄的增加,只要有体育活动,幼儿就爱四处奔跑,对20米的快跑运动能力自然有很好的帮助。

幼儿跑的主要动作及要点见表2-1。

表2-1 幼儿跑的主要动作及要点表

要点 动作	1	2	3	4
慢跑	膝盖微曲,上身微微前倾,目视前方	手肘微曲,根据下肢动作前后自然摆动	脚后跟先着地,过渡到脚前掌,跑动中身体有腾空动作	不轻易放弃,能够坚持,意志力强
加速跑	双脚前后开立,双手握拳手臂弯曲	膝盖微屈,身体重心前移,手臂快速摆出	后脚快速蹬地后前脚快速迈出	注意力集中,反应速度快
折返跑	起跑加速快,身体前倾	途中跑不减速,全力冲刺	碰标志桶前身体重心后移,提前减速制动	能够记忆路线,辨认标志桶颜色
变速跑	膝盖弯曲,身体重心低	加速、减速显著变化	手臂配合加减速做摆臂动作	注意力集中,在1秒钟之内做出反应
倒退跑	背对前进方向跑动	转头眼睛余光看向背后,观察地面状况	脚后跟抬起,膝盖弯曲,重心慢慢向前,双手摆臂用力	精神集中,注意观察路线

实 施 指 引

一、慢跑

（一）动作要点

慢跑的动作要点与运动经验发展如下(见表2-2)：

表 2-2　幼儿慢跑的动作要点与运动经验发展表

动作＼要点	1	2	3	4
慢跑	膝盖微曲,上身微微前倾,目视前方	手肘微曲,根据下肢动作前后自然摆动	脚后跟先着地,过渡到脚前掌,跑动中身体有腾空动作	不轻易放弃,能够坚持,意志力强
运动经验发展	慢跑是所有跑步运动的基础,学习并掌握正确的慢跑动作技术,不仅可以锻炼身体、增强体质,还可以锻炼幼儿的耐心,为以后幼儿学习以跑为基本动作的其他运动,打好身体和心理基础。			

幼儿慢跑的动作要点示例图(见图 2-1):

图 2-1　侧视图

(二)实施建议

慢跑主要有两种动作形式:一是直线慢跑,场地上设置一条直线,要求在一定时间内到达终点;二是曲线慢跑,场地上放置标志桶,间隔 3 米,要求绕"S"形跑到终点处。

(三)温馨提示

(1)慢跑时双手微微握拳,手肘弯曲,跑动时手臂自由前后摆动,身体微微前倾,动作放松不僵硬。

(2)慢跑时前后脚站立,手臂自然弯曲,大臂带动小臂前后摆动。

(3)当出现同手同脚的现象时,可练习原地高抬腿,异侧抬腿提肘前摆。

(4)慢跑时应眼睛盯住终点标志物,沿着直线向前跑,要避免跑步路线不直。

（四）游戏分享

1. 幼儿自主发起的运动游戏

①材料提供：泡泡机若干。②观察要点：观察玩泡泡机的幼儿是否主动在场地上不断地移动；观察其余幼儿是否跟随着泡泡机打出的泡泡不停地移动，改变速度和方向；观察幼儿之间的角色是否能够主动交换；观察幼儿参与跑步游戏的兴趣，是否具有坚持到底不放弃的精神。③温馨提示：关注班级幼儿之间发展的差异性，引导幼儿游戏中的安全、合作意识；关注幼儿慢跑移动中身体的发展能力，包括加减速、身体平衡性、协调性等。

2. 教师发起的运动游戏

游戏一：捕鱼达人(中、大班)。①游戏准备：设置一片长 10 米、宽 10 米的方形场地。②游戏价值：锻炼幼儿身体灵敏性、专注力，激发幼儿奔跑的兴趣。③游戏方法：先选出 3 名幼儿，手拉手作为"网"，其他小朋友是"鱼"，网触碰到"鱼"，"鱼"就变成"网"，直到抓完所有小"鱼"，游戏结束。注意，"网"断掉时，将不能捕捉到小"鱼"；游戏以进行 2—3 次为宜，可依据课程时间和游戏规则掌握程度设置。④温馨提示："网"移动时要确认目标；小"鱼"不能跑到方形区域以外。

游戏二：小建筑师(小、中、大班)。①游戏准备：空旷场地上设置三到四条跑道并设置起点、终点，起点处每条跑道放若干块积木。②游戏价值：发展幼儿的快速奔跑能力、团队合作能力、坚持到底不放弃的精神。③游戏方法：幼儿分成三到四组，人数相等，游戏开始后，每组幼儿每次拿一块积木跑到终点将积木摞起来，最先摞完且积木最高的幼儿组获胜。游戏可反复进行 3—4 次，依据课程时间和幼儿体能而定。④温馨提示：可以在跑道上放置一些障碍物，增加游戏难度；跑动中，幼儿要抓住积木，不让积木中途落下。

游戏三：前呼后拥(小、中、大班)。①游戏准备：空旷场地。②游戏价值：发展幼儿的幼儿注意力、身体快速反应、奔跑能力、奔跑兴趣。③游戏方法：幼儿排成两纵队，面向教师站立，跟随教师在场地上自由走动，教师吹口哨一声，靠近教师的幼儿迅速跑到队尾，依次进行。游戏可反复进行 4—6 次，依据课程时间和幼儿体能而定。④温馨提示：幼儿统一从外侧跑到队尾；提醒幼儿注意力集中听口哨；保证幼儿转身跑动的距离，缩短幼儿的等待时间。

游戏四：贪吃蛇(中、大班)。①游戏准备：空旷的场地。②游戏价值：激发幼儿

游戏兴趣,提高快速奔跑的能力,锻炼幼儿专注力。③游戏方法:幼儿散点站在场地间,教师委派一男一女两名幼儿做蛇头,教师吹口哨开始,男幼儿与女幼儿分别做蛇头吃掉场地中的分散的男幼儿和女幼儿,被吃掉的幼儿作为贪吃蛇的身体接在蛇头后面,直至有一组幼儿把场地上的所有同性别的幼儿吃掉,看哪组幼儿快。游戏可反复进行4—6次,依据课程时间和幼儿规则掌握程度而定。④温馨提示:同性别的幼儿不能碰到;提醒幼儿注意力集中听口哨。

二、加速跑

(一)运动要点

加速跑的动作要点与运动经验发展如下(见表2-3):

表2-3 幼儿加速跑的动作要点与运动经验发展表

动作＼要点	1	2	3	4
加速跑	双脚前后开立,双手握拳手臂弯曲	膝盖微屈,身体重心前移,手臂快速摆出	后脚快速蹬地后前脚快速迈出	注意力集中,反应速度快
运动经验发展	加速跑是快速跑最重要的标志之一,加速跑能有效地锻炼下肢爆发力和神经系统的反应灵敏度,还增强幼儿的竞争意识和努力拼搏的精神品质。			

幼儿加速跑的动作要点示例图(见图2-2、2-3):

图2-2 侧视图1

图2-3 侧视图2

（二）实施建议

加速跑主要有两种运动形式：

（1）多种身体姿态听口令跑（站立姿势、蹲立姿势、俯卧姿势等）。

（2）不同坡度听口令跑（下坡跑、平面跑、上坡跑）。

（三）温馨提示

（1）加速跑时，应前脚掌蹬地，要避免全脚掌着地。

（2）当出现大腿抬得过低、步幅过小的情况，可练习高抬腿，前大腿抬至与支撑腿呈 90 度。

（3）加速跑时应前后脚站立，手臂自然弯曲，大臂带动小臂前后摆动，要避免手臂左右摆动。

（4）加速跑时上身前倾，要避免身体过于直立，没有前倾。

（四）游戏分享

1. 幼儿自主发起的运动游戏

①材料提供：小风车若干。②观察要点：观察幼儿使用风车方法时动作的多样性，如跑步动作或原地转圈等身体动作；观察幼儿跑步时上下肢协调性、节奏感等；观察幼儿奔跑时的专注力和反应灵敏度；观察幼儿的竞争意识和拼搏的精神。③温馨提示：关注班级幼儿运动能力的差异性，动态调整跑步的距离和轨迹，其中轨迹可以有直线、曲线、折线、折返等。关注幼儿跑步的方式，如：快速跑、前踢腿跑、后踢腿跑、后退跑等，循序渐进地通过改变动作增加游戏的挑战性。

2. 教师发起的运动游戏

游戏一：绕彩虹跑（小、中、大班）。①游戏准备：教师将两块溜溜布拉直放置在场地中间，由于幼儿持溜溜布没有足够的高度，只能由两位老师手持。②游戏价值：提高幼儿快速跑的耐力、爆发力、观察力、反应灵敏。③游戏方法：分为两个队伍，幼儿分别站在溜溜布旁边绕溜溜布接力跑圈；游戏可重复进行 6—10 次，依据课程时间和幼儿实际体能而定。④温馨提示：跑动时不能踩到溜溜布；返回时记得要击掌接力。

游戏二：穿越峡谷（小、中、大班）。①游戏准备：两位老师手持 2 块长度为 10—15 米的溜溜布，垂直置于地面，中间留出宽 0.5 米通道。②游戏价值：发展幼儿快速跑的能力、跑步中控制身体稳定的能力、幼儿的拼搏精神。③游戏方法：幼儿站成

一纵队从老师手持溜溜布的起点处进入,跑动摆臂穿越老师上下左右摆动的溜溜布通道后返回起点。每人可反复通过峡谷6—10次,游戏时间依据课程的时间和幼儿的体能而定。④温馨提示:提醒幼儿在跑动时注意摆臂;穿越过程中速度不宜过快,保持安全距离。

游戏三:抓尾巴(中、大班)。①游戏准备:彩虹短绳若干、一片长10米宽10米的方形场地。②游戏价值:发展幼儿的快速反应的能力、控制身体躲闪的能力和拼搏精神。③游戏方法:幼儿两人一组,各自在身上放置一根彩绳作尾巴;游戏开始后四散跑动,想办法抓到对方的尾巴,同时要保护自己的尾巴,抓到对方尾巴者获胜。游戏可反复进行6—10轮,依据课程的时间和幼儿的体能而定。④温馨提示:抓尾巴时要确认目标;不能跑出方形区域。

游戏四:采蘑菇(中、大班)。①游戏准备:圈15个、环15个、长条积木3块。②游戏价值:发展幼儿的数概念、快速跑和团队配合的能力。③游戏方法:班级分为3组,3名幼儿站于起跑线准备,双脚跳圈沿途捡拾5个环,行进至积木处将环套进积木后跑回起点,用时最短者获胜。游戏可反复进行6—10轮,依据课程的时间和幼儿的体能而定。④温馨提示:跳圈时脚不能碰圈,后面可以用接力形式进行比赛;捡环时环不能掉在地上。

三、折返跑

(一) 运动要点

折返跑的动作要点与运动经验发展如下(见表2-4):

表2-4 幼儿折返跑的动作要点与运动经验发展表

动作 \ 要点	1	2	3	4
折返跑	起跑加速快,身体前倾	途中跑不减速,全力冲刺	碰标志桶前身体重心后移,提前减速制动	能够记忆路线,辨认标志桶颜色
运动经验发展	折返跑是跑的速度和耐力的结合,可以有效提高幼儿速度耐力水平,发展幼儿下肢力量,同时有助于培养幼儿的专注度与竞争意识。			

幼儿折返跑的动作要点示例图(见图2-4、2-5):

图2-4 侧视图1

图2-5 侧视图2

场地上一条线上放置四个标志桶，间隔5米以上，从起点出发跑向第一个标志桶后跑回，然后再跑向下一个标志桶，以此类推。

（二）实施建议

折返跑主要有两种运动形式：

（1）直线式折返跑（在直线上进行来回折返跑）。

（2）非直线式折返跑（直角折返跑，米字型折返跑等）。

（三）温馨提示

（1）折返跑时应将重心降低，到达标志桶前小碎步减速，要避免冲过线。

（2）减速时应双腿弯曲，小碎步减速，要避免减速时重心太高。

（3）碰到标志桶后迅速返回，不要等待，要避免跑到标志桶后等待时间过长才开始往回跑。

（4）在终点线前方5米处设置标志物，跑过标志物方可减速停止，要避免往回冲刺终点线提前减速。

（四）游戏分享

1. 幼儿自主发起的运动游戏

①材料提供：小背篓、沙包或海洋球等。②观察要点：观察幼儿通过所提供的材料能够玩出什么游戏，如装运沙包、用小背篓接沙包等；观察幼儿是否出现折返跑来回装运沙包的情况；观察幼儿在折返跑反复装运沙包等身体的运动状态；观察幼儿折返跑时的速度和耐力水平。③温馨提示：关注班级幼儿之间的差异性，给予幼儿一定的指导与建议，鼓励幼儿自主创新游戏；关注幼儿运动中的安全与卫生保健等。

2. 教师发起的运动游戏

游戏一：快乐搬运（小、中、大班）。①游戏准备：幼儿分为两个队伍，同时进行游戏；在两个队伍前5—15米处各放置一个篮子，每个人发放一个小球。②游戏价值：激发幼儿跑动兴趣，锻炼幼儿折返跑能力，培养幼儿的意志力和拼搏精神。③游戏方法：幼儿跑向篮子并将球放入篮子中后迅速折返回起点，并与下一位小伙伴击掌。游戏可反复进行4—6次，依据课程的时间和幼儿的体能而定。④温馨提示：注意游戏开始前的热身，充分活动下肢，防止运动伤害发生。

游戏二：胡萝卜园（中、大班）。①游戏准备：分为2个队伍，每队依次进行游戏；每队前摆放4—8个呼啦圈，每个呼啦圈之间间隔两米。②游戏价值：锻炼幼儿跑步能力、提高幼儿完成任务能力、发展幼儿坚持到底不轻易放弃的精神。③游戏方法：幼儿跑步，依次将每一个呼啦圈中的小圆锥筒收好，交给下一名幼儿，然后将圆锥筒依次放回呼啦圈中，完成的幼儿从右侧返回队尾。每人可反复进行游戏4—6次，依据课程时间和幼儿体能而定。④温馨提示：控制幼儿间距，防止幼儿碰撞。

游戏三：采果大赛（中、大班）。①游戏准备：设置2个5×5米的正方形，三个小球摆放在正方形三个角上，空出一个角上摆放一个筐。②游戏价值：锻炼幼儿规则意识，提高幼儿游戏兴趣、团队合作能力。③游戏方法：两名幼儿分别站在空出的一个角上，然后跑动去捡三个球，每次只能捡一个，然后放入筐子内才能去捡下一个小球，三个球全部放入筐子内为结束，用时短者即为胜利。游戏可反复进行3—4次，依据课程时间和游戏规则掌握的程度而定。④温馨提示：幼儿注意听口令，口令给的稍微慢一些，防止幼儿发生碰撞。

游戏四：四面八方来喝茶（大班）。①游戏准备：设置2个半径约为5米的圆形场地，圆心处放置一个箩筐，里面放八个小球，在圆形场地的边界处等距放置8个箩筐。

②游戏价值：提高幼儿的规则意识、锻炼幼儿快速折返跑能力,增强幼儿的意志力。

③游戏方法：两名幼儿站在圆心处,然后跑动将圆心处的小球依次放入边界的箩筐里,所有小球都放完后,同时放置 4 个小球则用时短的获胜;否则放置球多的幼儿获胜。游戏可反复进行 4—6 次,依据课程时间和游戏规则掌握的程度而定。④温馨提示：幼儿注意听口令,口令给的稍微慢一些,防止幼儿发生碰撞。

四、变速跑

（一）运动要点

变速跑的动作要点与运动经验发展如下(见表 2‑5)：

表 2‑5　幼儿变速跑的动作要点与运动经验发展表

动作＼等级	1	2	3	4
变速跑	膝盖弯曲,身体重心低	加速、减速显著变化	手臂配合加减速做摆臂动作	注意力集中,在 1 秒钟内做出反应
运动经验发展	变速跑是幼儿比较喜欢一种跑步形式,容易激发幼儿跑步的兴趣,而且变速跑能够非常有效地锻炼幼儿的快速反应和身体爆发力,为以后的许多专业运动项目奠定基础。			

（二）实施建议

形式：听口令,比反应速度。场地上设置一条直线要求在口令下变换速度到达终点。

（三）温馨提示

（1）加速时,重心前移,大腿摆动时抬高加速;减速时,重心后移,大腿抬高幅度(减)降低。

（2）可听口令做各种动作反应练习,避免动作反应慢。

（四）游戏分享

1. 幼儿自主发起的运动游戏

①材料提供：足球若干、沙包若干、抓尾巴道具等。②观察要点：观察幼儿利用足球发起的运动游戏中运球、追逐球等不断变换的身体运动能力,包括速度、力量、协调性等;观察幼儿能否利用沙包当做雷区,迅速地变速变向通过雷区的情况;观察幼儿在抓尾巴游戏中身体的快速躲闪、变速变向运动的情况;观察幼儿参与跑步游戏的兴趣。

③温馨提示：关注班级幼儿之间的差异性,提醒幼儿运中的安全与卫生保健;关注班级幼儿身体运动能力的发展情况,适时地引导幼儿更好地参与游戏。

2. 教师发起的运动游戏

游戏一：老师有一根魔法棒(小、中、大班)。①游戏准备：分为两个队伍,依次进行游戏;设置一条起终点长 30 米的跑道。②游戏价值：锻炼幼儿听口令的行动能力、变换速度的能力、激发幼儿参与跑步游戏的兴趣。③游戏方法：老师发出口令,幼儿听到"变成小兔子"的口令就迅速跑起来,"变成小乌龟"的口令就放慢脚步慢跑起来。游戏可反复进行 3—6 次,依据课程时间和幼儿体能情况而定。④温馨提示：提醒幼儿听清口令后迅速变换节奏。

游戏二：极速飞车(中、大班)。①游戏准备：分为两个队伍,轮流进行游戏;在场地上用锥形桶设置一个大圈。②游戏价值：锻炼幼儿变速、变化动作的运动能力,激发幼儿参与跑步游戏的兴趣,提高幼儿坚持不放弃的意志品质。③游戏方法：教师下达口令,"红灯"幼儿站在原地站立式起跑姿势,"绿灯"幼儿绕着圆圈顺时针跑动,"黄灯"幼儿原地高抬腿。第一轮顺时针跑动,第二轮换逆时针跑动,让幼儿感受身体倾斜的感觉,促进身体两侧协调发展。每人完成游戏 3—4 次,依据课程时间和幼儿体能情况而定。④温馨提示：教师注意控制运动强度;幼儿跑动时一定是一个方向,不要撞在一起。

游戏三：小汽车嘀嘀嘀(中、大班)。①游戏准备：设置长 30—50 米的跑道、各种汽车的图片。②游戏价值：锻炼幼儿的感觉系统与运动系统的结合、提高幼儿的动作反应能力、激发幼儿参与跑步游戏的兴趣。③游戏方法：幼儿听口令快跑——"汽车启动、加油门,加速开得快"(移动第一次);慢跑——"汽车减速开得慢"(移动第二次);下蹲跑——"汽车下坡"(移动第三次)。幼儿行进跑的过程配上相应的音乐,增强游戏的气氛;每个队的车可以不同,有的是大巴车,有的是小轿车,图片贴在每一队排头小朋友的身上。游戏可反复进行 4—6 次,依据课程时间和幼儿体能情况而定。④温馨提示：幼儿注意听口令;教师给予的口令稍微慢一些,防止幼儿发生碰撞。

游戏四：大风和树叶(小、中、大班)。①游戏准备：15×15 米的方形场地。②游戏价值：提高幼儿的动作反应能力、培养幼儿的规则意识、激发幼儿参与跑步游戏的兴趣。③游戏方法：幼儿扮演树叶,四散蹲在场地上,教师扮演风。游戏开始,幼儿听口令,老师说："起风了",并张开两臂绕幼儿走,小树叶站起来轻轻地跑。老师又说："大风刮起来了"，张开双臂发出"呼呼呼"的风声，幼儿开始快跑。老师说："风小了"，幼儿开始慢跑。重复几次，老师说："风停了"，幼儿蹲下。游戏可反复进行4—6次，依据课程时间和幼儿体能情况而定。④温馨提示：场地尽量大一些，防止幼儿碰撞。

五、倒退跑

（一）运动要点

倒退跑的动作要点与运动经验发展如下（见表2-6）：

表2-6 幼儿倒退跑的动作要点与运动经验发展表

动作＼要点	1	2	3	4
倒退跑	背对前进方向跑动	转头眼睛余光看向背后，观察地面状况	脚后跟抬起，膝盖弯曲，重心慢慢移动，双手摆臂用力	精神集中，注意观察路线
运动经验发展	倒退跑是向前跑的反向跑，也是以后许多球类等运动项目的基本动作之一，幼儿经常练习倒退跑，可以改善幼儿的小脑，提高幼儿的平衡能力和身体灵敏协调性，还可以锻炼到平时向前跑用不到的大腿前侧肌肉群。			

幼儿倒退跑的动作要点示例图（见图2-6）：

图2-6 背视图

（二）实施建议

形式一：沿着拔河绳，双腿分开倒退跑到终点。

形式二：后方设置障碍物，后退跑时躲避障碍物跑向终点。

（三）温馨提示

（1）倒退跑时上半身应该微微前倾，重心降低，要避免上半身挺直，重心高。

（2）当后退跑没有方向感，无法轻松躲避障碍物时，可将头部向一侧后转，余光看后退路线。

（四）游戏分享

1. 幼儿自主发起的运动游戏

①材料提供：彩虹伞。②观察要点：观察幼儿使用彩虹伞方法的多样性（可能是绕圈慢跑、绕圈快跑、变速跑、变向跑、后退跑等动作，也可能是其他动作）；观察幼儿跑步时上下肢协调性，步伐的节奏性；观察幼儿后退跑时眼睛是否有意识向后看；观察幼儿多人协作奔跑时的合作表现。③温馨提示：关注班级幼儿运动能力的差异性，动态调整幼儿奔跑的速度和方向；关注幼儿跑步的方式（绕圈慢跑、绕圈快跑、绕圈变速跑、绕圈变向跑、后退跑、后退绕障碍跑等），逐步增强动作的挑战性。

2. 教师发起的运动游戏

游戏一：夺宝奇兵（中、大班）。①游戏准备：分为两个队伍，每队依次进行游戏；每个队伍前放置标志盘，依据幼儿的动作发展水平可连成两条6—10米的前进路线。②游戏价值：提高幼儿的后退跑能力、锻炼幼儿勇于尝试新动作的勇气、增强幼儿挑战自我克服恐惧和不轻言放弃的精神。③游戏方法：倒退跑起来。每人完成游戏4—6次，依据课程时间和幼儿体能情况而定。④温馨提示：不熟练的幼儿可以慢慢倒退走，不可以着急，教师在一旁保护帮助。

游戏二：倒车入库（小、中、大班）。①游戏准备：分为4个队伍，4人一组同时进行游戏；在4个队伍前放置标志盘，做为起点，10米处放置5个标志桶作为4个小停车位。②游戏价值：提高幼儿后退跑的能力、增强幼儿的空间方位感、增强幼儿挑战自我和不轻言放弃的精神。③游戏方法：倒退跑起来停入车库。每人完成游戏4—6次，依据课程时间和幼儿体能情况而定。④温馨提示：不熟练的幼儿可以慢慢倒退走，不可以着急，教师在一旁保护帮助；可以给幼儿4个编号，一一对应4个车位，打乱位置，让幼儿倒退到自己的车位上。

游戏三：撤兵大计划(中、大班)。①游戏准备：分为两个队伍,一队为进攻方,手拿海绵小软球在进攻线后站立;一队作为撤退方,手持机关枪(空塑料瓶替代)。②游戏价值：增加幼儿运动野趣、锻炼幼儿边做动作边后退的综合能力、提高幼儿多人协作奔跑时的合作能力。③游戏方法：撤退方从进攻方三米远处开始后向后撤退,同时用机关枪向前扫射,后退撤到安全距离外停止。队伍完成游戏2—3轮后交换角色,游戏时间依据幼儿体能情况而定。④温馨提示：不熟练的幼儿可以慢慢倒退走,不用着急,教师在一旁保护帮助。

游戏四：躲避雷区(小、中、大班)。①游戏准备：分为两个队伍,依次进行游戏;在两个队伍前放置标志盘,连成两条6米的前进路线,在路线上放置障碍物。②游戏价值：锻炼幼儿倒退跑的能力,增强幼儿倒退跑的乐趣与挑战性。③游戏方法：倒退跑起来,同时躲避障碍物。每人完成游戏4—6次,游戏时间依据幼儿体能情况和动作的掌握程度而定。④温馨提示：不熟练的幼儿可以慢慢倒退走,不需着急,教师在一旁适当提醒、保护。

运 动 故 事

大班幼儿"接力折返跑"的故事

观察与实录

"预备,跑!"老师的指令语刚落,一场激动人心的接力折返跑就开始了,大班的孩子们卯足了劲往前冲。拿到第二棒的万万有点懵,他没有迅速起跑,用余光看到旁边的朋友跑了才开始出发。在跑步的过程中,他的两只手臂一直在身前随意摆动,身体过于直立,跑步时脚尖冲外,不能沿一条直线奔跑,跑着跑着就差点跑到别人的跑道上去了,折返跑到标志物后迟钝很久才开始调整身体往回跑。

在返回终点的途中,其他幼儿都奋力冲向终点传递接力物,只有他低下头看了看左手的接力物,并在途中把接力物换了右手拿,一边跑一边低头盯着手里的接力物看,拿着接力物的右手没有任何摆臂的动作,只有左手随意地在身侧直直摆动。他一直用前脚掌着地往前"踮着跑",再加上低头看接力

棒,(他的)重心前倾了很多,脖子往前一伸,脚像是被"绊"了一下,差点摔倒,他眼睛立马往前看,往终点跑去了。

识别与分析

观察到万万的情况,我从三个维度对他进行了分析。(见图2-7)

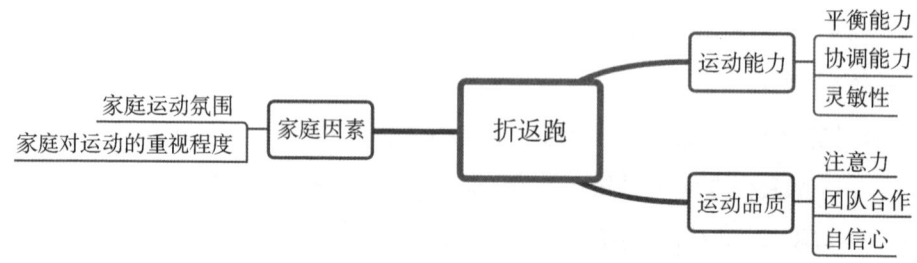

图2-7 幼儿折返跑的分析

1. 运动能力

首先,万万的身体平衡能力缺乏。万万出现不沿直线跑动的现象,具体表现在跑动时脚形呈外八字,身体重心不稳定容易失去平衡,并且随着跑动速度的变换,身体重心平衡难以控制。其次,身体协调能力缺乏。案例中万万上下肢不协调,具体表现在跑动时手臂摆动与腿迈出配合不够好,双臂在身体周围随意摆动或有一侧手臂不摆动。最后,身体灵敏性还不够。在接力跑的过程中万万难以灵敏、快速地做出连贯流畅的起跑、折返、停止等动作。当老师发出"预备,跑!"的口令后,他起跑时反应要比别人慢半拍,快碰到标志物前未提前移动重心制动减速,以至于身体跑过标志物后才再返回拍击标志物往回跑。

2. 运动品质

首先,万万的注意力易分散。最后冲向终点时,中途他被手中的接力物吸引住了,开始观察摆弄手里的接力物,他已经忘记目前处于冲刺的关键阶段。伴随着不自觉的减速"踮着跑"和低头看接力物,导致身体重心不稳,万万猝不及防地绊了一跤。其次,万万的团队合作能力、集体归属感尚需要进一步培育。他是接力跑的第二棒,他不能与第一棒和第三棒的幼儿进行很好地沟通与配合。第一棒幼儿即将把接力物传给万万时,他没有前倾做好接住接力物和起跑的准备，于是起跑就比别人慢了半拍。在冲刺阶段传递给第三棒幼儿时，突然"开小差"，导致远远落后其他队伍。他的集体归属感还未萌发，很难体会到共同努力为集体荣誉而战的冲劲和自豪。最后，万万性格胆小内向，自信不足。他性格内敛、不自信，凡事喜欢憋在心里，不愿意和其他幼儿沟通合作，骨子里还有些许的倔强，这样的性格让他很难加入集体的运动中。长期独自一人的运动导致他无法体会到运动真正的乐趣，渐渐地他在运动方面给自己贴上标签"我不行"，不再尝试和挑战新的运动项目。

3. 家庭因素

首先是缺乏家庭运动氛围，万万的爸妈平时工作繁忙，下班到家就很晚了，到家后爸妈就躺在沙发上玩手机，平时很少有时间陪伴和鼓励万万进行运动，家庭运动氛围并不活跃。其次是家长对体育运动的重视度不足。万万的主要教养人是奶奶，奶奶和他的性格差不多，内向且话少，基本上不会带万万进行户外的活动。奶奶也只负责万万的吃和穿两方面，在体育方面关注的比较少，所以万万在家运动的时间较少。除了没有专门的运动时间，万万家长对于碎片化运动时间的关注度也不高。万万家离学校很近，但爸爸每天开车送他上学，晚上奶奶来接万万时总会带一辆滑板车，让他站在滑板车上，奶奶拉着他回家，万万因此失去很多步行上下学的运动机会。

回应与支持

通过以上的观察识别让我对万万折返跑的状态有了更深入的了解，但我在思考单凭这次跑步的观察识别就能确定万万需要进一步培养的地方吗？他在折返跑中的状态是偶发的吗？他在其他活动中的运动水平、注意力、团队合作能力等究竟如何呢？对此我进行了分析（见表2-7）。

表2-7 幼儿运动的能力与品质分析表

运动能力	平衡能力发展（跳圈运动和下楼梯）	在跳圈运动中，万万不能实现单双脚的平稳转换，单脚跳圈时身体摇摇晃晃，不能连续单脚跳圈，由于维持不了身体的平衡，抬起的脚不自觉着地。此外，万万下楼有些胆怯，有时不能双脚连续交替下楼梯，需要一格一格慢慢下，下楼速度相比其他幼儿较慢。

(续表)

	身体协调性发展（早操）	热身环节，万万原地踏步是同手同脚的，每次开始时他都习惯性地出一边的手和脚。 在律动操原地小跑的环节，万万双手的摆动与脚的跑动不能很好配合，手臂在身体前面乱挥。 在早操最后的整理环节，原地踏步配合双手依次碰另一边的肩膀，万万的手不能和腿进行很好的配合，他一直是双手同时摸肩。（见图2-8）	图2-8　做早操
	灵敏度的发展（体育游戏）	在体育游戏"写王字"中，当写王字的朋友写好字转头时，万万总比别人慢半拍，用余光看到其他朋友不动，他才反应过来。万万尝试靠近写王字的朋友，当触碰写王字幼儿肩膀后他没有迅速转身往回跑，停顿一会才反应过来要在叫"停"之前跑得远一点才能不被抓到。（见图2-9）	图2-9　体育游戏

　　在对万万的运动能力与运动品质进行分析后，我制定了相应的回应与支持计划（见表2-8）。

表2-8　幼儿运动品质的回应与支持计划表

运动品质	注意力的发展（集体活动和个别化活动）	在自由活动中，万万的有意注意时间很短，他选了一份根据图纸拼积木的玩具，前8分钟能根据图纸耐心地拼出图案，过了一会他就不感兴趣了，他将图纸卡片插在积木里，"瞎玩"了一会，他又开始发呆，时不时还会望向老师。在个别化活动和阅读活动中，万万的有意注意时间也很短，最后活动都会以"发呆"结束。
	团队合作能力（合作建构）	在合作搭建高架路的游戏中，万万就像一个"路人甲"的角色，他的自我意识比较强，当同伴不认可他时，他会选择坚持自我，做其他事情进行自我调整。但是他的人际交往能力是弱于他的自我意识，不愿压制自我意识来为小组作贡献，所以这样的内向又倔强的性格让他很难与同伴进行合作。
	自信心的发展（跳山羊运动）	跳山羊对于孩子来说是一项全新的运动，我们提供了三种高度的山羊器械，大部分孩子都能跳过最矮的山羊，中、高的山羊对于孩子虽然有点难度，但他们都跃跃欲试，通过侧身翻越、爬的方法都能成功。万万很害怕，他总在一旁观望不敢尝试，在老师的再三鼓励和保护下，他才开始尝试"爬"最矮的山羊。

　　经过前期的观察、识别和分析，让我对万万整体的发展有了一定的了解，

接下来我将结合一日生活为万万提供更整合、更适合的回应与支持。

第一阶段，由于幼儿运动的经验与基本动作技能水平存在正相关关系，依据案例中万万表现出的问题，结合背景分析，我决定从运动活动和家园共育两个方面对万万进行支持，具体计划如下：

表2-9　第一阶段教育计划表

	通过扮演"解放军"进行队列训练来掌握正确的跑步要领，分解上肢动作，然后手脚配合进行慢跑。 1. 上肢：老师可以鼓励万万前后脚站立，手臂自然弯曲，进行大臂带动小臂前后摆动的练习。（见图2-10、2-11） 2. 鼓励万万手脚配合先进行原地高抬腿，然后进行直线慢跑。
运动活动	  图2-10　上肢动作　　　图2-11　配合高抬腿 3. 进行语言和肢体鼓励，如多说"手臂前后摆起来，你再试一试""真像一名神气的解放军！"等，还有示范跑步的正确姿势供其直观模仿。
家园共育	1. 与万万家长进行家园沟通，引导父母利用周末或者空闲的时间带领万万进行走、跑、跳等基本动作的练习。 2. 鼓励家长带领万万步行上下学，利用碎片化时间进行体育锻炼。 3. 不要吝啬表扬，万万哪怕一点点的进步家长都要看在眼里，进行具体的表扬，给予他足够的自信，让万万获得足够的运动成功体验，继而从内心接受自己、相信自己。

经过第一阶段的活动实施，在老师和家长的鼓励下，万万不断学习跑步的正确姿势，跑步的姿势得到很好的改善。但是，他跑步时身体的协调性和跑步平稳性还是有待提高。此外，万万在一日生活中的有意注意时间较短，注意力不集中，导致他难以投入到一项运动中，久而久之也会影响万万适应小学生活。

工作初见成效,就此我们开展了第二阶段针对万万跑步平衡性、身体协调性和注意力培养的差异化运动活动(见表2-10)。

表2-10 第二阶段教育计划表

	运动活动	家园共育
平衡能力	1. 走钢丝游戏 材料与场地:长绳或粗麻绳置于场地中间。 玩法: (1) 自由模仿走钢丝的动作。 (2) 用任意方法设法停留在"钢丝"上,保持静止状态的平衡,如单脚站立,模仿"孙悟空"。 (3) 听信号表演"走钢丝",如教师或一名幼儿念儿歌"走走走,走钢丝,我学小兔走钢丝。"幼儿则像小兔一样在"钢丝上"跳着走;我学大象走钢丝,则在"钢丝"上弯腰弓背走。 (4) 侧身走"钢丝",左右脚踱步通过"钢丝"。 建议: (1) 适合小组活动。 (2) "钢丝"可以摆放成各种形状,也可以放置平行分开的"钢丝",便于同伴间一起活动。 (3) 播放背景音乐,让幼儿踩着音乐节奏进行"走钢丝"表演。 2. "你推我倒"的游戏 两个幼儿双脚同肩宽平行站立,分别用自己的双手去推对方的双手,但不能触碰对方身体的其他部位,谁先被推倒。幼儿在"被推"和"推"的过程中学习稳住重心,探索维持自己身体平衡的方法。 3. "小海军"的游戏 材料与场地:数块平衡板放置在摇板上,并置于场地中,代表军舰,场地左右两端放置塑圈和皮球(代表水雷区),滑板若干。 玩法: (1) 幼儿扮演海军战士在"军舰"上想象、模拟各种动作。 (2) 队列操练:将"军舰"间隔排列,边跨越"军舰"边做走、跑、跳的动作。 (3) 听信号,幼儿扮演"扫雷艇",盘坐在滑板上,用手推地向前滑,寻找目标。 (4) "扫雷艇"将"水雷"(圈、皮球)排除,并运送到军舰上集中。 规则:"扫雷艇"不能接触"雷",否则视为失败。 建议:丰富"水雷"种类,或在晃动的平衡板上添加障碍物。	1. 引导家长在这一阶段可以和万万一起玩"捕鱼达人""小飞侠"的游戏,让万万在游戏情境中进行平衡锻炼。 2. 鼓励家长带领幼儿步行上下学,还可以利用碎片化时间和孩子玩双脚垫垫站立的游戏。 3. 给予万万各方面的进步更多鼓励和肯定,激励他多多参与体育运动、体育游戏等,以激发他的运动兴趣。
身体协调性	1. 幼儿同手同脚现象很严重,教师可以用"出这一边手,迈另一边脚;出另一边手,迈这一边脚"的指令语,加上手触指导,帮助幼儿协调肢体。 2. 运动时间或自由活动,开展慢跑比赛,激发幼儿内心挑战性,主要有两种动作形式: (1) 直线慢跑:场地上设置一条直线,3—5名幼儿同时出发,先到达终点的幼儿获胜。 (2) 曲线慢跑:场地上放置标志桶,要求绕"S"形跑到终点处,先到达终点者获胜。	

（续表）

	运动活动	家园共育
注意力	1. "你来说" 创设多种机会让万万进行表达,提高万万注意力,帮助他养成良好的倾听习惯。 2. 注意力小游戏 组织和开展培养注意力的游戏,如"猜猜他是谁""猜谜语"等小游戏,在游戏中提高万万的注意力。	1. 开展"图书漂流"活动,提倡"亲子共读一本书"活动,有目的地培养幼儿的有意注意,促进幼儿与家长的亲子关系。 2. 向家长推荐一些对注意力培养有益的游戏,比如"排数字""穿针引线"等。

通过第二阶段持续推进的课程以及家园共育的助推,万万在直线、曲线路线上慢跑上的平衡、协调能力明显增强。在注意力培养方面,万万的家里人就算再忙,晚上都会有一名家长和万万共读一本书,久而久之,因为这段美好的亲子时光,他爱上了阅读,逐渐养成好的读书习惯,注意力水平也得到了一定提高。但是身体的灵敏性还需要进一步培养,并且他一般都是独自运动,与同伴共同运动的机会较少,很少参与到团队竞技的运动项目中。于是,第三阶段我们想给万万增加难度,继续培养他跑步时身体灵敏性,并且提供他足够的团队合作机会。（见表2-11）

表2-11 第三阶段教育计划表

	运动活动	家园共育
灵敏性	1. 在折返跑中途停下碰标志物的过程中,老师可以指导幼儿在到达标志前降低重心并通过小碎步减速,碰到标志物后迅速返回、不要等待、灵敏反应,从而节约折返跑需要的时间。（见图2-12） 2. 同伴陪伴参与,激发幼儿内心挑战性。  图2-12 碰标志物	1. 与万万家长继续进行家园沟通,引导家长在这一阶段可带幼儿外出玩一些灵敏性的体育游戏比如"写王字""猫抓老鼠"等。 2. 给予万万各方面的进步更多鼓励和肯定,激励他多多参与体育运动。

(续表)

	运动活动	家园共育
团队合作能力	鼓励万万多多加入小组竞赛的运动中,比如"两人三足""双人跳绳""对垒投掷"等,在活动中体会与同伴共同运动、为小组荣誉而战的喜悦和成就感。(见图2-13)  图2-13 对垒投掷	1. 给万万做一个综合评估,积累一定的经验资料。 2. 和万万聊一聊自己的改变,鼓励他做一个自评,将自己前后发生的变化记录下来,并与身边的朋友和家长分享。在回顾改变的过程中获得运动成功体验,激发他今后主动运动,挑战更多新的活动的信心。

经过三个阶段的差异化活动实施,万万在跑这方面有了很大的改善,现在已经能曲臂前后摆动,上下肢协调地跑,同手同脚的现象也很少再出现了。因为万万本身不太喜欢运动,但在同伴的带动下,他不断地挑战自己,获得了很多运动成功体验,最终激发他自己主动运动的信心。在"写王字"的体育游戏中他终于赢了,他勇敢地往前进,在触碰写王字朋友的肩膀后能够迅速反应并调整重心逃离,身体的灵敏性有了很大的提高。除了在运动能力上的进步,万万的注意力也有了很大改善,他现在能够操作一份材料持续十五分钟以上并且看书特别认真,发呆游离的现象也减少很多,在运动中也能全情投入。

最后在团队合作方面,万万现在变得越来越自信了,他愿意向别人发表自己的想法并与别人进行商量。在接力跑中他不再是"路人甲"的角色,他也是团队的一员,为了团队的荣誉他在努力、他在奋力往前冲!

效果与感悟

首先,老师需要有科学的求证态度,不仅要有爱,还要有爱的本领。万万这个案例让我深刻体会到培养完整儿童的意识和价值,故事从运动开始,但我们不能仅仅局限于运动能力的识别和评估,作为老师我们要有科学的求证态度,不轻易作出判断。除了运动能力我们也要结合其他方面比如幼儿运动的兴趣、情感、态度、气质特征等进行观察和评估，除了留心幼儿在运动时的状态还要关注幼儿一日生活其他活动中的表现以及彼此的关联，通过全面追踪式的观察对孩子做出全面准确评估，我们要努力让自己看到"一"以及孩子"一"背后的原因和问题，还要由一想到二。

其次，一日生活皆课程，老师要有完整的课程观。案例发生在运动中，我们要以"一日生活皆课程"的理念去思考，从"跑"出发，不仅仅提升万万的运动能力，让幼儿喜欢运动、热爱运动，愿意接受各种挑战，培育勇敢自信的个性，积极参与团队合作，萌发集体荣誉感。其实这些非运动课程与运动课程之间都能进行很好的渗透和连接，完整的课程观让我们实施每个活动都更准确、更有依据，通过全面系统的课程体系让幼儿得到全面的发展。

最终价值不是仅仅解决幼儿身上的"一"，而是培养完整有个性的"一"。在干预的过程中，老师的最终目的不仅仅是教会幼儿跑步，提升孩子的运动能力。像万万注意力不集中，有些胆小，对自己很不自信，不愿意尝试接受挑战，也不擅长与朋友沟通合作，这些方面都是需要老师关注和培养的。经过本次完整的跑步课程的实施，不仅增强了万万的注意力和自信心，让他能够喜欢运动、热爱运动，勇于接受挑战，更让他融入了集体，体验到团队合作的幸福感，同时也萌发了活动中的集体荣誉感。通过一系列整合、有个性的活动促进幼儿全面和谐的发展，这也印证了我们的教育理念：让每一个生命绽放精彩！

（王亭亭）

倒着也能跑

观察与实录

5月26日，我请幼儿尝试玩"夺宝奇兵"的游戏，我在跑道的前方放置了标志盘，连成了一条6米的前进路线，引导幼儿倒退跑起来完成夺宝的任务。大家第一次玩这个游戏，好奇极了。嘉嘉排在队伍的最后面，脸上露出了紧张的神情，一会儿看看正在倒退跑的同伴，一会儿看看我。

轮到嘉嘉时,只见他背朝前进方向跑动,双腿分开与肩同宽。上半身挺直,动作有些僵硬,双手上下左右摆臂。他先倒跑了三步,接着放慢了速度,再转身看了看身后,然后转过身倒跑了两步,最后他侧着身跑完了全程。

图2-14　幼儿跑步图示1　　　　图2-15　幼儿跑步图示2

识别与分析

我在观察嘉嘉的同时,也观察了班级其他同龄幼儿倒退跑动作发展情况。比较不同幼儿的动作发展后发现,仅此一项动作也可以看到不同幼儿之间发展水平的显著差异。影响嘉嘉动作发展进程的因素有很多:

在运动能力方面,嘉嘉无法较顺利地完成一个倒退跑的动作,只能转头看向身后跑几步。一个主要的原因是后退跑时没有方向感;上半身挺直,重心高。在倒退跑的过程中身体容易失衡,加之害怕,导致跑动时身体协调性不够。

在运动品质方面,嘉嘉在玩"夺宝奇兵"游戏的过程中,他先倒跑了三步,接着放慢了速度,再转身看了看身后,然后转过身倒跑了两步,最后他侧着身跑完了全程。说明一开始他有去尝试着倒退跑,但是在尝试了几次之后就放弃了。因此在自信心方面还需要进一步培育。

在家庭因素方面,嘉嘉由全职妈妈带大,他还有一个比他大3岁的哥哥,在妈妈眼中哥哥一直比弟弟优秀,也经常在嘉嘉面前表扬哥哥,数落嘉嘉的不是，嘉嘉最常说的一句话就是："我不行的，我不会。"他最喜欢做的一件事情就是逃避，特别是运动活动的时候，总是一个人游离在活动之外，蹲着玩地上的小蚂蚁或是拔草。他做事总是小心翼翼，动作发展较同龄幼儿要弱一点。

回应与支持

面对这样"特殊"的幼儿，我们该放弃吗？回答肯定是否定的。我国教育家、思想家孔子早在几千年前就提出教育要因材施教。那么针对这样的一个孩子，该怎么满足他的需求呢？该怎样进行差异化的教育呢？通过上述的观察与分析之后，我结合《动作发展水平与关键经验》制定了如下三个阶梯式的运动游戏目标，并尝试进行回应与支持。（见图2-16）

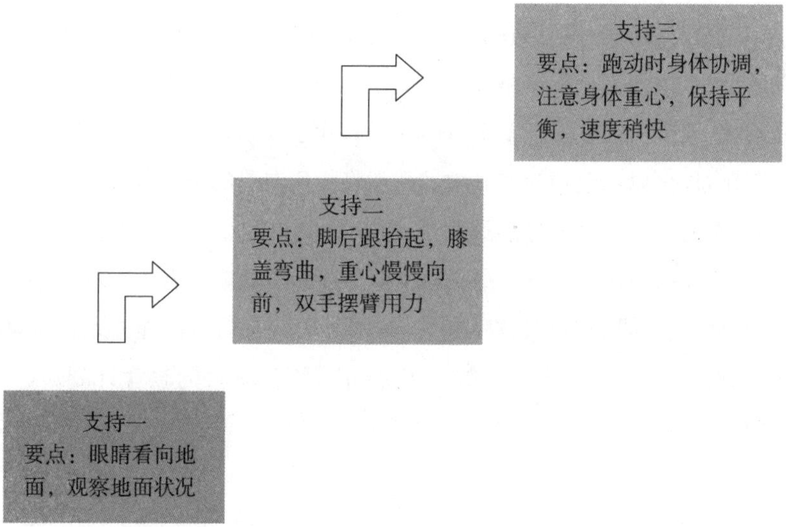

支持三
要点：跑动时身体协调，注意身体重心，保持平衡，速度稍快

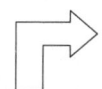

支持二
要点：脚后跟抬起，膝盖弯曲，重心慢慢向前，双手摆臂用力

支持一
要点：眼睛看向地面，观察地面状况

图2-16 阶梯式运动游戏目标

在第一阶段，我的教育计划如下（见表2-12）。

表2-12 第一阶段教育计划表

要点	典型游戏	玩法	目标
眼睛看向地面，观察地面状况。	倒走钢丝	玩法一：自由模仿后退走钢丝的动作。用任意方式设法停留在"钢丝"上，保持静止状态的平衡。 玩法二：沿着拔河绳，双腿分开倒跑道终点。 此游戏适合小组活动，幼儿可以踩着音乐节奏进行。	锻炼方向感、克服心理障碍。

　　运动的兴趣是幼儿参加体育活动的主要驱动力。因此我充分利用幼儿的喜好、欲望和愿望，通过开展丰富多彩的体育活动全面地激发和培养幼儿的运动兴趣，并逐步提高幼儿的运动能力和水平。我在跑道上放了一根拔河绳，首先引导嘉嘉自由模仿后退走钢丝的动作，此动作发展符合嘉嘉的最近发展区，故嘉嘉玩得比较尽兴，神情显得轻松了很多，脸上也露出了笑容。之后又通过"倒走钢丝"的运动游戏，引导嘉嘉双腿分开倒退跑到终点。同时引导嘉嘉，如果觉得跑有点难度的话，也可以换成走，但是眼睛要看向地面，观察地面状况。

　　地面上的拔河绳给了嘉嘉指引的方向，通过几次的练习，嘉嘉用眼睛的余光观察后退的路线，身体的动作也变得更协调了，渐渐的速度也变得快了起来。这个时候我将拔河绳撤掉，引导嘉嘉跑在跑道的中间，以旁边的东西作为参照物，用余光看后退路线。失去拔河绳的嘉嘉一下子又开始变得无所适从起来，速度又明显降了下来，这个时候，我走到嘉嘉身旁，说："来，我陪着你一起跑，你可以以老师为参照物。"嘉嘉将头侧向我的那一方，跑了起来，这一次，嘉嘉能够以上述姿势连续完成20米的倒退跑。由于拔河绳及老师的陪跑，让嘉嘉后退跑有了方向感，背后的不确定性是嘉嘉需要克服的心理问题。老师的支持是安全感、鼓励和信心；同时幼儿自信心的建立也需要假以时日，需要经验积累的配合。接着，我展开了第二阶段的教育计划。（见表2-13）

表2-13　第二阶段教育计划表

要点	典型游戏	玩法	目标
脚后跟抬起，膝盖弯曲，重心慢慢向前，双手摆臂用力。	红绿灯	看红绿灯做后退跑的一步分解动作。比比谁反应快。根据幼儿的情况，可以适当加快速度。	分段练习，形成熟练的完整动作。

　　枯燥的原地听口令左右脚交替提起落地、两手臂放松自然摆动的训练很容易让幼儿失去兴趣。因此在回应与支持第二阶段，我设计了"红绿灯"的运动游戏，在游戏中，幼儿不仅分段进行了练习，还形成了熟练的完整动作。在游戏中还需要引导幼儿脚后跟提起，膝关节放松，注意落地要轻巧，并有明显的

向后趴地动作。让幼儿明白脚后跟不能落地，否则会摔倒。刚开始嘉嘉会混淆前脚掌和脚尖的落地动作，通过检查与提醒，明显有了改善，也是其自信心一步步建立的过程。然后我开始了第三阶段的教育计划。（见表 2-14）

表 2-14　第三阶段教育计划表

要点	典型游戏	玩法	目标
跑动时身体协调，注意身体重心，保持平衡，速度稍快。	看谁跑得快	在场地中间设置两条相同的路线。两名幼儿同时出发倒退跑，看看谁跑的快。	愿意接受挑战，增强自信。

在"看谁跑得快"运动游戏中，我引导嘉嘉背对直线，屈膝，自然小幅度摆臂，使用前脚掌着地蹬，摆动腿和小腿慢慢折叠后退走，头侧后转，眼睛余光观察后退路线情况，并用余光注意两旁，避免相撞或跌倒，再慢慢由走到跑。当嘉嘉逐渐地掌握正确的动作要领，摆臂幅度适当加大，上体微微前倾，保持身体的平衡性，速度比之前又快了很多。

根据大班幼儿的年龄特点，他们对竞赛激烈和热闹的场面感兴趣，想参与同他人竞争、比高低，因此为了增加挑战难度，同时激发他们的竞争心理，我在场地中间安排了两条路，引导两名幼儿同时出发，有了竞争，有了之前两个阶段的活动基础，嘉嘉的速度明显有了提高，也变得越来越自信了。在竞赛中，嘉嘉的积极性也被调动了起来，在不断的游戏中，嘉嘉的身体也变得越来越协调了。

感悟与反思

1. 重视动作发展与自信心建立之间的联系

对年幼儿童而言，情绪体验对其运动行为具有重要影响。倒退跑，对幼儿来说可能是一个大大的挑战。幼儿运动的表现固然受生理条件的限制，但积极的情绪体验连接的是自信的建立，使其走出害怕，建立"我行""我勇敢"的自信，是运动游戏过程中更重要的教育支持。动作技能的发展不仅是身体动作的发展，同时也反映了幼儿心理品质的建立。对一些发展相对缓慢的幼儿来说，自信心的建立尤其重要。要站在幼儿的立场去看待一个动作的建

立。当一名幼儿难以做到向后退跑时,这可能并不完全因为缺乏腿部肌肉的力量,也可能是因为遇到了前所未有的不确定性,是缺乏安全感的表现。在这种情况下,老师不仅要帮助幼儿锻炼方向感以及协调性,还要给予适度的情感关怀和激励,让幼儿在准备迎接挑战时感受到老师和同伴的支持。当然,如果老师能够对整个动作发展过程的阶梯(数个最近发展区)了解得更清楚,让幼儿的挑战在更容易成功的最近发展区范围内,那么幼儿的自信心也将更容易建立。

2. 基于不同情况巧用辅助性支持

在幼儿运动过程中,老师适时适当的辅助性支持也是帮助幼儿通达最近发展区的良好策略。比如在倒退时,加一根拔河绳帮助幼儿降低难度;在幼儿害怕摔跤时,老师陪跑给予参照,帮助幼儿缓解害怕的情绪。当然,老师也要意识到,辅助性支持的作用是过渡,目的是帮助幼儿向下一发展阶段迈进,因此要注意灵活地退出、撤除,以免幼儿形成依赖。

3. "因人而异"地实施"因材施教

人是有差异的,有些差异是先天的,有些差异通过教育是可以改变的,我们在实施教育过程中可以扬长补短,依据差异因材施教。在"夺宝奇兵"的运动游戏中,由于该运动对幼儿的下肢力量、身体协调性、方向感等均存在综合性要求,再加上每位幼儿的运动能力存在一定的差异,所以教师应将后退跑发展的阶梯谨记于心,面对发展不同的幼儿,可以"测得准"每个幼儿的现阶段的发展水平,"看得见"幼儿下一阶段的发展目标,并给予幼儿恰当的、适宜的支持。

(李海霞)

摇摇晃晃的多多
——小班幼儿"跑"的故事

观察与实录

又到小班孩子经常玩的"老狼老狼天黑了"的体育游戏时间啦,今天我又变身成为一只"老狼"，孩子们这群小羊蹑手蹑脚慢慢地跟随在我的身后问："老狼老狼几点了?""5点了!"我大声地回答。孩子们慢慢地靠近我又问道："老狼老狼几点了?""天黑了!"我凶狠地叫道并转身要去抓小羊。只见小羊们慌乱地四处乱窜要赶回自己的家里，只有多多这只小羊反应总比别人慢半拍，看到别人跑起来他才想起来要跟上大部队。

在跑步的过程中，多多的脚尖冲外跑，难以维持身体的平衡，两只手往外打开，杂乱摆动并且没有方向感，跑起步来像一只摇摇晃晃的"小鸭子"，并且每当朋友靠近他时，他也不能在跑动中灵活地控制自己的身体去避让，以致于发生多次碰撞和摔跤的情况。终于好多小羊都已经回到安全的家里，多多这只小羊快跑到家附近了，但是难以及时刹车，他的身体重心还是往前冲，过了好一会儿他才迟顿地停在家里，只见他气喘吁吁地对旁边的小羊说了一句："我回家了，老狼抓不到我了!

识别与分析

经过一段时间的观察和探讨，发现导致多多跑步能力较弱的原因可能有三点：一是个体因素，多多跑步时容易出现多次碰撞和摔跤，经常不沿一条直线跑，可能是协调能力的缺乏，手的摆动与脚的跑动不能很好配合，且由于灵敏性不够导致跑、转弯、停止等动作反应总比别人慢。二是家庭因素。多多在家的运动时间也较少、每次运动时长较短，家长起初对多多的运动能力培养不够重视，更重视智力发展，给孩子报了很多兴趣班，在空余的时间也不会带孩子去运动，而是用电子产品代替。三是教师因素。教师对幼儿进行差异化指导很多时候是分层教育和指导，对于需要个别重视的个体幼儿，缺乏更加科学和系统的运动课程规划，在个体运动发展能力的助推成效上就不明显了。

回应与支持

通过原因分析，我制定了一阶段教育计划，涉及幼儿园、家庭和教师三个方面。首先，在幼儿园通过模仿法、讲解法、练习法，让多多在情景游戏中循序渐进地锻炼跑步的正确姿势、身体的协调性和平衡性。(如图2－17)

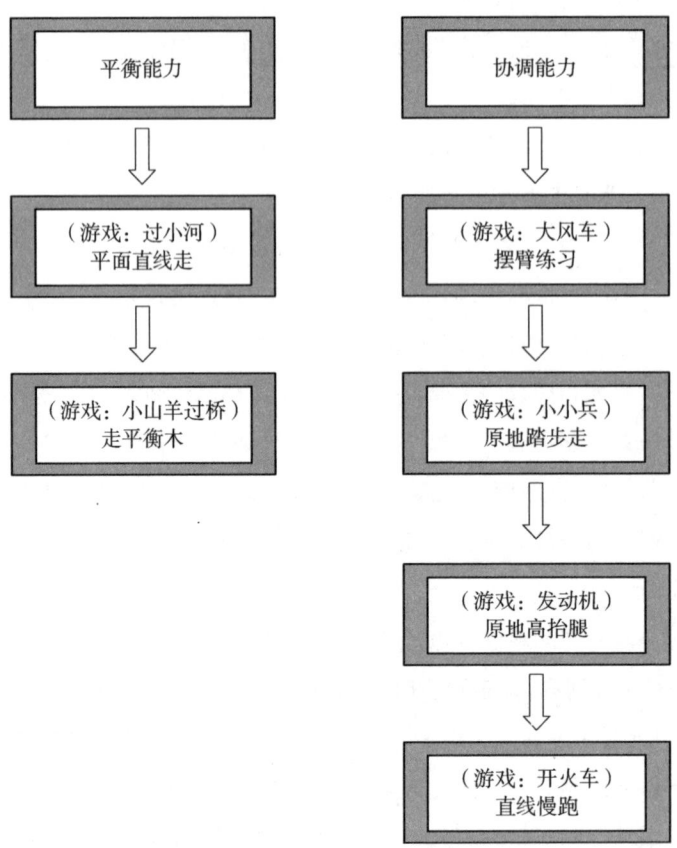

图 2-17　第一阶段教育计划(幼儿园)

运动时间或自由活动,带着多多在操场上走直线,在有保护的环境中走(低矮独木桥)单杠,培养幼儿行走或跑步时脚尖朝前的习惯。此外,还可以带多多玩"拷贝不走样",鼓励他前后脚站立,手臂自然弯曲,进行大臂带动小臂前后摆动的练习,然后手脚配合进行原地高抬腿,最后进行直线慢跑。在家庭方面,通过与多多家长进行家园沟通,引导父母应以游戏的形式来激发孩子的兴趣,例如在跑步中穿插模仿解放军动作的走步,教会孩子正确的慢跑姿势,逐步达到步子大、落地轻的效果。最后,教师对他进行语言和肢体鼓励,如多说"加油!手臂前后摆起来,你再试一试""你做的很棒,出这一边手,迈另一边脚;出另一边手,迈这一边脚"等,还有示范跑步的正确姿势供其直观模仿。

经过第一阶段一周锻炼和鼓励，让多多在情景游戏中锻炼跑步的正确姿势和身体的协调性，通过模仿法、讲解法、练习法，多多跑步的姿势已经比之前有了很大的改善。但是，他整体跑步的协调性和跑步平稳性还是比一般幼儿差一点。因此，针对这两个问题，我们开展了第二阶段针对多多跑步平衡稳定性和身体协调性的差异化运动游戏，激发他进一步参与跑步的兴趣。

第二阶段的教育计划同样包含幼儿园、家庭和教师三个主体。首先，在幼儿园中，因为枯燥的训练内容幼儿很容易疲乏，缺乏运动的兴趣，于是我们设计一些小组的游戏，从直线跑到曲线跑。具体内容如下（见表 2‑15）：

表 2‑15 第二阶段的教育计划

内容	玩法	观察与指导
直线慢跑	场地上设置一条直线，要求在一定时间内到达终点。	1. 观察幼儿能否按照路线自然平稳地跑步。 2. 指导幼儿双手微微握拳，手肘弯曲，跑动时手臂自由前后摆动，身体微微前倾。
曲线慢跑	场地上放置标志桶，间隔 3 米，要求绕"S"形跑到终点处。	

为了让多多乐于参与，我还设计了许多运动游戏，鼓励多多一起参与。游戏的玩法可见下表。（表 2‑16）

表 2‑16 第二阶段运动游戏

游戏	玩法	指导要点
小司机	教师手举红绿卡纸扮红绿灯，幼儿双手持呼啦圈扮演小司机开汽车。当教师手举绿色卡纸，发出"绿灯行"的口令，幼儿抓握纸箱在规定的范围内直线跑，按照幼儿的能力调整赛道折线跑或者"S"形。当举红色卡纸，发出"红灯停"的口令时，幼儿马上停止不动。	可以用一些器械放置于地面，模拟不同的车道，根据幼儿的能力差异，灵活调整。
报纸飞飞	报纸打开定在胸前，向前跑不让报纸掉下。奔跑期间不能用手拿。跑到终点，将报纸放入盒中。	根据幼儿的能力差异，灵活调整跑道长短。

（续表）

游戏	玩法	指导要点
春种秋收	每条跑道上均匀分散布置8个小桩(倒下)。 每次5名幼儿，每人各选一条跑道。 游戏者从跑道起点跑出，尽快将所在跑道上的所有小桩都整齐地竖立在跑道上，然后跑到另一端线外(紫白区域分界线)。	第二次游戏5名幼儿比赛时组织者发出命令，游戏者跑进场内将所有小桩原地放倒然后跑到另一端线外。
小刺猬运水果	在场地上设立"S"形赛道。小刺猬在出发地背着水果，绕过障碍物"S"形跑到仓库，将水果放进箩筐。	"S"形按照幼儿能力进行长短设立。

家庭方面，与多多家长继续进行家园沟通，引导家长在这一阶段可以和多多玩"捕鱼达人""小飞侠"等游戏，让多多在游戏情境中进行运动。同时也引导爸爸妈妈和多多玩"抓尾巴""踩影子""小毛驴"等游戏，也可陪同多多骑脚踏车、滑板车，玩平衡板等。

教师方面，在第二阶段的运动计划实施的过程中，不断观察多多的运动情况，循序渐进地开展各类奔跑游戏，不仅要提高跑步运动能力，更要激发幼儿喜欢运动、热爱运动的兴趣；培养幼儿勇于接受挑战，勇敢自信的个性；增强幼儿竞争和团队合作意识。

通过第二阶段持续推进的跑步课程以及家园共育的助推，我从个体游戏、两人游戏到小组游戏，让多多慢慢建立运动的自信心和兴趣，现在多多在直线、曲线路线上慢跑上的平衡、协调能力明显增强，并且她现在喜欢和小朋友一起玩一些跑步游戏。但是和班级幼儿相比，整体跑步速度还有身体的灵敏性还是有一点差距，特别在避开障碍物和避让同伴方面还有待提高。于是在第三阶段，我想给她增加难度，让她能继续提升跑步的身体灵活性和速度。（见表2-17）

表2-17 第三阶段的教育计划

内容	观察与指导
1. 幼儿能变换速度和方向奔跑并能注意避让同伴和障碍物。	1. 观察幼儿能否换速度和方向奔跑并能注意避让同伴和障碍物。
2. 尝试圆圈跑，并保持身体平衡。	2. 指导幼儿曲臂前后摆动，上下肢协调地跑，注意力集中，速度快。

此外，我们利用学校的场地设置、体育游戏的时间，同时结合家园共育，针对幼儿运动素质的缺乏情况，为幼儿定制了个性化运动计划。（见表2-18）

表2-18　第三阶段策略表

小组活动				家庭需跟进的活动
动作练习	体育游戏	区域活动		
		器械	游戏	
1. 避开障碍物跑 2. 绕圈跑 3. 变换方向跑	1. 谁的风车快 2. 老狼老狼天黑了 3. 猫捉老鼠 4. 切西瓜 5. 小鱼游 6. 大风和树叶	降落伞	我是小伞兵	建议家长在家中督促幼儿走台阶、踩绳走。并给家长推荐体育游戏： 1. 小飞侠 2. 你追我赶 3. 亲子夜跑 4. 放风筝
		布条	抓尾巴	
		纸飞机	大风吹啊吹	
		彩虹布	抓小鱼	

经过第三阶段的差异化活动实施，多多现在非常乐意和朋友们玩"猫抓老鼠""老狼老狼天黑了"等追逐类的游戏，在跑步方面已经有很大的改善，现在已经能曲臂前后摆动，上下肢较协调地跑，在和同伴追逐跑的过程中也能避让同伴障碍物，不碰撞，身体灵活了很多，速度也提高了。在几次追逐类游戏中，多多不仅成功逃脱，而且在扮演"老猫""老狼"的时候，还抓住了"小羊"和"老鼠"，在同伴的带动下，她不断挑战自己，获得了很多运动成功体验，增强了挑战自我、克服恐惧和不轻言放弃的精神。

效果与感悟

通过差异化运动课程，多多在自己的运动能力基础上有效提升，说明我们的差异化运动课程是符合每个幼儿的运动能力，顺应幼儿的运动需求的。看到幼儿的变化，我们内心也是欣喜的，在实施课程的过程中我们也有所感悟：

1. 从被动接受到主动悦纳

要吸引幼儿特别是好静的幼儿参加体育运动，首先要让他们知道体育运动能满足他们的需求。儿童的需求很简单，他们需求的就是有趣、快乐，即使是好静的儿童也一样。要吸引多多来参加体育活动提高他的兴趣，首先就要满足他追求乐趣、追求快乐的需求。老师或者家长更多的是要使运动的内容

富有趣味性,有吸引力,这样才能更有效地激发他们参加体育运动的兴趣。

2. 满足每个幼儿的个性化需求

实施差异化运动课程后,多多的跑步水平从一开始的摇摇晃晃到现在身体较协调地跑并且能避让障碍物,运动能力有了质的飞跃。在这个过程中,每个幼儿的需求老师都尝试解读,将幼儿的进步和变化成为可视的数据和照片,我们不仅考虑大多数儿童,还应思考是否能满足每一位儿童的需求,这也是"我的课程"的核心理念。相信在"我的课程"理念下,我们的幼儿会成为富有个性且不断发展的幼儿。

3. 家园共育才能事半功倍

仅靠幼儿园里培养是远远不够的,家庭也应积极配合,这就需要家庭与幼儿园的合力,实现"家园教育一体化"。因此,我们可以通过给家长提供一些方法和策略,力求家庭与幼儿园的同步协作,实现"家园教育一体化",形成紧密的教育合力,才能更有效地促进幼儿健康全面地发展,才能事半功倍。

4. 教师课程设计能力提高

教师对幼儿的各项运动水平进行了观察和测试,通过科学的数据、视频照片、案例记录,全面地了解幼儿的各项运动水平。针对幼儿运动能力中的弱势,为幼儿制定适合他们的"我的运动"课程计划。教师在一次次观察、分析、实施、调整的循环过程中,课程领导力在不断增强,专业水平在不断提高。

（王佳佳）

左摇右晃的天使
—— 大班幼儿"跑"的故事

观察与实录

又到了运动时间,孩子们摆好了走跑跳区的器械,开始运动。芊芊和几个女孩子一开始进行跑步竞赛的游戏,三个人站在起点,请老师帮忙发号施令,"预备,开始!"芊芊左右看了看,另外两个女孩子已经冲出起点了,她也跟上一起跑了出去,在跑的过程中,芊芊的身体左摇右晃,跑步的路径也并不是一条直线,最后一个到达了终点。

本学期,为了更加了解大班幼儿的体育能力及运动水平,我们对所有幼儿进行了连续的观测。在十米折返跑的过程中,芊芊的起跑反应较其他孩子慢了;跑步姿势不正确,手指张开,手臂摆动幅度很小,身体重心没有前倾的姿势,重心落在屁股上;速度不均匀,碰触目标物后,缓慢地转身折返,返回的过程中速度明显减慢,与其他孩子拉开了距离。

识别与分析

大班幼儿的运动能力正处于迅速发展的时期,在这个时期,应该针对幼儿身体发展的特点和实际运动水平,制定科学的体育活动内容,通过锻炼使幼儿的体质得到增强,身体的各种运动能力得到提高。我班幼儿经过上学期的体育运动锻炼,幼儿的各项能力都有了一定的提高,幼儿的能力总体比较强。但是在跑的能力上仍然较薄弱。

经过一段时间的观察和探讨,发现两个原因可能是导致芊芊跑步能力较弱的原因:一是运动能力方面,二是家庭因素。

在运动能力方面。首先,芊芊的跑步姿势不正确,在跑的过程中,芊芊的手指张开,手臂摆动幅度很小,身体重心没有前倾的姿势,重心落在屁股上,所以造成身体不稳定、左摇右晃,跑步的路径也并不是一条直线。由此可见,芊芊的跑步姿势不正确,正确的跑步姿势应该:幼儿的左脚要学会利用右脚掌的蹬力跃出,前脚掌先着地,身体重心前移,两臂前后自然摆动,向前摆臂时大臂略直,肘部贴于腰际,小臂略平,两拳内侧各距衣扣线约一个手掌地距离;向后摆臂时,拳贴于腰际。

其次,芊芊的力量和耐力较弱。《3—6岁儿童学习与发展指南》中指出,5—6岁的幼儿能快跑25米左右。从芊芊的折返跑情况来看,她的耐力只能坚持到10米,10米后返回跑,速度明显减弱,证明她已经没有力量耐力支撑她继续加速跑回起点。

最后,芊芊的协调与灵敏弱,反应能力弱。《3—6岁儿童学习与发展指南》中指出,3到6岁儿童具有一定的平衡能力,动作协调灵敏。从芊芊左摇右晃的动作来看,她的协调性和灵敏性较其他孩子弱。芊芊在起跑的时候,虽然老师的口令"预备,开始"已经发出,但是她没有及时的作出反应,看到其

他孩子出发了,她才跟上。触碰到目标物后,也是(禁止)停顿了,再转身跑回终点。整个过程的动作没有连贯性,反应能力弱也是她跑步较其他幼儿慢的一个原因。

在家庭因素方面。首先,饮食结构中高热量食物占很大比例,进食量也多。芊芊的妈妈是全职妈妈,在家烹调的时间比较多,对吃也比较重视,芊芊妈妈说芊芊2岁以前其实挺瘦的,从2岁开始慢慢变胖了,慢慢发展成后来的肥胖。其次,由于肥胖又缺少锻炼,这两者又互相影响,越胖越不想锻炼,越不想锻炼就越胖,导致了芊芊的运动能力一直得不到有效提高,较同龄人弱。再则,芊芊的家里有个弟弟,家里没有老人可以帮忙照顾,妈妈没能同时顾及两者,所以芊芊在家经常看电视、玩手机,更加没有锻炼的时间。

回应与支持

大班是幼儿生长发育和身体各项机能发展的关键时期。根据《纲要》精神及大班幼儿的生理特点和活动特点,以及芊芊的年龄特点,结合生长发育和体育活动规律,应该以身体练习为基本手段,发展幼儿的运动能力以及身体的协调能力,增强幼儿的体质,培养幼儿活泼开朗的性格,促进幼儿身心全面健康地发展。于是我制定了如下教育计划。(见表2-19)

表2-19 第一阶段教育计划表

		具体内容	观察与指导
第一阶段	教育活动	锻炼幼儿的反应能力: 1. 给予幼儿不同的信号和口令,幼儿根据信号和口令做出相应的反应,如:按信号迅速集合、分散、整齐列队、变化队形。 2. 目标物移动跑。 纠正错误的跑步姿势: 帮助幼儿改正姿势,正确的跑步姿势能减少跑步的阻力、减少疲劳度,并加快跑步速度。	1. 观察幼儿是否能听口令和信号及时做出相应动作。 2. 观察幼儿在跑步的过程中是否专注。 3. 观察幼儿是否能够迅速在两个目标物之间移动。 4. 指导幼儿身体略微前倾、手臂自然前后摆动、重心平稳地向前跑。
	家园共育	请妈妈在家里,也给芊芊制定运动计划,减少看电视和玩手机的时间,并监督她运动或与她一同运动。	
	其他	观看正确的跑步姿势的视频,感受运动员的英姿飒爽。	

经过第一阶段的锻炼,芊芊的跑步姿势较之前好很多,跑步水平也有所提高,身体能够略微前倾,重心比之前稳,手臂的摆动也有进步,但是还不是很自然,所以芊芊跑步的状态看上去还是有些吃力。虽然还是有需要调整的

地方,但是芊芊进步很大了,长久形成的跑步姿势也需要一个时间过程才能完全改正。反应能力的锻炼成效也非常明显,现在芊芊运动时的专注度提高了,不会一直左顾右盼,听信号和口令的反应也明显变快。

纠正了跑步的姿势,改善了灵敏度、反应能力,下一阶段,我们将在此基础上进行力量和耐力的训练。(见表2-20)

表2-20 第二阶段教育计划表

		具体内容	观察与指导
第二阶段	教育活动	锻炼幼儿的力量和耐力: 1. 给予幼儿信号和口令进行变速跑或者改变方向跑,在20—30米距离内快跑,在200—300米距离内走跑交替。 2. 低障碍物跑。	1. 观察幼儿是否能跟上老师的指令,坚持长距离的走跑交替。 2. 观察幼儿在20至30米距离内的快跑是否具有一定的持续性。 3. 观察幼儿是否能以一定的速度助跑跨过障碍物到达终点。 4. 指导幼儿跑步时上体稍前倾,两手半握拳,曲肘在体侧,前后自然摆动,前脚掌着地。
	家园共育	请芊芊的妈妈带孩子利用周末以及晚上空余的时间去公园、操场等地,进行加速跑的训练,并与妈妈及时沟通什么是正确的跑步姿势,关注好芊芊跑步时的姿势。	
	其他	对于芊芊的进步给予鼓励与肯定,可以进行适当的奖励,给她一定的信心。	

通过第二阶段运动计划的持续推进,芊芊的速度耐力较之前进步了很多,10米折返跑速度提升。但是总体耐力较班级平均水平还是有些差距,在几百米距离内的变速跑训练中,后半段芊芊明显体力下降,越跑越慢,20米至30米的快速跑也变成了慢跑。所以,下阶段我们将进行耐力的挑战。(见表2-21)

表2-21 第三阶段教育计划表

		具体内容	观察与指导
第三阶段	活动	锻炼幼儿的耐力: 1. 运动前带领芊芊进行耐力跑,每次慢跑100米,慢走休息,再慢跑100米。 2. 曲线+直线跑。	1. 观察幼儿是否能坚持数百米的长距离耐力跑。 2. 指导幼儿跑步时双臂自然摆动,前脚掌着地,呼吸均匀。
	家园共育	与芊芊家长继续进行家园沟通,和孩子一起进行耐力的挑战,此时爸爸妈妈可以作为一个参与者加入,和芊芊一起慢跑,增强体质。	
	其他	对芊芊进行一次体育能力测试,以数据告诉芊芊,她真的进步了很多。	

经过了第三阶段的耐力训练,芊芊的体力提升,起初跑 100 米就气喘吁吁,现在跑 3 个 100 米也能坚持,在多番的努力下,芊芊的跑步姿势已经得到明显改善,现在的她手臂摆动很自然,减少了跑步带给自己的疲劳感。

现在的芊芊对于运动也多了一份喜爱,喜欢户外运动,喜欢体育游戏,运动带给她的不仅仅是疲惫,更多的是快乐。

效果与感悟

(1)学会观察。在活动的实施过程中,教师要善于观察、分析、解读幼儿的行为以及数据,如此,才能更好地了解幼儿,了解他们的需求,让每个幼儿"唱响自己,个性成长"。

(2)善于提升、整合经验。教师要善于提升、整合幼儿的经验,为幼儿的发展提出挑战,对于能力较弱的孩子,教师也应进行差异化的指导,保证每个幼儿再其原有水平上有所提升。付出多少就有多少收获,这一点,孩子的变化就是最好的证明。

(潘莉)

奔跑吧!孩子

观察与实录

在小班运动游戏"摸摸大树就回来"的活动中,翀翀听到指令后先是不跑,处于观察状态。我说:"翀翀,快看看哪里有红颜色,摸摸红颜色就回来。"翀翀跑了起来,但是他跑步时低着头,双脚跑动的力量不稳,身体有些倾斜,路线也是歪歪扭扭,在跑步的过程中还和小朋友撞了起来。翀翀一屁股坐在地上,开始哭了起来,我检查确认他没有受伤后鼓励他再次进行游戏,可是翀翀说"我不想玩了。"

识别与分析

经过一段时间的观察和探讨,发现导致翀翀跑步能力较弱的原因有三:

一是个体因素。首先,翀翀上下肢协调性和灵敏性较弱。他是个早产儿,平时在饮食上很挑食,蔬菜和荤菜都不喜欢吃,白米饭也吃得不是特别的多。由于先天原因和后天的不良饮食习惯,幼儿身体核心肌肉力量较弱,一定程度上影响了灵敏性和协调性,在跑步时脚踝的力量及稳定性也较弱。其次,翀翀对运动缺乏兴趣,自信心不够。从案例中可以看出,翀翀在运动中采取观望的态度,后来在老师的鼓励下才愿意尝试,但由于跑步时下肢力量不够,所以就与同伴碰撞了。在碰撞后明显表现出对自己信心不足,不愿继续进行尝试。

二是家庭因素。出生后父母由于工作忙的缘故,一直把翀翀放在外婆身边养,外婆说这个小孩从小身体弱,所以出去玩一般都是抱着他的,不让他过多地跑动。而且由于乡下也没有滑滑梯等好玩的运动器械,所以翀翀在上幼儿园之前基本没怎么玩过滑滑梯,对于大型玩具器械玩起来也是很不熟练,后天缺乏锻炼也是造成协调性和下肢力量不足的原因之一。

三是教师因素。教师虽然了解翀翀的运动水平,但没有进行系统的分析,后续也没有开展差异化的指导。有时翀翀不愿意跑步,教师鼓励几下,他要是还不愿跑,也就没有精力去兼顾他,听之任之,差异化运动设计和指导还不到位。因此,对于需要个别重视的个体幼儿如翀翀,缺乏科学和系统的运动课程规划,在个体运动发展能力的助推成效上就不明显了。

回应与支持

针对由于身体下肢核心力量缺失导致跑步时平衡感不足的翀翀,在第一阶段我采取以下策略。(见表 2-22)

表 2-22　第一阶段教育计划表

	具体内容	观察与指导
教育活动	综合练习: 运动时间或自由活动时间,带领翀翀玩大型玩具。通过大型玩具上的组合器械锻炼动作的协调性,增加下肢力量。同时通过有趣的大型玩具,来激发翀翀运动的积极性。	1. 观察幼儿能否在大型玩具上灵活地钻爬和攀登。 2. 指导幼儿钻爬、攀登时上下肢能协调配合,增强动作的协调性。
家园共育	1. 与翀翀家长进行家园沟通,引导家长重视饮食习惯的培养,共同引导翀翀样样东西都爱吃。 2. 带翀翀到各种儿童大型玩具区活动或骑骑自行车。	
其他	对他进行语言激励,如多说"哇!翀翀好会玩大型玩具啊!""翀翀,你越来越会爬了!""你爬得真高、爬得真快!"	

为了更好地鼓励他,我又设计了一系列运动游戏。(见表2-23)

表2-23　第一阶段运动游戏安排表

游戏	游 戏 玩 法
给小动物喂食	材料与场地:幼儿园大型玩具,自制小兔、小猫、小狗的家,小动物们爱吃的食物(仿真、图片、替代物亦可) 玩法:教师事先把小动物们的家安置在大型玩具的各个地方。请小朋友们手拿食物,用多种方式(爬、攀登、走等)到达大型玩具上小动物的家,给小动物喂食。
看谁扔得远	材料与场地:幼儿园的大型玩具,软沙包 玩法:教师事先准备一筐软沙包放在大型玩具上,幼儿爬到大型玩具上,从高处往下、往前扔,然后跑下来捡回。可以采取小组竞赛的方式,比一比谁得远,捡得快。
小小快递员	材料与场地:小自行车、仿真小汽车等车辆,自制邮包 玩法:幼儿扮演快递员,选择自己喜欢的车辆给各个地方送快递。根据幼儿的腿部力量及时建议幼儿更换车辆,调整邮包的数量或大小。

经过一周的锻炼和鼓励,翀翀开始喜欢玩大型玩具,不用老师在旁鼓励也能自己主动玩大型玩具,脸上也露出了快乐的笑容。在钻爬和攀登时动作的协调性明显增强。钻爬和攀登的速度也快了许多。对翀翀的指导进入第二阶段:(见表2-24)

表2-24　第二阶段教育计划表

教育活动	听信号向指定方向跑: 运动时间或自由活动时间,带领翀翀玩"追赶大龙球"和"我是小超人""摸摸大树就回来"等游戏,练习跑步时动作的协调性。
家园共育	与翀翀家长继续进行家园沟通,引导家长在这一阶段可以和孩子玩跑步游戏,如:捡球、和爸爸妈妈一起赛跑等。
其他	给予更多鼓励和肯定,激励他多多参与体育运动,激发他的运动兴趣。

其中,游戏的玩法可见下表。(表2-25)

表2-25　第二阶段运动游戏玩法

游戏	游 戏 玩 法
追赶大龙球	材料与场地:大龙球人手一个,小山坡 玩法:幼儿把大龙球(大龙球可以用其他可以滚动的器械替代,如:塑料轮胎、皮球等)滚上小山坡,然后用力推动,使其滚下山坡,再跑步下山,追赶大龙球。可以采取小组比赛的方式,比一比谁的大龙球滚得快,谁先追上大龙球。

（续表）

游戏	游戏玩法
我是小超人	材料与场地：超人披风，动物玩偶若干 玩法：教师事先在场地的多个位置放置动物玩偶。幼儿身穿超人披风，扮演超人，根据教师指令跑到指定方向拯救小动物。在指定位置放置的动物成四散状，避免幼儿拿取时互相碰撞。
摸摸大树就回来	材料与场地：幼儿园小山坡和平地 玩法：教师说："小孩小孩真爱玩，摸摸xx就回来"，说完"来"字后，幼儿跑出去摸教师说的东西，摸完后回到老师身边。可以说一样实物，等游戏熟练后说某一特征，如颜色、形状等，如：摸摸红颜色就回来，摸摸三角形就回来。开放性的指令使游戏更具挑战性和趣味性。也可以采取比赛的形式，看谁摸得对，跑得快。

通过第二阶段持续推进的课程以及家园共育的助推，翀翀跑步时下肢力量以及跑步时的协调性有了明显的增强，跑步时不再歪歪扭扭了，身体向一边倾斜的状况也有了改善。计划进入第三个阶段。（见表2-26）

表2-26　第三阶段教育计划表

教育活动	在指定范围内四散跑： 运动时间或自由活动时间，带领翀翀玩在指定范围内四散跑的游戏，如"老狼老狼几点了""捕小鱼""狮子下山""小风车""勇敢的小羊"等，奔跑时不能与同伴碰撞。
家园共育	与翀翀家长继续进行家园沟通，引导家长可和翀翀一起玩追逐跑的游戏，如全家一起玩"老鹰抓小鸡"。
其他	教师给予翀翀一如既往的肯定与鼓励。在游戏中会请翀翀扮演游戏的主要角色者，如：老狼、渔夫等，增强其对跑步的信心。

其中，游戏的玩法可见下表。（表2-27）

表2-27　第三阶段运动游戏玩法

游戏	游戏玩法
小风车	材料与场地：幼儿人手一个小风车，幼儿园场地（平地、小山坡幼儿自由选择） 玩法：幼儿手持小风车，自由奔跑，看谁的小风车转得快。可请幼儿说说小风车转起来了吗、怎样才能转得快？引导幼儿在不同的场地上（平地、小山坡）跑一跑。观察跑的快慢与风车转速的关系。
狮子下山	材料与场地：狮子头饰一个，指定活动范围 玩法：幼儿扮演小动物，教师头戴头饰，扮演狮子。幼儿排成一排跟在老师后面，教师在前面带领幼儿边走边念：狮子下山，狮子下山，狮子下山……念了数遍后狮子突然转身，小动物在指定范围内四散跑。被抓到的幼儿停止游戏一次。幼儿可以找一个地方躲起来，如：大树后面、小房子里面。也可以找一个朋友抱在一起，表示力量大，狮子来了也不怕。

（续表）

游戏	游 戏 玩 法
勇敢的小鸡	材料与场地：母鸡头饰、狐狸头饰 玩法：一教师扮演鸡妈妈，一教师扮演狐狸，幼儿扮演小鸡。鸡妈妈：孩子们，今天天气真好，我们一起出去玩吧。小鸡们在树林里，四散玩耍。鸡妈妈说：狐狸来啦！小鸡们四散躲到树林后面，捡起路上的石头（沙包）投向狐狸。狐狸逃窜。可以变换角色，幼儿可以扮演自己喜欢的不同的动物，增强游戏的自主性和趣味性。

经过三个阶段的平衡能力差异化活动实施，翀翀现在玩四散跑游戏时再也不旁观了，而是能和同伴一起奔跑。奔跑时基本能躲开小朋友，不和同伴碰撞。

效果与感悟

对于翀翀在跑的动作发展方面，我们设计并实施了差异化的运动课程，从实际的效果来看，差异化的实施是可行的、也是有效的。每个孩子都是独立的个体，教师应该努力支持每个孩子都获得最大程度的发展。

（浦春芳）

第 三 章

我跳：有爆发力地控制身体平衡

　　小班阶段，幼儿基本能双脚跳，但腿部力量不足，跳起高度低、远度小，跳的过程中身体摇晃，落地不稳；中班阶段，幼儿能较轻松地双脚跳，腿部力量增强，跳起高度、远度增加，跳的过程中身体开始稳定，落地较稳定，开始尝试单脚跳；大班阶段，幼儿能轻松地双脚跳，腿部力量大大提升，跳的高度、远度继续增加，跳的过程中身体稳定，落地稳定，单脚跳的能力也大大增加，跳的形式也越发复杂。

情景再现

中班的幼儿在进行"小青蛙跳荷叶"的体育游戏。在连续跳跃"荷叶"的过程中,茜茜的双脚总是一前一后着地。在老师多次的提醒下,茜茜能够在起跳时注意双脚并拢,但一起跳两只小脚在空中就分开了,还是一前一后着地。就这样,每跳一片"荷叶"茜茜都需要调整一下自己双脚的位置,然后再重新起跳。

一旁的可昕跳起来则仿佛特别笨重的"小青蛙",落地发出"咚咚咚"的声响,跳了没几片荷叶就累得跳不动了。而瑷瑷在起跳时小手会向前向后摆动,她在小手向前时同步起跳,动作看起来不协调,跳到了荷叶的边缘上;她连续尝试了几次,起跳时手的摆动总是不协调。

 跳是一种身体弹射技能,不仅需要一定的腿部爆发力,还需要有相应的控制身体动态平衡的能力,涉及复杂的身体协同动作。让幼儿在游戏中潜移默化地掌握正确的跳跃方法很重要!

理论认知

幼儿跳的过程经历阶段性发展:身体由不稳定到稳定,跳的高度、远度逐渐增加,持续跳的时间逐渐增加,跳的动作形式由简单到复杂,如从双脚跳、单脚跳、单双脚交替跳到立定跳远等。

影响幼儿跳跃能力的相关因素有三:

一是幼儿体质因素。跳的动作对于身体协调能力要求较高。小班的幼儿,身体各项机能发育不完全,对于此类要求能力高的动作,完成程度比较低。但是随着幼儿身体各项机能发育成熟,对各项运动的理解、熟悉,到了中大班,就会慢慢开始熟悉跳的动作技能。

二是家长引导因素。从学龄前的阶段开始,家长就应该有意识地培养幼儿各项关键运动技能,走、跑、跳、投等。每个复杂的运动动作中都有简易动作。比如跳这个动作的前身,就是深蹲,家长可以带着幼儿有意识的做屈膝、直膝动作,让幼儿脑海中有跳跃动作的雏形。

三是器材使用因素。跳跃这个动作，需要家长、教师使用正确道具、运用正确方式引导幼儿来进行。如果单单在空白的场地上进行跳跃练习，对于幼儿来说比较单调无聊并且教师不容易引导。因此教师可以选用一些小栏架、海绵砖之类的有高度但不会有危险的器材，教师在做好示范后，再让幼儿对着器材模仿自己的示范动作进行练习。

幼儿跳的主要动作及要点见表3-1。

表3-1 幼儿跳的主要动作及要点表

动作 \ 要点	1	2	3	4
单脚跳	单脚平衡站立，摆动腿和手臂后摆	非支撑腿大腿带动小腿和手臂前摆	支撑腿快速蹬地后屈膝缓冲	意志坚强，不放弃跳跃
双脚跳	双腿分开，与肩同宽	膝盖半蹲蓄力，手臂前后摆动获得动力	在空中身体舒展、放松，落地屈膝缓冲	全神贯注，精神饱满，敢于挑战
开合跳	双腿分开站立，脚尖朝前，微微跳起，手臂两侧上举头上击掌	跳起后，双腿并拢，手臂两侧落下	再跳起后双腿打开，双手侧平举打开至头上击掌	节奏感强，动作轻盈，精气神饱满
侧跨跳	身体侧对跳动方向，起跨腿抬起，支撑腿腿保持身体平衡	支撑腿单脚起跳，起跨腿抬跨过障碍，手臂摆动保持身体平衡	起跨腿落地屈膝缓冲，支撑腿越过障碍物	注意力集中，敢于挑战
收腹跳	双脚与肩同宽，屈膝起跳，双手臂向上摆动	跳至空中最高处，团身收腹，双腿小腿与大腿折叠，同两手触摸膝盖	双手向上摆动后，向下触摸膝盖，落地注意屈膝缓冲	注意发力，精神集中

实施指引

一、单脚跳

（一）运动要点

单脚跳的动作要点与运动经验发展如下（见表3-2）：

表3-2 幼儿单脚跳的动作要点及运动经验发展表

动作 \ 要点	1	2	3	4
单脚跳	单脚平衡站立，摆动腿和手臂后摆	非支撑腿大腿带动小腿和手臂前摆	支撑腿快速蹬地后屈膝缓冲	意志坚强，不放弃跳跃

（续表）

运动经验发展	单脚跳是比较难的一种跳,相对于双脚跳除了腿部爆发力的要求,还需要幼儿有较好的身体平衡能力,练习单脚跳时注意左右腿的平衡发展。

幼儿单脚跳动作要点示例图（见图3-1、3-2）：

图3-1　正视图

图3-2　侧视图

（二）实施建议

单脚跳主要有两种动作形式：（1）单脚连续跳：跳直线、跳格子、跳垫子。（2）交替跳：单脚双脚交替跳、单脚前后交替跳、单脚左右交替跳。

（三）温馨提示

（1）落地时单腿应微微屈膝缓冲,要避免支撑脚落地不稳定。

（2）支撑腿跳跃时,摆动腿应前后摆动。

（3）手臂应该随跳跃前后摆动,维持身体动态平衡稳定,要避免手臂没有前后摆动,身体不稳定。

（四）游戏分享

1. 幼儿自主发起的运动游戏

①材料提供：呼啦圈、九宫格、脚丫地贴。②观察要点：观察幼儿利用不同材料是否出现单脚跳的动作,是否出现其他动作；观察幼儿单脚跳时身体的稳定性和平衡性

以及轻巧情况；观察幼儿单脚跳的动作要点，支撑腿、摆动腿及上下肢的协调配合情况；观察幼儿在跳跃时是否意志坚强，不放弃。③温馨提示：关注班级幼儿运动能力的差异性，幼儿的跳能力的个体差异，关注幼儿的注意力情况；关注幼儿的兴趣，适时介入幼儿，引导幼儿自行制定游戏规则；时刻关注幼儿的安全，引导幼儿及时交换两只脚，左右脚平衡发展。

2. 教师发起的运动游戏

游戏一：**丛林逃亡(中、大班)**。①游戏准备：每个队伍前摆放 3—6 个呼啦圈，间隔 30 厘米；分为两个队伍，每队依次进行游戏。②游戏价值：锻炼幼儿下肢力量、增加游戏挑战性与趣味性、增强幼儿挑战自我和不轻言放弃的精神。③游戏方法：幼儿单脚或双脚连续跳过呼啦圈，然后从两侧返回队尾；每人进行游戏 4—6 次，次数可依据课程时间和幼儿的体能设置。④温馨提示：强调单脚跳和双脚跳的连贯性，手臂控制身体，大腿蹬地发力；控制幼儿间隔，防止相互碰撞；强调不要踩在呼啦圈上面。

游戏二：**跳圈找颜色(中、大班)**。①游戏准备：设置长 5—8 米的跑道。②游戏价值：锻炼幼儿下肢爆发力与耐力、提高幼儿单脚跳的平衡能力、激发幼儿参与运动的兴趣、提高幼儿坚持不放弃的意志品质。③游戏方法：将幼儿分成人数相等的两组，分别站在各自的起跑线上；老师说"开始！红色！"两组的第一名幼儿手里拿着篮子开始跳圈单脚跳向终点，在纸箱里选择带有老师指定颜色的玩具放到篮子里玩具上(有一种颜色符合就可以)，然后带着篮子跑回起跑线，最先回来并且带回指定玩具多的小组获胜。游戏进行 3—5 次，具体游戏次数教师可依据课程时间和幼儿的体能情况而定。④温馨提示：幼儿注意听口令；篮子要轻小一点。

游戏三：**斗鸡(大班)**。①游戏准备：设置长 10 m×10 m 的方形场地，保障足够的场地空间供幼儿活动。②游戏价值：增加幼儿运动游戏的野趣、锻炼幼儿胆量、提高幼儿腿部力量和身体动态平衡性、提高幼儿挑战自我和不轻言放弃的精神、增强幼儿的意志力和拼搏意识。③游戏方法：两人面对面站立，各把一条腿弯起来，用一只手抓住弯起来的脚，用另一条腿跳着去撞对方，使对方站立不稳，不抓住脚的手松下来，但不可用手推，弯起的脚落下来为输者；也可多人分成两队，各自站在场地的一边，放一样东西作为宝物，抢到对方宝物的为胜；游戏进行 3—5 次，次数可依据课程时间和幼儿的体能而定。④温馨提示：幼儿不可以用手推人；幼儿注意保持平衡。

二、双脚跳

（一）运动要点

双脚跳的动作要点与运动经验发展如下（见表 3－3）：

表 3－3　幼儿单脚跳的动作要点及运动经验发展表

动作 \ 要点	1	2	3	4
双脚跳	双腿分开，与肩同宽	膝盖半蹲蓄力，手臂前后摆动获得动力	在空中身体舒展、放松，落地屈膝缓冲	全神贯注，精神饱满，敢于挑战
运动经验发展	双脚跳是所有跳跃项目里最简单、最基础的跳跃，也是其他跳跃动作的基础，是幼儿练习跳跃内容的重点项目。双脚跳可以很好地锻炼幼儿的腿部爆发力和腰腹核心力量，有效地刺激幼儿的骨骼、肌肉等运动系统，让幼儿身体更健壮，个子长得更快更高。			

幼儿双脚跳的动作要点示例图（见图 3－3、3－4）：

图 3－3　正视图 1　　　　　　　图 3－4　正视图 2

（二）实施建议

双脚跳主要有两种动作形式：（1）青蛙跳、兔子跳；（2）双脚跳摸高。

（三）温馨提示

（1）双脚跳应膝盖半蹲蓄力，要避免直腿起跳。

（2）双脚跳应手臂后摆动获得向前动力的同时双腿发力跳跃，要避免起跳高度过低。

（3）双脚跳应原地向上双脚同时起跳,同时落地,要避免两腿发力不均匀,前后落地。

（四）游戏分享

1. 幼儿自主发起的运动游戏

①材料提供：不同高度的高凳、地垫。②观察要点：观察幼儿从高处往下跳时的身体协调性、稳定性；观察幼儿起跳时大腿是否屈膝半蹲,观察手臂后摆、用力蹬伸的情况；观察幼儿跳跃着地情况,是否主动屈膝缓冲；观察幼儿是否具有克服恐惧和不轻言放弃的精神。③温馨提示：关注班级幼儿跳跃能力的个体差异性,动态调整起跳位置的高度；起跳高度越高难度越大,反之则亦然。

2. 教师发起的运动游戏

游戏一：神奇太空棒(小、中、大班)。①游戏准备：分为 4 个队伍,每个队伍前放置一根太空棒,跳跃距离 5—10 米。②游戏价值：锻炼幼儿双脚跳跃能力,增强其下肢爆发力,初步培养幼儿间合作能力。③游戏方法：幼儿双腿夹紧一根太空棒,向前双腿跳到终点处,然后再原路跳回到队伍,将太空棒交给下一名幼儿；每人完成游戏 4—6 次,次数可依据课程时间和幼儿体能而定。④温馨提示：强调向前跳时必须弯曲膝盖起跳,弯曲膝盖落地；根据幼儿能力调节夹太空棒的位置,能力较强的幼儿夹在大腿位置；控制幼儿间距,防止幼儿碰撞。

游戏二：小青蛙跳荷叶(小、中、大班)。①游戏准备：设置长 10 m×10 m 的方形场地,保障足够的场地空间供幼儿活动；用呼啦圈围成一个大圈。②游戏价值：增加幼儿运动挑战的兴趣、提高幼儿跳的能力。③游戏方法：玩法幼儿扮演小青蛙,呼啦圈为荷叶；逐渐拉大呼啦圈之间的距离,不能跳过去的小青蛙将会被淘汰,比赛找出最能跳的小青蛙；游戏进行 4—6 次,次数可依据课程时间和幼儿体能设置。④温馨提示：幼儿注意不要踩到呼啦圈的边缘,踩到边缘也视为从荷叶上掉下去了。

游戏三：小兔子单腿持球接力跳(中、大班)。①游戏准备：篮球 4 个；幼儿排成四路纵队,场地设置起点与终点。②游戏价值：锻炼幼儿单腿跳的能力、培养幼儿团队合作意识。③游戏方法：四人一组,排头开始持球单腿跳到终点,然后换腿跳到起点,将球给下一位幼儿,继续接力,用时最短的队伍获胜,此方法可以促进幼儿左右脚力量的协调发展；游戏进行 4—6 次,次数可依据课程时间和幼儿体能设置。④温馨提示：幼儿单腿如果跳不动,允许中间换腿跳；跳的距离根据幼儿整体实际体能微调。

游戏四：跨栏高手(小、中、大班)。①游戏准备：不同高度的跨栏架若干,15—20

米长跑道;跑道4根,按照从矮到高的顺序每条跑道上放置跨栏架。②游戏价值:锻炼幼儿跨跳能力、提高幼儿下肢力量、培养幼儿竞争意识。③游戏方法:幼儿分4队站在跑道起点,4人一组进行跨栏跳比赛;游戏进行4—6次,次数可依据课程时间和幼儿体能设置。④温馨提示:注意跨跳时的安全,在安全的前提下加快速度;根据幼儿能力动态调整跨栏架之间的距离和选择跨栏架的高度。

三、开合跳

(一)运动要点

开合跳的动作要点与运动经验发展如下(见表3-4):

表3-4 幼儿开合跳的动作要点及经验发展表

动作＼要点	1	2	3	4
开合跳	双腿分开站立,脚尖朝前,微微跳起,手臂两侧上举头上击掌	跳起后,双腿并拢,手臂两侧落下	再跳起后双腿打开,双手侧平举打开至头上击掌	节奏感强,动作轻盈,精气神饱满
运动经验发展	开合跳是常见的一种跳跃形式,开合跳在双脚的一开一合中也需要手臂的一合一开相对应、相协调,同时跳的过程中需要始终保持腰腹核心的稳定,是一种调动全身的跳跃项目。			

幼儿开合跳动作要点示例图(见图3-5、3-6):

图3-5 正视图1   图3-6 正视图2

（二）实施建议

开合跳主要有两种动作形式：(1)开合跳躲避地雷。(2)听节奏开合跳变奏跳。

（三）温馨提示

（1）开合跳落地时应双腿稍弯曲缓冲落地，要避免直腿落地。

（2）单个开合跳分解：脚打开时手臂由身体两侧上举；脚闭合时，手臂再由上举经两侧下落至体侧，要避免手脚不协调，手臂摆动与腿部开合节奏混乱。

（3）当开合跳时两脚打开步幅过大或过小，可以在脚下贴一条略比肩宽的彩带，使每次开脚跳两脚处于彩带两端。

（4）开合跳时手臂应从身体两侧上摆至头顶，要避免手臂从前方上摆至头顶。

（四）游戏分享

1. 幼儿自主发起的运动游戏

①材料提供：小型呼啦圈。②观察要点：观察幼儿如何摆放呼啦圈，如单圈、双圈、单圈、双圈等；观察幼儿利用小呼啦圈跳的情况，如是否出现单双脚交替跳或双脚开合跳的情况；观察幼儿跳跃的连贯性、身体的协调性、灵活性；观察幼儿是否具有克服恐惧、挑战自我和不轻言放弃的精神。③温馨提示：关注班级幼儿跳跃能力的个体差异性，对个别体弱幼儿可适当指导；关注幼儿的身体运动状态，注重幼儿的运动保健卫生。

2. 教师发起的运动游戏

游戏一：开合跳接长龙(中、大班)。①游戏准备：分为两个队伍，轮流进行游戏；两根拔河绳平行摆放，间隔30—50厘米，间隔依据幼儿能够开脚的宽度设置。②游戏价值：增强幼儿下肢力量与协调性、巩固新的运动技能，提高幼儿的意志力和拼搏精神，具体表现为坚持到底，不轻易放弃。③游戏方法：幼儿在起点处开合跳到终点处，从两边返回队尾；每人完成游戏3—5次，次数可依据课程时间和幼儿体能设置。④温馨提示：强调队伍的统一，相互帮助提醒；控制幼儿间隔，防止相互撞伤。

游戏二：小火车(中、大班)。①游戏准备：设置长10米的跑道；两根长绳平行摆放在跑道上，中间相隔30—50厘米，间隔依据幼儿能够开脚的宽度设置。②游戏价值：培养幼儿身体协调性与反应能力、幼儿团队意识。③游戏方法：幼儿听指挥员的口令进行"小火车"游戏；双手双脚有节奏地同时开合跳，"开"时双脚在轨道外，"合"时双脚在轨道内；游戏进行3—5次，次数可依据课程时间和幼儿体能设置。④温馨提

示：注意幼儿之间的距离；长绳被踢歪之后要迅速摆放原位，防止幼儿踩到长绳。

游戏三：开合合合开开(小、中、大班)。①游戏准备：空旷的场地；幼儿散点散开站立。②游戏价值：提高幼儿的动作反应能力，即锻炼幼儿听口令做动作的能力；提高幼儿动作、视、听、运动器官敏感度；激发幼儿参与开合跳游戏的兴趣。③游戏方法：幼儿听教师口令"开""合"，"开"两脚开、手臂合，"合"两脚合、手臂开；游戏进行4—6轮，每轮时间1分钟左右，次数可依据课程时间和幼儿体能设置。④温馨提示：一开始教师口令节奏慢一些，后可适当加快；幼儿之间也可两两配合，一人口令，另一人做动作。

游戏四：玩转呼啦圈(小、中、大班)。①游戏准备：呼啦圈若干；呼啦圈组合成的开合跳路线，一个圈的是"合"，两个圈的是"开"。②游戏价值：培养幼儿开合跳的能力，提高幼儿的动作反应能力；增强幼儿坚持到底、不放弃的品质。③游戏方法：幼儿排成一条长龙，依次根据呼啦圈的摆放进行开合跳；游戏进行4—8次，次数可依据课程时间和幼儿体能设置。④温馨提示：注意幼儿之间的距离；呼啦圈摆放方式可以让幼儿自己调整，充分发挥幼儿自主能动性。

四、侧跨跳

(一) 运动要点

侧跨跳的动作要点与运动经验发展如下(见表3-5)：

表3-5 幼儿侧跨跳的动作要点及运动经验发展表

动作 \ 要点	1	2	3	4
侧跨跳	身体侧对跳动方向，起跨腿抬起，支撑腿腿保持身体平衡	支撑腿单脚起跳，起跨腿抬跨过障碍，手臂摆动保持身体平衡	起跨腿落地屈膝缓冲，支撑腿越过障碍物	注意力集中，敢于挑战
运动经验发展	侧跨跳是一种相对比较少用的跳，在侧向走、跑的基础上延伸出的一种跳的方式，幼儿练习侧跨跳可以锻炼到大腿内外侧的肌肉群，这在前后运动项目上很少能练到。侧跨跳也可以为幼儿以后羽毛球、网球等运动项目中侧向移动技术的学习与发展奠定一些基础。			

幼儿侧跨跳动作要点示例图(见图3-7、3-8、3-9)：

图 3-7　正视图 1

图 3-8　正视图 2

图 3-9　正视图 3

（二）实施建议

侧跨跳主要有两种动作形式：（1）侧跨跳过直线。（2）侧跨跳过一定高度。

（三）温馨提示

（1）侧跨跳时手和非起跳腿在空中保持平衡，要避免落地时身体不平衡。

（2）当起跳高度不够越过障碍物时，可尝试手臂向上摆动获得动力，腿发力跳跃。

（3）当侧摆动远度不够时，可尝试起跳腿脚内侧发力，身体向摆动腿方向倾斜。

（四）游戏分享

1. 幼儿自主发起的运动游戏

①材料提供：跨栏架。②观察要点：观察幼儿跨过跨栏架的方式，如双脚跳、单脚跨跳、侧跨跳等；观察幼儿侧跨跨过跨栏架的动作，注意力与专注度；观察幼儿侧跨跳时的动作的连贯性、身体的协调性、灵活性；观察幼儿是否具有挑战自我和拼搏精神。③温馨提示：关注班级幼儿跳跃能力的个体差异性，对个别体弱幼儿及时鼓励并可适当指导；关注幼儿的身体运动状态，注重幼儿的安全与运动保健卫生。

2. 教师发起的运动游戏

游戏一：跳圈运果（中、大班）。①游戏准备：呼啦圈 10 个，沙包若干个；设置 5—10 米长跑道，设置起点和终点，将呼啦圈摆放在跑道上，终点放置 2 个篮子，需要保持一定的运动强度。②游戏价值：锻炼幼儿侧跨跳的能力、培养幼儿竞争与合作意识。

③游戏方法：将幼儿分成两队进行比赛，幼儿手拿沙包，然后出发，采用侧跨跳方式，要跳在圈中，到终点将沙包放入篮子中，然后返回，与下一位小伙伴击掌后，下一位小伙伴即可出发，用时短的一队获胜；游戏3—5次，次数可依据课程时间和幼儿体能设置。④温馨提示：控制呼啦圈之间的距离，不能太远，防止幼儿踩到呼啦圈摔倒。

游戏二：林中小鹿（小、中、大班）。①游戏准备：设置长10米的跑道；两根长绳平行摆放在跑道上，中间相隔30—50厘米，需要保持一定的运动强度。②游戏价值：锻炼幼儿侧跨跳的能力，促进下肢肌肉均衡发展；提高幼儿参与侧跨跳的兴趣。③游戏方法：大家看到森林里面的小鹿怎么跑吗？是不是跳得很高啊，这样就不会被地上的草丛绊倒了，那大家来模仿一次小鹿吧；幼儿一个接一个进行"林中小鹿"游戏，在长绳两边反复跨跳，并尝试快速前进；游戏进行3—6次，次数可依据课程时间和幼儿体能设置。④温馨提示：注意幼儿之间的距离；长绳被踢歪之后要迅速摆放原位，防止幼儿踩到长绳。

游戏三：积木跳跳跳（小、中、大班）。①游戏准备：积木若干，且有规则地摆放在场地上。②游戏价值：增加幼儿侧跨跳的兴趣，提高幼儿侧跨跳能力；激发幼儿挑战新动作的勇气。③游戏方法：幼儿站在积木一侧，教师口令"向左"幼儿向左侧跨跳过积木，"向右"幼儿向右侧跨条过积木，可促进身体左右侧协调发展；游戏进行10—15次，次数可依据课程时间和幼儿体能设置。④温馨提示：积木之间摆放距离合适；可以部分积分放倒或垒在一起，减少或增加挑战难度。

游戏四：跳竹竿（中、大班）。①游戏准备：长2米的竹竿若干；幼儿平均分为两组。②游戏价值：训练幼儿反应能力，提高侧幼儿跨跳水平，增强幼儿挑战自我和拼搏精神。③游戏方法：一组幼儿先拿竹竿，两名幼二分别拿住竹竿的两端，蹲在地上，另一组幼儿自由选择搭档，在竹竿之间用左右侧跨跳的方式进行跳竹竿，需要保证一定的运动强度；游戏进行4—6次，每组及时轮换幼儿角色，次数可依据课程时间和幼儿游戏的掌握程度设置。④温馨提示：竹竿两端钝性处理；竹竿左右移动时注意速度由慢到快，幼儿不宜久蹲，中间需要及时站起休息。

五、收腹跳

（一）运动要点

收腹跳的动作要点与运动经验发展如下（见表3—6）：

表3-6　幼儿收腹跳的动作要点及经验发展表

要点 动作	1	2	3	4
收腹跳	双脚与肩同宽,屈膝起跳,双手臂向上摆动	跳至空中最高处,团身收腹,双腿小腿与大腿折叠,同两手触摸膝盖	双手向上摆动后,向下触摸膝盖,落地注意屈膝缓冲	注意发力,精神集中
运动经验发展	收腹跳是原地双脚小跳的难度升级版,能够更有效、更深层次地锻炼幼儿下肢的力量、爆发力等素质,而且动作具有挑战性,每个幼儿都能够根据自身的水平跳到相应的高度			

幼儿收腹跳的动作要点示例图（见图3-10、3-11）：

图3-10　正视图1　　　　　　　图3-11　正视图2

（二）实施建议

收腹跳主要有两种动作形式：（1）原地收腹跳。（2）不同方向的收腹跳。

（三）温馨提示

（1）收腹跳时应小腿收缩贴紧大腿,大腿向胸前靠拢,避免起跳后蜷曲不明显。

（2）当出现后屈腿跳时,可加强腿部力量训练,如左右抬腿、高抬腿、垫上收腹跳等。

（3）当出现落地不稳时,可加强腿部力量训练,落地注意屈膝缓冲。

（4）通过加强腿部力量训练,如左右抬腿、高抬腿、垫上收腹跳等,可避免起跳高度不够。

（四）游戏分享

1. 幼儿自主发起的运动游戏

①材料提供：橡皮筋。②观察要点：观察幼儿跳橡皮筋的动作方式，如双脚跳、单脚跨跳、侧跨跳、收腹跳等；观察幼儿是否主动调高橡皮筋的高度，增加挑战难度；观察跳的高的幼儿跳跃橡皮筋时的动作，是出现收腹抱腿的动作，跳的整体动作的连贯性，身体的协调性、灵活性；观察幼儿是否能够主动挑战不同的动作方式，是否兴高采烈地挑战各种动作。③温馨提示：关注班级幼儿跳跃能力的个体差异性，对个别体弱幼儿及时鼓励并可适当指导；关注幼儿的身体运动状态，注重幼儿的安全与运动保健卫生。

2. 教师发起的运动游戏

游戏一：跳"火圈"（中、大班）。①游戏准备：一个直径约 1.5 米大呼啦圈。②游戏价值：锻炼幼儿下肢爆发力和腰腹核心力的稳定性；增强幼儿挑战自我（克服恐惧）和不轻言放弃的精神。③游戏方法：呼啦圈垫高离地 5—15 厘米，然后采用收腹跳从呼啦圈跳过，需要保持一定的运动强度；所有幼儿通过呼啦圈算作一轮，每人完成 4—5 次，次数可依据课程时间和幼儿体能设置。④温馨提示：注意通过时身体一定要蜷曲，防止幼儿撞到或被绊倒。

游戏二：竹竿舞（中、大班）。①游戏准备：细竹竿 6—8 根、大鼓一只。②游戏价值：锻炼幼儿身体反应能力、提高幼儿跳的节奏感、提高幼儿的团队合作能力。③游戏方法：将幼儿分为 2 组，分别进行游戏。一组拿着竹竿，一组跳舞，轮流交换。教师提出一边念"开—合—开—合"节奏，一边用手的活动表现竹竿的开合，帮助幼儿掌握竹竿舞节奏。收腹跳通过竹竿，需要保证一定的运动强度；游戏进行 2—3 次，次数可依据课程时间和幼儿游戏的掌握程度设置。④温馨提示：注意幼儿之间的距离；注意不要踩到竹竿，拿竹竿的孩子注意手不要被压倒。

游戏三：跳皮筋（中、大班）。①游戏准备：皮筋四根，空旷场地。②游戏价值：提高幼儿收腹跳的能力、激发幼儿挑战自我的信心。③游戏方法：8 名幼儿两两拿住四根皮筋，可以从远处助跑，跑至皮筋前采用收腹跳的方式跳跃过橡皮筋，需要保持一定的运动强度；游戏进行 4—6 次，次数可依据课程时间和幼儿体能设置。④温馨提示：拿橡皮筋的幼儿要和跳的幼儿及时交换；皮筋另一侧可以放置海绵垫子，供幼儿跳跃过橡皮筋后落地缓冲，保护幼儿。

游戏四：跳皮筋升级版（大班）。①游戏准备：皮筋四根；空旷场地。②游戏价值：

增加幼儿跳的趣味、提高幼儿收腹跳的水平,增强幼儿克服恐惧、挑战自我的精神。③游戏方法：四名幼儿拿住四根橡皮筋围成一个正方形,其余幼儿采用收腹跳的方式,斜着跳进正方形内后再斜着跳出来,依次类推;游戏进行 4—6 次,次数可依据课程时间和幼儿体能设置。④温馨提示：注意拿橡皮筋的幼儿与跳的幼儿的轮换;一开始橡皮筋的高度低一些,后面可以逐渐增加高度,增加挑战难度;起跳高度越高难度越大,反之则亦然。

运动故事

大胆跳起来
——中班幼儿跳的差异化运动案例

为了更好地了解幼儿的运动发展水平,我们在中班上学期幼儿户外运动的自然情境下进行了各项运动能力观测,我们班在双脚连续跳这一项中表现突出,高于平行班级,同时我们也发现,班中部分幼儿在这一项中的表现是低于班级平均水平的,一次的数据并不能说明问题,我们开始利用白描、视频的方式观测日常体育活动中跳跃能力相对较弱的四名幼儿的跳跃表现(见表 3-7)。

表 3-7 中二班幼儿双脚跳情况表(部分)
中二班   双脚连续跳(秒)

编号	姓名	性别	成绩	评分
1	FJX	男	4.63	5
2	GJY	女	/	/
3	GZH	男	5.66	4
4	GZX	女	6.81	3
5	GJH	男	4.75	5
6	SAZ	女	7	3
7	GXF	男	4.12	5
8	SQW	女	6.02	4

（续表）

编号	姓名	性别	成绩	评分
...	...	...	...	...
14	TYX	女	4.87	5
15	WSC	男	4.92	5
16	WYN	女	6.91	3
17	WZC	男	4.84	5
...	...	...	...	...

（备注：0分表示"非常弱"，1分表示"弱"，2分表示"较弱"，3分表示"一般"，4分表示"较强"，5分表示"强"）

观察与实录

　　片段一：中班的幼儿在进行"小青蛙跳荷叶"的体育游戏。在连续跳跃"荷叶"的过程中，小 G 的双脚总是一前一后着地，老师多次提醒，小 G 的小脚在起跳时能并的牢牢地，但一起跳两只小脚在空中就分开了，一前一后着地，每跳一片"荷叶"小 G 都需要调整一下自己双脚的位置，然后再重新起跳。一旁的小 Z 跳起来仿佛特别笨重的"小青蛙"，落地发出"咚咚咚"的声响，跳了没几片荷叶就累得跳不动了。小 S 在起跳时小手会向前摆动，她在小手向前时跳跃了出去，动作有些不协调，跳到了荷叶的边缘上，她连续跳了几次，手的摆动与身体起跳总显得有些不协调。

　　片段二：中班的幼儿在操场上分散运动，在"跳水运动员"这个运动项目前，人格外的多，老师设置了三个高度的跳水板（椅子），分别是30厘米、40厘米、50厘米。小 W 选择了中间的一个跳水板，她颤颤巍巍地站了上去，膝盖弯曲，蹲着跳了下去，然后蹲在了垫子上，老师说："小 W，这样你的膝盖容易受伤哦，你先试试看矮的跳水板，站直跳下去，跳下去时像小花猫，轻轻落地。你再试试看！"第二次小 W 选择了 30 厘米的高度，站上去时自信了一些，这次她直接跳下，落地时深蹲在垫子上，她笑了，然后又来了一次。小 Z 选择了 50 厘米的跳水板，她起跳时向上蹬伸，膝盖微微弯曲，落地时脚掌着地，没站稳，整个人滚在了垫子上，她又试了几次，好几次都站不稳，后来她半蹲着跳下，降低了身体重心，这次她稳稳地落在了地垫上。

　　片段三：大象老师在进行单脚跳跃游戏，四人一组，距离大约为 5 米，小

Z用右腿跳了1.5米左右就开始换腿，两只手笔直地放在身体两侧，且身体向右侧倾斜特别严重，她用左腿又跳了1米左右，小Z看了看身边的同伴，都比自己速度快，她开始单脚跳两步，双脚跳两步。轮到小S跳了，起步时她没有听到指令，慢了几秒，只见她一只手拉着自己的裤角，单脚跳两下停一停，然后继续跳几下，虽然速度比同伴慢，但是小S还是坚持跳完了，大象老师表扬了小S的坚持，她笑开了花。小W跳跃的时候辅助腿能够弯曲在体侧，支撑腿蹬伸充分，小伙伴在一旁给她加油，她跳的速度很快，和一旁的男生差不多。

识别与分析

实录中的四个幼儿分别在双脚连续向前跳跃、高处向下跳、单脚连续向前跳的运动情境中遇到了一些问题，我们试着查阅了《学前儿童健康学习与发展核心经验》中关于"跳"的核心经验、结合幼儿生理最近发展区试着进行原因分析。

表3-8　3—6岁幼儿"跳"的运动核心经验

动作分解	核 心 经 验
起跳	① 身体蹲伸助跳并能保持身体平衡。 ② 手的摆动与身体的蹲伸协调。 ③ 用前脚掌(把身体重心放在前脚掌上)蹬地起跳。
腾空	④ 脚掌完全离开地面，并收紧身体。 ⑤ 能助跑跨跳过一定高度的物体。
落地	⑥ 屈膝缓冲，保持身体平衡。
连续跳	⑦ 能够保持稳定的节奏连续跳。 ⑧ 3—4岁幼儿能单脚连续向前跳2米；4—5岁幼儿能单脚连续向前跳5米；5—6岁幼儿能单脚连续向前跳8米。

通过分析，我们发现主要原因有三：

一是体能因素。《3—6岁儿童学习与发展指南》对幼儿在动作方面提出了"具有一定的平衡能力，动作协调、灵敏"和"具有一定的力量和耐力"的发展目标。可以看出，平衡能力、协调能力、灵敏性、力量和耐力就是幼儿最基本的身体素质。由于幼儿肌肉中水分多，蛋白质和无机盐较少，呈现出力量弱的现象，并且实录中的幼儿都为女孩，本身肌肉的力量、耐力都弱于同年龄男孩。其次，由于幼儿心脏发育还不完善、容量小，心肌收缩力弱，肺通气量

和肺活量小,呈现出耐力较差的现象;由于功能性协调、功能性灵敏还未达到正常水平,呈现出协调能力与灵敏性一般的现象。3—6岁幼儿在平衡能力、协调能力、灵敏性、耐力、力量等身体素质方面尚未发展成熟,容易在跳跃过程中出现各种问题。个别幼儿自身的重量比较重,存在肥胖的问题,也会影响幼儿跳跃的能力的表现。

二是心理因素。有的幼儿性格比较胆小,对于有高度、有难度的活动就会胆怯,从而影响发挥。而且经常失败的幼儿自我价值感会下降,通常会出现胆怯的反应,如,有幼儿会说:"我不能获胜,那我就不参加游戏了。"这种心理也会影响幼儿的发挥以及参与游戏的兴趣。

三是环境和任务因素。不同的外界因素对幼儿的运动核心经验发展也具有一定的影响。幼儿所处的游戏环境与游戏的挑战性不同,幼儿在运动中表现出的运动核心经验发展情况也不一样。比如,幼儿在平整的地面上跳与在不平整的地面上跳是不一样的。幼儿在平整的地面上跳更加的随意,跳的动作也完成得越好;在不平整的地面上跳会表现出吃力、跳出的距离近、身体容易摔倒的现象。又如身边同伴的影响,在群体竞争性游戏中有的幼儿会由于自我的好胜心,或是同伴的鼓励,会发挥得更好;有的幼儿反而由于心里紧张发挥受到影响。我们试着结合运动核心经验,分析实录中幼儿表现出的问题并进行原因分析。(见表3-9)

表3-9 幼儿的问题与原因分析表

幼儿	表现出的问题	原因分析
小G	双脚前后着地 手的摆动与身体的蹲伸不协调	下肢肌肉发育不均衡 上下肢协调能力弱
小S	单脚跳跃5米用时长 不能稳定节奏跳 手的摆动与身体的蹲伸不协调	下肢肌肉发育不均衡 上下肢协调能力弱
小W	不敢从高处向下跳 手的摆动与身体的蹲伸不协调	心理因素(恐高)、环境因素 上下肢协调能力差
小Z	单脚跳跃5米用时长 不能稳定节奏跳 手的摆动与身体的蹲伸不协调	肥胖 下肢肌肉力量弱、耐力不够 上下肢协调能力弱 平衡能力弱,灵敏性较弱

回应与支持

首先是加入个性化的小组活动和体育活动。为了激发幼儿对于跳的运动兴趣，我们利用学校的场地设置、体育游戏的时间，同时结合家园共育，针对幼儿运动素质的缺乏情况，为幼儿定制了个性化运动计划。（见表 3-10）

表 3-10 活动计划表

实施活动	小组活动				重点关注幼儿：小 G、小 S、小 W、小 Z
	动作练习	体育游戏	区域活动器材使用		家庭需跟进的活动
			室内	户外	
下肢力量	纵跳摸高 助跑跨跳 跳跃栏架 连续跨越 障碍 连续侧跳 后退跳 单脚跳	1. 蹦蹦床 2. 青蛙跳 3. 顶气球 4. 跳竹竿 5. 兔子跳 6. 下肢剪刀石头布	1 号区：毛毛虫 2 号区：羊角球 3 号区：跨栏、跳呼啦圈 4 号区：跳房子	2 号区：跨栏、跳跳鞋 3 号区：网格轮胎路 5 号区：篮球 8 号、9 号区：自行车、滑板车	建议家长在家中督促幼儿 1. 骑自行车 2. 跑步 3. 爬楼梯 给家长推荐的体育游戏 1. 袋鼠跳 2. 跳格子 3. 跳绳

其次是运用趣味游戏，逐步培养幼儿跳的兴趣和运动能力。枯燥的学习内容幼儿很容易疲乏，缺乏锻炼的兴趣。同时跳跃也是各项运动素质协同作用的结果，所以我们针对不同幼儿的情况，设计了一些小组的游戏。

一是针对幼儿下肢力量（小 G、小 S、小 Z），设计了趣味运动游戏。（见表 3-11）

表 3-11 锻炼下肢力量的运动游戏

游戏	材料与场地	游戏玩法
兔子跳	《兔子舞》音乐，平整场地	玩法 1. 纵队跳：幼儿排成一纵队，后面的幼儿双手搭在前面的幼儿肩上，听音乐《兔子舞》，跟着节奏"前后前前前"进行跳跃。 玩法 2. 圆圈跳：幼儿排成圆圈，听音乐《兔子舞》，跟着节奏"前后前前前"进行跳跃。
下肢石头剪刀布	平整场地	幼儿两人一组，每组一名幼儿在原地做猜拳的人，另一名幼儿则做与猜拳幼儿相对应的走步人。走步人站在起点线上，猜拳双方相对而立，边念"石头、剪刀、布"边用脚做动作（"石头"为两腿并拢，"剪刀"为两腿一前一后，"布"为两腿向两侧张开）当说到"布"时，以最后动作决出胜负，胜者一方的走步人向前跨一大步。游戏反复进行，直至走步人到达终点，先到终点者为胜方。
顶气球	气球，户外场地	幼儿在起点处双脚连续跳到气球处，双脚纵跳顶气球。

二是针对幼儿灵敏性、节奏感及协调能力(小 G、小 S、小 W、小 Z),我们也设计了相应的趣味运动游戏。(见表 3-12)

表 3-12 运动游戏表

游戏	材料与场地	游戏玩法
跳竹竿	竹竿,平整场地	幼儿侧对竹竿站立,当竹竿打开时一脚踩进,竹竿并起时脚抬起。人竿协调配合,跳动节奏"进进出出",引导幼儿创编口令,跟着节奏跳竹竿,节奏可以根据幼儿能力由慢到快,循序渐进。
推小车	小车,户外场地	幼儿多人比赛手推平板车绕过障碍物,首先到达终点者获胜。

三是针对幼儿心理和运动品质(小 W)的游戏:勇敢者之路。材料与场地:木板、梯子等低结构材料,户外场地。玩法:用木板、梯子建构不同高度、坡度的道路,鼓励幼儿攀爬、行走。注意点:铺设道路从矮至高、从宽到窄,鼓励幼儿克服心理恐惧,大胆行走。

最后,肯定幼儿点滴的进步与坚持。当幼儿能坚持训练并且有点滴进步时,教师和同伴的鼓励和赞美也是助力幼儿的关键,特别是对于像小 W 这样比较胆小害羞的女孩,教师可以铺设台阶,设置从简单到难的运动场地。鼓励有助于她突破自己的胆怯心理,逐渐培养勇敢的精神品质。

感悟与反思

经过三到四周的个性化定制运动课程,我们又对四名幼儿双脚连续跳进行了测试。

表 3-13 幼儿双脚跳观察表

	幼儿姓名	性别	双脚连续跳(秒)干预前	双脚连续跳(秒)干预后
1	小 G	女	6.81	5.71
2	小 S	女	7	6.12
3	小 W	女	6.91	5.11
4	小 Z	女	7.11	6.35

通过差异化运动课程,四名幼儿的双脚连续跳成绩均提高了 10% 以上,

受心理因素影响较大的小 W 成绩提高 20％以上。每个幼儿都在自己的最近发展区内有效提升，说明我们的差异化运动课程是符合每个幼儿的运动能力，顺应幼儿的运动需求的。看到幼儿的变化，我们内心也是欣喜的，在实施课程的过程中我们也有所感悟：

首先，差异化运动课程满足每个幼儿的个性化需求。以前我们实施运动课程，只有普适性运动，就是符合年龄发展目标、幼儿喜欢的运动，但缺乏对个体幼儿需求的观察与解读，"我的课程"以"满足每个幼儿学习与发展需求"为导向，在努力让每个幼儿"唱响自己，个性成长"的课程理念下，我们教师的幼儿观、教育观、课程观发生了很大转变，如何基于幼儿不同经验水平、不同兴趣爱好设计和实施运动活动，让每个孩子能全面并富有个性发展成为我们新的思考。

实施差异化运动课程后，每个幼儿的需求我们都尝试解读，幼儿的进步和变化成为可视的数据和照片，相信在"我的课程"理念下，我们的幼儿会成为富有个性且不断发展的幼儿。

其次，差异化运动课程也是助力教师专业成长的课程。我们在实施差异化运动课程的前期，对幼儿的各项运动水平进行了观察和测试，不仅有科学的数据测试，也有日常的视频、白描记录，更全面地了解幼儿的各项运动水平，为制定"我的运动"课程奠定科学有效的基础。在实施"我的运动"课程的过程中，也是教师运动专业水平成长的过程，在一次次观察、分析、实施、调整的循环过程中，教师需要不断地夯实相关的理论知识，持续而又全面地观察和记录，教师的课程领导力在进一步加强。

（沈艳皎）

有趣的蹦蹦床

——大班幼儿"跳"的故事

在《3—6 岁儿童学习与发展指南》中，把动作发展归为幼儿健康领域的重点发展对象。3—6 岁年龄段，是幼儿身体发育和机能发展极快的时段，身

心健康、体质优良、动作协调是幼儿健康的重要标志,同时也成为其他领域学习和发展的前提。本文以大班幼儿"跳"为例,了解幼儿"跳"的发展水平,促进其更好的发展。

观察与实录

运动活动开始了,今天运动的场地是轮胎区,其中一个运动项目是蹦蹦床。教师事先在场地上摆放了两条左右交错的轮胎路,一共是十个轮胎。幼儿可以左右交替地跳过蹦蹦床。(见图3-12)

图3-12 幼儿进行"蹦蹦床"运动

轮胎路使用的材料是网状轮胎。孩子们排成了一列小火车,一个接一个开始在轮胎上进行跳的活动。这时,凡凡对前面的小涵说:"小涵,你速度太慢了,我等了很久了。"此时小涵的脚踩在了轮胎中间的绳子上,然后他向前走到了轮胎圈上,准备开始向前跳。但是他试了试又放弃了,伸出右脚跨向了正前方的一个轮胎,而不是左边的轮胎。小涵就以跨走完成了蹦蹦床的运动。凡凡则是朝向左边的轮胎跳了过去。落在这一个轮胎上时,双脚是分开的,右脚先落下,然后再是左脚,身体有明显的前倾。双脚调整方向后,凡凡又朝右边的轮胎跳了过去。孩子们依次进行着蹦蹦床的运动。小亦一直在跳轮胎路,他跨上轮胎后,身体转向了右边的轮胎,双脚并跳,落在了轮胎中间的绳网上,调整方向后继续向前。

　　我走到小涵的身边,鼓励他:"小涵,试试看双脚并跳。跳的时候,身体微微前倾,两只小手可以向前摆动。"小涵在一个轮胎上尝试,他花了很长时间调整了自己脚的位置,最后从轮胎圈较硬的地方起跳,左右脚先后落在另一个轮胎的圈上。我说:"小涵,你能跳过轮胎了,有进步了。能不能左边轮胎、右边轮胎这样跳呢?"他说:"我不太敢,轮胎的距离有点远了,而且轮胎中间有绳网,我怕脚漏进去。"

识别与分析

　　首先是运动能力方面。在设计轮胎路时,我们期望的是看到幼儿在跳跃时四肢配合协调,下肢具有爆发力,双脚轻轻落地,身体重心稳定。跳跃的动作是双脚并拢,手臂前后摆动带动身体,行进跳过一定距离(间隔在40厘米左右)。在日常运动的观测中发现,班级中的幼儿在"双脚连续跳"的发展上有差异,结果如下表所示。(见图3-13)

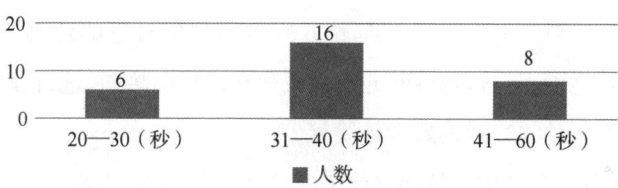

图3-13　幼儿双脚连续跳通过时间(前测)

　　在图3-13中可以看到,6名幼儿通过"蹦蹦床"的时间在20—30秒之间,占总体幼儿的20％。其中最快的幼儿仅用时21秒。虽然这些孩子通过的速度较快,但是,仅有两名幼儿起跳、腾空、落地时的动作较为协调。其他幼儿均有重心不稳且双脚依次落地的现象。因此,真正达到"双脚连续侧跳过"水平的仅有2名幼儿(小呈、俊俊)。在其他运动项目的观察中,发现这2名幼儿均有较好的发展,上、下肢有一定的协调能力和控制能力,平衡能力也有一定的优势。53.3％的幼儿通过的时间在31—40秒之间。在观察中发现,大部分幼儿的跳跃动作有些不连贯,起跳前双臂并没有上摆。有的幼儿虽然手臂从后往前摆,但摆动不超过头时,就会往两侧横摆向后。还有的

幼儿出现了两脚依次离开地面,后又依次落地的情况。完成两三次连续跳跃后,双脚略有走步、调整等,导致速度有所减缓,甚至有向前趴地、控制不住重心的现象。可见,这部分幼儿的腿部力量,以及身体的协调能力还有所欠缺,"双脚连续跳过"的水平不高。8名幼儿的通过时间大于40秒,最长的用时为56秒。这部分幼儿双脚连续跳的动作也需要进一步培养。有的幼儿膝盖蹬伸不充分,跳远的距离便不够达到下一个轮胎。还有些幼儿手臂无后摆动作,腾空时手臂在体侧小小的摆动,没有作用力。有4名幼儿采用的方式是跨走,甚至是走路通过。其中有2名幼儿为体弱儿,由于下肢力量比较弱,导致起跳的高度较低,在空中移动的距离较近。还有2名幼儿四肢协调性有待加强,动作不标准,内心恐惧,影响了跳远距离,目前还处在"双脚交替跨过"的水平。

其次是运动品质方面。绝大部分幼儿在运动过程中能不怕困难、敢于挑战,并超越自己。但小涵、家家、小宇等幼儿在运动中是有些胆怯的。在"蹦蹦床"的活动中,小涵每次起跳前,都花了很长时间调整自己的位置,生怕自己的脚漏进绳网中。家家、小陈等幼儿表示不相信自己能跳到下一个轮胎上,只敢跳在地面上。这部分幼儿需要教师在过程中陪同,进行保护或鼓励,因此,这些幼儿独立完成的成功体验较少。

此外还有家庭因素。从部分孩子的家庭了解到,幼儿家里没有运动挑战的氛围,导致幼儿较为胆小的个性。家长起初对运动能力培养不够重视,幼儿在家的运动频率也较少、时长较短,导致幼儿运动能力偏弱。班中还有2名超重儿和2名体弱儿。经过了解,小林、小徐的家长在家经常只烹饪幼儿喜爱的食物,不注重营养搭配,也是幼儿体质较差的一个原因。

最后还有教师指导的因素。在观察中发现,幼儿在"双脚连续跳"方面存在着共性的情况,跳跃时大部分幼儿的动作不够规范,同时个体间的运动能力也有较大的差异,但教师缺少个性化的指导。对已经达到"双脚连续侧跳过"水平的幼儿来说,这样的运动形式已经无法满足挑战难度的运动需求。而还在"双脚连续跳过"水平的幼儿,则需要提升速度、平衡能力、协调能力,进行个性化的挑战运动。针对还停留在"双脚交替跨过"的幼儿,则需要进行双脚连续并跳的相关活动,发展下肢力量以及协调能力。根据幼儿不同的运动水平和已有经验，我们在给予幼儿回应和支持的过程中，需要针对幼儿的共性情况和个性情况，实施相应的活动。

回应与支持

我们回应与支持的第一阶段是通过围绕"跳"这个动作设计趣味运动游戏，例如"青蛙捉害虫"。在情境游戏中，青蛙想要捉到害虫，必须利用双脚用力蹬地起跳才能捉到的任务要求。在游戏中，幼儿双脚起跳的速度得到了提升，同时下肢力爆发力得到了发展。具有情境性和趣味性的游戏，让幼儿真正内化了"前脚掌用力蹬地"的动作。以下是具体的游戏设计方案。（见表3-13）

表3-14　游戏活动设计

游戏名称	青蛙捉害虫
材料准备	圆形障碍物、标志杆、软球若干
游戏内容	1. 情境导入：青蛙饿了，要去捕捉食物。 2. 热身：模仿青蛙跳。 3. 主题内容： （1）教师讲述青蛙跳荷叶捉害虫的故事，进行动作示范； 强调青蛙起跳时，脚后跟抬起，脚前掌用力蹬地。 （2）幼儿模仿并分组练习； （3）游戏比赛：模仿青蛙跳过荷叶（圆形障碍物），跳着触摸树上（标志杆组合）拴着的害虫（软球），跳着返回队伍由下一名小朋友继续进行。速度快者获胜。 4. 缓和放松：整理器材；随音乐放松身心。 5. 注意事项 （1）动作技能："害虫"的高度不能太高；圆形障碍物的距离不能太远；触摸"害虫"时，起跳动作要快。 （2）安全提示：平坦的地面，且不能太光滑；标志杆组合的"大树"应稳固。

经过一周"跳"的学习，83.3％幼儿有了很大的提升，动作较为标准。对于5名动作还有些不协调的幼儿，增加了"小兔子拔萝卜""比比谁跳得远"等体育游戏。在有趣的游戏中，幼儿在下肢力量和身体协调性方面皆有了进步。同时，幼儿参与的积极性有了很大提高，获得了成功的体验。

我们回应与支持的第二阶段重点落在差异化运动实施。为了进一步支持幼儿进行"蹦蹦床"的活动，利用运动、体育游戏的时间，主配班老师以及运动专业教师进行分组实施。同时，结合家园合作，让幼儿在家也可以进行相

关的活动。于是，基于运动观测，我们设计了提升下肢力量、平衡能力、以及四肢协调能力的相关活动。针对通过时间为41—60秒的幼儿的教育计划如下。（见表3-15）

表3-15　教育计划1

身体素质 与能力	具体动作	动作要领	体育游戏	家庭游戏
下肢力量	1. 连续双脚跳 2. 连续双脚纵跳 3. 连续双脚侧跳	双脚并拢，手臂前后摆动带动身体，双脚轻轻落地。	1. 跳房子 2. 青蛙捉害虫 3. 单脚跳圈捡球 4. 变向跳	骑车小达人
	1. 连续单脚跳 2. 连续单脚纵跳 3. 连续单脚侧跳	单脚站立，重心移向支撑腿，每次起跳要求快速起跳快速落地。		
平衡能力	1. 快速走平衡木 2. 侧身走平衡桥	开始时在平衡木起始一端站立，快速通过平衡木。鼓励幼儿大胆尝试，克服心理障碍，增加自信心。	1. 炒黄豆 2. 单脚也能行	小小不倒翁
四肢协调能力	侧身交叉步	双眼平视前方，左(右)脚始终向左(右)平移，右(左)脚一步前交叉一步后交叉向侧移动。	1. 两人三足 2. 丛林寻宝	我来说你来做

其次，针对通过时间为31—40秒幼儿的教育计划如下。（见表3-16）

表3-16　教育计划2

身体素质 与能力	具体动作	动作要领	体育游戏	家庭游戏
下肢力量	快速连续前跳	双脚并拢，手臂前后快速摆动带动身体向前跳，动作连贯。(缩短轮胎之间的距离)	火车开得快	开合跳跳跳
平衡能力	保持自己的平衡	在单脚站立或行进状态下，保持自己身体的平衡，不受外力干扰。	稳如泰山	金鸡独立

针对通过时间为20—30秒幼儿的教育计划如下。（见表3-17）

表 3-17 教育计划 3

身体素质与能力	具体动作	动作要领	体育游戏	家庭游戏
下肢力量	1. 高处跳下 2. 低处跳上 3. 纵跳摸高 4. 连续前跳 5. 连续侧跳	双脚蹬跳，手臂前后快速摆动带动身体跳（跳高、跳远、连续跳），动作连贯。（利用轮胎、垫子、山坡等）（见图 3-14）	1. 过山车（见图 3-15） 2. 峡谷机关 3. 好友一起跳	跑步
四肢协调能力	听口令触摸身体部位	原地自然站立，先在体前以右手触左脚，之后左手触右脚。然后在体后相同顺序。最后在体后左手触左脚右手触右脚。	身体棒棒棒	走猫步

图 3-14 幼儿从高处跳下

图 3-15 游戏"过山车"（幼儿从低处跳上接跳下）

除此以外,结合家园共育,建议营养不良的幼儿在家期间,注意饮食的搭配,合理安排运动时间,保持积极的心态。经过三周的差异化运动课程的实施,我们又对班级中的幼儿进行了"双脚连续跳"的观测,结果如下图(见图3-16)。

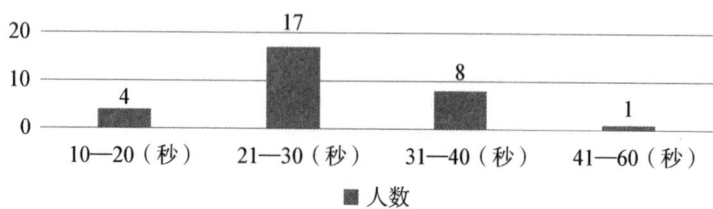

图 3-16　幼儿双脚连续跳通过时间(后测)

所有幼儿的双脚连续跳的能力较之前均有提升。有 4 名幼儿的用时在 20 秒以内,最快的幼儿仅用时 17 秒。70％的幼儿用时都在 30 秒内,此外只有一名幼儿(小宇)的用时为 41—60 秒(46 秒),较之前也加快了 9 秒。孩子们在运动中收获了快乐,但小宇似乎有些抗拒"蹦蹦床"。在和小宇的交流过程中,我们发现,他的内心还是有点胆怯的,担心站不稳摔跤。小宇是个内向的孩子,平时和老师、同伴之间的交流较为被动。孩子们纷纷表示要帮助小宇,让他也体验成功带来的快乐。

第三阶段的重点,是让小宇感受到运动的快乐。在这段时间中,"我的运动瞬间"墙面上出现了很多"跳"的画面,孩子们将自己在"蹦蹦床"快乐的身影记录了下来。在场地上,我们为小宇单独设置了一条轮胎路,地上铺上了安全垫,并在一旁进行保护。小涵对小宇说:"我以前也会怕,但是跳在绳子的交接处,就不会站不稳了。如果摔跤了,重新站起来就好了。"在其他场地的运动中,小林等幼儿还经常拉着小宇一起玩,鼓励他大胆尝试。在与小宇的父母沟通后,增加了每周亲子游戏的次数。渐渐地,在大家的帮助下,小宇开始在运动中变得从容了,还经常看到他的笑容。很快,自信心的提升让小宇更大胆了,收获成功后,他会兴奋地说:"耶!我成功了!"然后,小宇也将自己快乐的运动时刻贴在了运动墙面上。

效果与感悟

经过此次差异化课程的实施，孩子们的运动能力有了质的飞跃。可以说，我和孩子们一同成长了。

首先，幼儿有所发展。孩子们在此次运动课程中，除了运动能力得到了发展，运动品质也得到了提升。从之前的胆怯，到后来敢于尝试有挑战的运动活动。在一次次的尝试中，幼儿学会了坚持，随之而来的是成功的体验感，幼儿的自信心有了很大的提高。更让我感动的，是同伴间友爱的场景。可以说，运动让孩子们在交往方面有了提升。孩子们学会相互关心、相互鼓励，比如"你的速度真快""你可以跳得这么远，真厉害"。运动中，孩子们将成功的经验传递，更是将快乐传递，对大班即将毕业的他们来说，这样深厚的友谊弥足珍贵。

其次，教师亦有所发展。以往的课程大多都是针对共性的情况进行实施的，但幼儿的发展水平是有差异的。因此在经历了此次"我的运动"课程的实施后，我更加坚信了差异化课程的必要性。教师可以利用一日生活中的每一个时机，捕捉幼儿的相关信息，提高对幼儿的观察能力。除了普适性的课程，基于幼儿当下的经验水平，制定小组个性化的课程内容，也是教师能力的提升。此外，在实施过程中，关注个体的发展，也成为了必不可少的一部分。作为青年教师，我受益匪浅。在今后的教学过程中，我会将此次"我的课程"实施的成功经验迁移至其他领域的课程中，这样每一个幼儿都能获得最适宜的发展。

(刘盈霜)

蹦蹦，蹦起来！
——中班幼儿"跳"的故事

观察与实录

背景：中班上学期

人物：蹦蹦(男孩，5岁)

片段一：区域运动时，蹦蹦跟着朋友好运一起来到了操场的跑道边，好

运邀请蹦蹦:"来,我们比比谁先到达终点,预备,开始!"说完,好运就从起点冲了出去。蹦蹦还没有准备好,看着好运渐渐跑远了,他才开始慢慢出发。蹦蹦跑出二十米后遇到了第一个障碍物,他停下脚步,不紧不慢地跨了过去。随后的第二个、第三个障碍物,他仍然选择了停下脚步跨过去。到达终点的好运有些等不及了,他叫道:"蹦蹦,加油! 蹦蹦,一边跳一边跨过去!"蹦蹦听到好运的加油声,开始打开两条小腿,然后尝试向前移动,可是男孩有些紧张和着急,依然没能跑起来,这时,我鼓励道:"蹦蹦,别紧张,跨过去的时候前腿摆腿要高,后蹬用力蹬地,来,再试试。"蹦蹦开始了第二次的尝试,这一次他的小腿稍稍用上了力,也把前腿抬得更高了。

我的分析:首先在跨越障碍物的环节,蹦蹦对于跨跳的动作有些不理解,并且面对障碍物有些紧张,在好友的鼓励下仍有些困难,教师选择在此时介入,用具体的动作指导让蹦蹦明白了跨跳的方法。其次,选择的指导的策略是鼓励幼儿,老师用语言"没事的,别进张,再来试试"、"哇! 你成功了!"等语言鼓励幼儿不要放弃困难,坚持到底克服困难,给幼儿注入了温暖和力量。最后,运动价值在于通过快速走、动作连续或有停顿的跨过栏架并保持身体平衡,发展幼儿平衡能力和动作的协调性。

片段二:下午的体育活动时间,我们开展了"青蛙跳跳跳"的游戏,蹦蹦玩了一会儿,发现不远的地上有根树枝就捡了起来,并且走远了。我发现后,就及时引发道:"小朋友们,你们看荷叶上的小害虫越来越多了,怎么办? 蹦蹦快来,我们赶快跳过去把它们消灭光!"说完,蹦蹦拉着他的朋友好运一起来了。蹦蹦连续着一蹦一跳地在荷叶上跳着,双脚完全没有并拢,于是我又对他说道:"蹦蹦,两只小脚要并并拢,然后用力往前蹬!"蹦蹦听了,尝试想将双脚并拢,可是由于自己的双脚不听使唤,试了好几次还是没有成功,这时候我走上前去,用自己的示范来告诉蹦蹦双脚并拢跳的姿势,边用语言解释到:"看到吗? 就是这样,两只脚要并拢,这样才能跳的更远,跳到荷叶上去找害虫。"

我的分析:首先,教师发现蹦蹦的运动兴趣减弱,变得游离,因此在这个时候,教师进行了适宜的指导,选择了适合中班上幼儿年龄特点的语言,把蹦蹦的注意力重新吸引到了游戏中。其次,教师先是运用了语言激励,用捉小害虫的情景重新引发孩子再回到游戏中，然后用了动作示范、语言激励等手段，科学点拨式地指导帮助孩子理解和学习什么是双脚并拢向前行进跳，不但符合该幼儿年龄特点，同时也遵循幼儿的学习和认知的规律。最后，此项运动的价值在于通过在不同的荷叶上跳来跳去，锻炼幼儿下肢爆发力和身体协调、平衡能力，并且能够发展幼儿手眼协调能力和动作稳定性，培养幼儿运动兴趣。

片段三：区域运动时，蹦蹦和好运来到了"小飞侠"区域，从高处往下跳，运动健将好运跳得很远，距离达到 30 厘米，已到达中班年龄阶段幼儿从高处向下跳的距离水平。可是蹦蹦胆子有点小，不敢跳得远，只能往下跳。于是我提议让好运来演示，只见好运双脚并拢站好，手先向后摆，微曲身体，然后手向前上方摆出，同时双脚蹬地发力跳出，落地距离 31 厘米。我在一旁用语言解释说道："在高高的小桥上，站稳，别着急，然后再小脚并并拢，两只小手一起向后摆，同时身体半蹲，然后小手向前上方摆出，双脚蹬地用力跳出去。"说完，我又转过头来对着蹦蹦说道："蹦蹦，明白了吗？来试试好吗？小腿用力蹬出去！"好运也一起鼓励蹦蹦站到小桥上，教他开始做好准备动作，蹦蹦有一点进步，我就在一旁鼓励到："看到了嘛，蹦蹦，只要心里不着急，先站稳，然后做好准备动作，用力跳出去，你看跳得多远呀！你可真厉害！"在同伴的鼓励下，蹦蹦开始了又一次的尝试。

我的分析：首先，教师发现蹦蹦在反复尝试后总是效果不佳，适时介入了。首先教师运用抛砖引玉式的办法利用幼儿与同伴之间的互动来间接指导幼儿。其次，教师和同伴的不断鼓励，同伴的榜样示范法以及具体形象的语言指导，都使蹦蹦在理解从高处往下跳的动作要领的基础上，进一步充满信心地开始一次次的尝试。最后，此项运动的价值在于发展跳跃能力和平衡协调能力和空间意识，锻炼下肢力量和爆发力，培养自我保护的意识和能力。

识别与分析

针对蹦蹦的情况，我从运动能力、运动品质和家庭因素三个角度进行分析，结果见图 3-17。

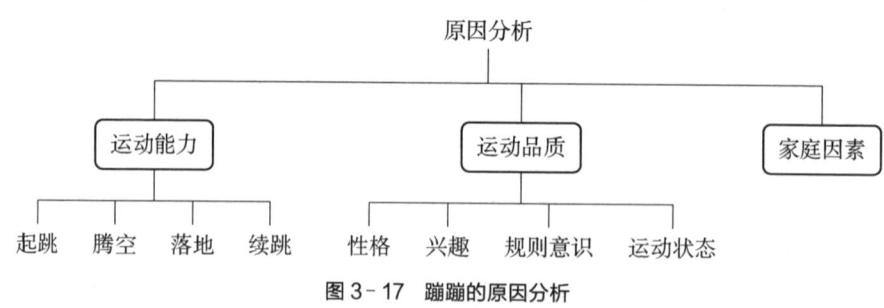

图 3-17 蹦蹦的原因分析

　　首先是运动能力方面。蹦蹦缺乏运动兴趣,平时参与运动不是很积极,除了幼儿园内的运动,家中基本没有运动类活动,缺少相应的锻炼。下肢的爆发力、跳跃的蹬摆协调能力、身体协调性及下肢的肌肉力量都有待提高。在跳跃方面,蹦蹦起跳时身体不能蹲伸助跳并前后左右摇晃,手的摆动与身体的蹲伸不协调,用全脚掌(把身体重心放在整个脚上)蹬地起跳;腾空方面不能助跑跨跳过一定高度的物体;落地方面腿部直线落地,不能保持身体平衡;续跳方面不能保持稳定的节奏连续跳,且不能单脚连续向前跳 5 米。(见表 3-18)

表 3-18　蹦蹦运动核心经验观察表

动作分解	问题(运动核心经验)	实录 1	实录 2	实录 3
起跳	① 身体能蹲伸助跳并前后左右摇晃吗?(身体能够蹲伸助跳且保持前后左右不摇晃)	√	√	×
	② 手的摆动与身体的蹲伸协调吗?	×	×	×
	③ 用全脚掌(把身体重心放在整个脚上)蹬地起跳吗?	√	√	√
腾空	④ 脚掌能完全离开地面并放松身体吗?	×	×	√
	⑤ 能助跑跨跳过一定高度的物体吗?	×	×	√
落地	⑥ 腿部直线落地,能保持身体平衡吗?	×	√	√
续跳	⑦ 能保持稳定的节奏连续跳吗?	×	×	×
	⑧ 3—4 岁幼儿能单脚连续向前跳 2 米吗? 4—5 岁幼儿能单脚连续向前跳 5 米吗? 5—6 岁幼儿能单脚连续向前跳 8 米吗?	×	×	×

　　其次是运动品质方面,内向、胆小的个性造成了蹦蹦的自我保护意识过

强,不敢参加自以为危险的活动,并且对体育活动的兴趣不是很浓。但是当好朋友好运和老师鼓励时,他也会愿意去尝试。然而,跳的动作不用力,比较随意懒散。有时,当蹦蹦对运动材料很感兴趣时,也会自主地去尝试。蹦蹦对于他眼中的困难和未知需要通过旁人的鼓励来增强他去尝试的自信心,由于偶尔的游离,他在部分运动项目上不能很好地遵守运动规则。

最后是家庭因素方面。蹦蹦平时都是由奶奶带的,爸爸妈妈工作比较忙,很少有时间和孩子交流引导。而奶奶习惯包办,什么事情都会为蹦蹦做好,也很少带他外出进行户外活动。从奶奶的行为来看,奶奶个性是慢慢悠悠的,因此蹦蹦平时在家也是一句话要说上好几遍才能听进去。另外奶奶说话的口音比较重,可能在和蹦蹦的沟通上有一定的障碍。最终导致蹦蹦在和同伴交往以及面对困难的时候,习惯性退缩,不自信,并且缺乏一些这个年龄段幼儿动作的认知和运动的经验。

总体而言,蹦蹦总是默默无声、胆小、不自信、不爱说话、不爱表现,是一个比较文静,比较内敛的男孩子,很少主动与同伴进行交流,较少主动选择区域,很多事情都需要教师的提醒和引导,属于被动型儿童。教师在多次观察中发现,无论是运动还是游戏、学习环节,蹦蹦都经常游离、不与同伴交流沟通,没有与同伴互动的情况。他常常喜欢跟着他唯一的好朋友好运,好运去哪儿他就跟到哪儿,但也很少与好运产生语言交往。朋友好运一直像个大哥哥一样,当蹦蹦有困难的时候,愿意帮助他。

回应与支持

通过分析蹦蹦"跳"的运动核心经验发展存在问题背后的原因,我认为培养幼儿"跳"基本动作核心经验的发展需要先激发幼儿运动的兴趣,并通过增加练习的机会、不断的鼓励、正确的指导以及适当的学习环境,才能帮助蹦蹦逐渐熟练动作的技能,于是我制定了接下来的教育计划,总体思路见下图。(图3-18)

第一阶段:家园共育,树立运动榜样

针对这样的情况,和蹦蹦的家长进行沟通,建议家长多陪伴孩子,加强亲子运动时间,奶奶也应该适当放手,培养蹦蹦独立、自信的性格,教师跟踪了解蹦蹦在家中的表现。首先向家长宣传亲子体育活动的价值,介绍其相关内

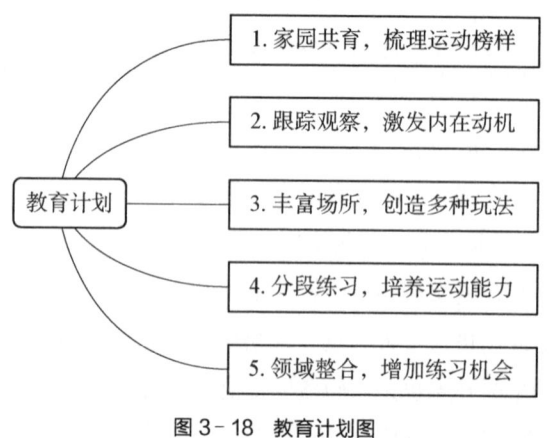

图 3-18　教育计划图

容,帮助家长学习如何科学地指导孩子进行锻炼。帮助他们制定项目多样、难度适宜的家庭体育计划,尤其是运动项目、强度、频率和每次运动时间要符合学龄前儿童身体和心理状况。根据场地和气候经常组织和策划家长和孩子参与不同形式的户外体育活动,让他们在亲子活动中既可以强身健体,又可以愉悦身心。

家长的体育态度和行为直接影响孩子运动习惯和体育观的形成。要积极引导家长树立正确的体育观念,鼓励家长尽可能地从工作中抽出时间有计划地学习掌握一些基本的体育知识与技能,有规律地安排闲暇时间进行亲子体育活动。同时鼓励蹦蹦的爸爸积极投入到对孩子的家庭体育教育中,爸爸在体育运动中的作用和角色是妈妈所不能替代的。父亲往往表现出坚韧、大胆、果断、自信的气质,在运动中往往乐于让孩子去进行各种尝试,鼓励孩子玩各种不同的运动,对孩子勇敢,不放弃等积极个性品质发展也起着独特的重要作用。

在幼儿园,教师可以利用自由活动时间,主动找蹦蹦和他一起玩他最喜欢的西瓜棋,通过和他一起玩游戏,增进对老师的信任,逐渐消除他对老师、对幼儿园的紧张感。当蹦蹦有了小小的进步,不断地对其进行肯定和鼓励。

在下肢爆发力方面,参考幼儿"跳"的阶段发展表(见表 3-19),我设计了相应的运动游戏活动。(见表 3-20)

表 3-19 幼儿"跳"的阶段发展表

影响因素	跳的分类	实施方法	动作发展梯度		
			阶段一	阶段二	阶段三
1. 下肢爆发力 2. 上下肢协调性	双脚蹬跳	跳远	高处跳下	低处跳上	高处跳下接跳上
		跳高	跳跃细绳	跳跃栏架	纵跳摸高
		连续跳	连续前跳	连续侧跳	连续收腿跳
		综合跳	连续双脚跳+开合跳	连续双脚跳+弓步跳	连续双脚跳+后退跳
	单脚蹬跳	前跨跳	原地跨跳	助跑跨跳	连续跨越障碍
		侧跨跳	侧跨走	侧跨跳	连续侧跨跳
		单脚跳	连续单脚前跳	连续单脚侧跳	单脚跳摸高
		综合跳	单脚跳+开合跳	单脚跳+弓步跳	单脚跳+后退跳

表 3-20 根据阶段发展内容设计体育游戏活动表

活动	小组活动				家庭需跟进的活动
	动作练习	体育游戏	区域活动		
			室内	户外	
下肢力量	跳跃栏架 连续侧跳 助跑跨跳 纵跳摸高 连续跨越障碍 退跳 单脚跳+后退跳	1. 矮人超人变变变 2. 蹦蹦床 3. 青蛙跳	1号区：毛毛虫 2号区：羊角球 3号区：跨栏、呼啦圈 4号区：足球	2号区：跨栏、跳跳鞋 3号区：网格轮胎路 5号区：足球 8号、9号区：自行车、滑板车	建议家长在家中带幼儿： 1. 骑自行车 2. 跑步 3. 爬楼梯 给家长推荐体育游戏： 1. 袋鼠跳 2. 跳格子 3. 开汽车 4. 跳绳

第二阶段：跟踪观察，激发幼儿内在动机

在以"跳"为主题的有关活动中，教师要根据蹦蹦成就动机的特征来为他创设运动情境。对于蹦蹦目前害怕失败的情绪，教师应安排竞争性不强的任务，创设轻松的游戏情境，放宽评定标准，良好地激发蹦蹦主动发展其"跳"的动机并在蹦蹦完成游戏时给予及时的表扬。当了解到蹦蹦有一定进步并树立了自信后，教师可以进一步调动其积极性，在跳跃活动中创设新颖性并有一定难度的任务，也可以增添任务的竞争性，在最近发展区内激发幼儿的内在动机。

在为蹦蹦创设任务之前,要仔细了解和掌握蹦蹦的当前个体情况和年龄特征,同时也要在恰当的时机进行游戏、比赛、挑战,激发幼儿的好奇心、好胜心以及挑战的欲望,幼儿只有在积极、主动的情况下才能够充分发展自我"跳"的运动核心经验。

第三阶段:丰富场所,激发幼儿创造多种玩法

环境的变化会激发幼儿在单一运动游戏中创造出多种玩法。丰富幼儿运动场所,通过改变环境的变化来引发幼儿灵活采用多种跳的方法,是教师由外到内引导幼儿发展其"跳"的运动核心经验的有效办法。

比如,在蹦蹦进行单脚连续向前跳的过程中,教师可以改变脚掌接触面的大小,从宽敞的地面到狭窄的道路,狭窄的道路可以增加蹦蹦的紧张感;还可以改变脚掌接触面的高度,从平地到具有一定高度的接触物,在有一定高度的接触物上面跳跃更能增添运动的挑战性;还可以改变脚掌接触面的颜色,以不同的颜色来刺激蹦蹦的视觉,从而起到改变环境而引发蹦蹦兴趣的作用。

第四阶段:分段练习,培养幼儿运动能力

蹦蹦在"跳"的每个动作阶段会出现不同的问题,不同的问题体现出其相应身体素质的缺乏,应拆分动作环节,分阶段对蹦蹦进行针对练习。

起跳阶段,教师应主要锻炼蹦蹦在蹲伸、摆臂和蹬地起跳时的协调能力与力量。蹦蹦在起跳时,容易忽略蹲伸和摆臂的动作直接向前跳。教师可以利用青蛙、蜥蜴等动物起跳时伸缩四肢的原理,帮助蹦蹦形象的理解蹲伸和摆臂对起跳的辅助作用,并且借助运动员蹲伸和摆臂的图片教会蹦蹦协调地进行蹲伸、摆臂起跳。蹦蹦能够自如地蹲伸和摆臂起跳以后,还可以让他进行小实验,记录无蹲伸、摆臂助跳跳出的距离与蹲伸、摆臂助跳跳出的距离,通过对比两组距离的差别让蹦蹦明确蹲伸、摆臂对起跳的辅助作用,从而加深蹦蹦对蹲伸、摆臂助跳的运动记忆。在训练蹦蹦蹬地起跳时,要强调跳起前幼儿应将身体重心放于前脚掌,小腿发力向前跳,从而增添幼儿跳起前的爆发力。

腾空阶段,教师应主要锻炼蹦蹦收缩身体的能力以及腾空的高度。蹦蹦在起跳后不能腾空一定高度,通常情况下是幼儿不能较好地收紧身体或者小

腿肌肉力量不足导致的。为了让蹦蹦能够在跳起后腾空一定的高度,教师可以带领蹦蹦玩"顶气球"的游戏,在轻松愉悦的氛围中,通过用头部顶到绑在高处气球的目标,锻炼蹦蹦的小腿肌肉力量。

落地阶段,教师应主要指导蹦蹦在落地时弯曲腿部,缓冲身体继续向前的惯性,保持身体的平衡。蹦蹦不懂得在落地时屈膝往往是膝盖灵活性不足的原因导致的。教师可以在活动中带领他反复弯曲膝盖、伸直膝盖,从而增加膝盖的灵活性。

续跳阶段,教师应主要锻炼蹦蹦续跳时的协调性、灵活性和耐力。为了培养蹦蹦在连续跳时保持稳定的节奏连续向前跳,教师可以播放音乐或者带领其喊口令,让幼儿形成一定的节奏感。为了培养蹦蹦连续跳的耐力,教师可以在活动中多让他锻炼腿部肌肉,使其能够增强自身的力量与耐力。

第五阶段：领域整合,增加幼儿练习机会

对幼儿的教学活动是相互整合的,健康领域的活动内容可与其他各领域相融合。教师在开展五大领域的集体学习活动时可以选取适当的主题将"跳"的练习与其结合,实现双重教学目标。

比如,在语言领域的阅读活动中,利用绘本故事中有跳跃动作的画面一边描述故事情节,一边让幼儿跟随画面上的人物一起跳动。在社会领域的活动中,可以让幼儿扮演小兔子给妈妈过生日,表达对妈妈的爱,并要求幼儿扮演小兔子,模仿小兔子跳着走。在艺术领域的音乐或舞蹈教学中,可以较多地让幼儿跟随音乐节奏跳动,从而达到锻炼的效果。

效果与感悟

首先,教师的观察很重要。观察者从不同的角度获取的信息,其价值是不同的。因此,观察者首先应根据观察目的,选取合适的观察角度,以获取有价值的信息去分析问题、解决问题。在幼儿户外运动时,教师应站在幼儿的背后耐心地观察,真正从观察中去获取幼儿个体与群体、个体与材料之间的互动信息,因此从多元视角观察是我们所追求的。观察幼儿运动情况,可以抓住五个要素来进行：情绪状态、运动能力、安全意识、材料提供、心理品质。

其次,要有恰当的教育评价。首先,体育活动中积极的自我评价、肯定和认知是幼儿自信形成的主因;幼儿的自我评价大都是复制于教师的评价,教

师应该用合理恰当的评价让幼儿建立自信。对那些能力较差的孩子,用大声肯定的语言表扬他们参与的认真,让他们体验到快乐;对于能力中等的幼儿评价他们动作的标准,为他们的达成表示鼓励;对于能力强的幼儿在强调他们达成目标的同时,提出更高的要求。这样,每个孩子在收获成功喜悦的同时,既建立了积极的自我认知和自信,也确立了以后的目标,避免了泛滥盲目的自信。

再者,要注意个别化指导语的使用。教师在幼儿进行动作练习后的游戏时所采用的指导语言,一般要求简洁,但必须紧扣动作,还要针对幼儿的情况进行个别化指导。如"双脚行进跳"的比赛,对能力强幼儿要求"要像袋鼠又远又高几下就到",对能力中等幼儿要求"学学小兔蹦蹦跳,不慌又不忙",对于能力弱幼儿要求"小脚并并拢,蹲一蹲跳一跳",切忌用"看谁快"、"看谁先到"等笼统的要求将幼儿的注意力误导到一味求快上。

最后,还要关注技能性的规则使用。技能性的规则要适合年龄特征,教师的指导语尽量编成朗朗上口的顺口溜或儿歌,形象化又简洁通俗,以能力弱幼儿能听懂为准则。如将"手脚着物屈膝爬行"的动作编成"手握两边、脚踩中间,屁屁抬高、学学小猴",幼儿一下就掌握了。分散练习时可以安排一强一弱及中等结对的方式进行练习,幼儿间辅导、示范,教的同时就是一次又一次的练习过程,而且是自主自愿的过程,活动减少等待大大增强了练习强度,同时各层能力的幼儿都得到练习。

(蔡静怡)

我终于学会跳绳了

现场与实景

孩子们分散在操场各处跳绳,85％的幼儿能连续跳绳 10 个以上,30％的幼儿能连续跳绳 30 个以上,还有 10％的幼儿学会了向前跳、向后跳、双人跳、单脚跳、双脚交叉跳等多种跳绳方法。

片段一:西西左右手分别拿着绳子的两个把手,把绳子放在脚后跟,双手同时向前甩动绳子，并脚跳起，当双脚落地的时候，绳子甩在了脚上，落在脚的前面。西西再次把绳子放在脚后跟，双手向前甩动绳子，并脚跳起，双脚落地的时候，绳子还是被脚绊住，停在了脚的前面。西西连续试了5次，每一次绳子都打在脚上，落在脚的前面。她停了下来，拿着绳子看着身旁的多多一个接一个地跳绳，一句话也不说。

片段二：跳绳的时候，西西绳子也不拿，坐在操场的凳子上。老师询问原因，她说："我不会跳"。"没关系，我来教你"。老师陪着西西一起跳绳。西西把绳子放在脚后跟，西西起跳很急，跳得不高，当向前甩动的绳子落地的时候，跳起的双脚早已经落地了，绳子每一次都打在西西的脚上。跳了3分钟，西西说："我累了，我要休息"。

片段三：西西开始了跳绳分解动作练习。她把绳子放在身后，两手将绳子甩到脚前，并脚跳过绳子，接着再次把绳子放在身后，甩绳、跳跃。将动作分解之后，西西能够成功跳过绳子，但是每跳一个，中间都需要停顿一下。

片段四：西西甩绳、跳跃的动作连贯，能够有节奏地进行分解动作的练习了。老师请她尝试甩绳子的同时跳过绳子。脚落地的时候绳子还是打在了西西的脚背上。西西重复着甩跳的动作，终于成功地跳过了一次，她高兴地说："我跳过去了"。

片段五：每次运动西西都主动提出要跳绳，她能在绳子落地前双脚跳过绳子，只是每跳一下中间要停顿一下。

片段六：西西跳绳连续跳了2个，大家为她鼓起了掌，老师在集体面前表扬了西西这段时间努力的练习，西西脸上洋溢着笑容。

片段七：西西能够连续跳绳2—3个，到第四个的时候总是很着急，早早地跳起来，导致脚早于绳子落地。老师在旁边帮西西一起数数，"1、2、3"，让西西在跳绳的过程中找到节奏，平稳地进行。一开始，西西跟着节奏跳绳动作有些僵硬，跳了十多次后，她自己一边数一边跳，动作平稳了。

片段八：西西跳绳的个数增加了，有一次跳了5个，西西还在不断地练习。

识别与分析

跳绳是一项简单又易于参与的运动。对儿童而言，跳绳不仅可以锻炼身

体,还可以发展反应能力和协调能力。当班级孩子都能连贯跳绳的时候,西西发展的滞后显得尤为明显,到底是什么原因造成了西西不会跳绳呢?

首先是西西的运动能力。根据大班运动能力测试的结果,西西的平衡、协调能力比较弱,下肢力量欠缺。跳绳是需要全身配合协调的运动,特别是边甩绳边跳跃的动作,对于手脚配合的要求是很高的,西西自身平衡协调能力的欠缺导致她学习跳绳进展比较缓慢。其次,西西下肢力量的欠缺,导致她在跳绳的过程中起跳时发力小,连续的起跳距离地面很近,绳子不容易从脚下穿过;而且起跳落地的时间很短,更加不容易掌握甩绳跳跃的节奏。在跳绳过程中她会比同伴更快感到疲劳,所以在练习跳绳的过程中西西休息的时间会比同伴多,她练习的机会比同伴少了很多。

其次是西西的性格特点。西西是一个活泼开朗、爱说好动的孩子,自我表现欲望和交往能力很强。平时的她总能获得很多成功的体验,得到的大多是赞美与肯定,跳绳这件事让她很有挫败感,所以当她反复尝试,最后还是失败的时候,她表现出失落(看多多跳绳,一句话也不说)和抵触(不愿意拿绳子,不愿意跳绳)。西西也是一个充满好奇心的孩子,对于新鲜的事物她很愿意尝试。但是由于一直不能够连贯地跳起来而没有获得成就感,她很快就厌倦了跳绳。

回应与支持

在进行了以上的分析之后,我们从三方面着手帮助西西。首先,通过走、跑、跳的练习加强西西的下肢力量;其次,进一步观察分析西西跳绳过程中存在的问题,对她进行针对性的指导;最后,根据她的性格特点,以及时的鼓励和肯定支持她完成跳绳的练习,同时练习跳绳的过程多以游戏的形式开展。

第一,发展下肢力量的活动。跳跃性动作是依靠全身协调爆发发力的动作,跳跃动作的练习能够有效地促进下肢爆发力及全身力量的发展。跑跳结合的方法能够有效的锻炼小朋友腿部力量,而且也不会造成过大的负荷。针对西西的现状,我们根据区域运动的场地和器材设计了几个活动。

跨栏:在起点处跑动,跑到跨栏处跨跳过栏,然后从边上返回。

跳远:设置不同的小旗子,幼儿在同一起点起跳,将小旗子插在脚后跟位置，比比谁的小旗子插的远。

顶气球：从起点处双脚连续跳到气球处，双脚纵跳去顶气球，再跑回起点处。

第二，促进跳绳能力的活动。这方面我运用了三个不同的策略，分别是数数练习、分解动作及纠正动作。数数练习是指在西西跳绳时给她进行数数，让她跟着节奏跳跃，感受跳绳时的节奏；分解动作指将甩绳和起跳动作分开。先练习甩绳的动作，当绳子从后向前甩到地面时，并脚跳过绳子；纠正西西甩绳的动作，左右手在身体两侧放平，胳膊不要张得太大，靠小臂和手腕旋转带动绳子。起跳的时候前脚掌发力，脚后跟（踮起）抬离地面，要让身体腾空。

最后，提高运动兴趣的方法有三个。一是陪伴练习，基于西西惧怕失败、容易放弃的现状，为了鼓励她积极参与跳绳的活动，每次跳绳时都有老师或阿姨陪伴一起练习。一方面老师、阿姨的共同参与会激发她的兴趣，另一方面可以在她想要放弃的时候及时地给予鼓励。其次，同伴的陪伴练习也让西西感受到了友情的力量，好朋友多多经常和她一起跳绳，多多会将自己跳绳的方法告诉西西，同伴的建议西西更容易接受，在这样同伴相互学习的氛围中，跳跃动作的练习能够有效地促进下肢爆发力及全身力量的发展。二是少时多练。西西容易疲倦，而且坚持的时间较少，集中训练的方法对她不合适。我们采用的方式是每次运动前请西西先练习5分钟跳绳，再去玩其他的项目。每次练习的重点是甩绳动作的规范和手脚节奏的配合，5分钟的练习不会让西西感到很疲倦和厌烦，她的积极性能得到保持。三是及时的鼓励和赞美。当西西能够坚持练习或是连贯分解动作的时候，我们及时肯定她的进步，在集体中形成相互欣赏的氛围，让其他小朋友看到西西努力进步的时刻。

感悟与反思

经过3周的练习，西西的跳绳有了明显的进步，下肢力量也得到了发展。首先，在跳绳的能力方面，现在西西会在运动前主动要求练习跳绳，而且最长能够连续跳绳13个。其次，在下肢力量方面，在体育活动的观察中我们发现，西西能够单脚连续跳过8个呼啦圈拼成的小路。

西西学习跳绳的经历也给了我很大的启发，平时我们更多关注孩子学习

能力的发展,对于幼儿运动能力的发展缺少科学精准的观察与指导。借着这个机会,我学习了怎样全面科学地观察幼儿的跳绳能力,怎样科学地对幼儿进行跳绳的指导。更重要的是,我在实施运动的过程中也深深感受到了教育的差异性:针对不同运动能力的孩子要给予不同的指导,这个指导既包含了运动技能的发展,也包含了幼儿性格特征的培养。每个幼儿都是一本书,内容不同却同样精彩。老师要做的就是持续的全面观察和思考,为不同的幼儿提供适合他们的学习支持。

(胡晓萍)

第四章

我投：让幼儿建立目标的空间感

　　小班阶段，幼儿上肢力量弱，投仅仅是上肢在发力，无身体联动性，投的动作随意，无目的性，投出的物体远度小，高度低；中班阶段，幼儿上肢力量仍偏弱，投的动作开始有身体联动性，投开始有目标性，开始会蹬地发力传递到上肢，投出的物体远度与高度均增加；大班阶段，幼儿上肢力量开始明显增强，投的动作有完整的连贯性，会蹬地、转体、摆臂，投的目标性明显，有相当的准度。

情景再现

片段一： 4名幼儿在进行飞盘对抗赛，小懿拿起圆形的飞盘，向对岸掷去，只见飞盘飞出3米后落下。小懿又一次拿起飞盘，这一次她将小臂举起向下将飞盘丢出去，飞盘则掉在了脚跟前。

片段二： 晨晨双脚并立，站在沙坑边缘，手里拿着网球，目视前方，在将网球向前丢时，网球从手中滑落。"晨晨，举起手臂、手腕发力时，迅速松开手向前投掷试试"。这一次晨晨举起手臂、目视前方，将网球向远处丢去，网球投出5.1米。

片段三： 菲菲手拿报纸球，站在网格四米外，菲菲侧身举起大臂、挥动小臂，将报纸球向远处的网格投去，投了5次，报纸球仍然没有穿过网格。"菲菲向前走一步，再试试。"菲菲向前走了一步，这一次报纸球穿过了网格。

投掷看似简单，背后却是身体各部分肌肉的协同作用，投掷动作是否正确往往直接影响到投掷的结果。你是否也曾困惑于如何帮助孩子养成正确投掷的动作模式呢？

理论认知

幼儿投的过程经历阶段性发展：目标性逐渐增强，投的高度与远度逐渐增加，准确度也由无到有到逐渐准确，投的身体协调性、连贯性也逐渐增强。

影响幼儿投掷能力的相关因素有二：

一是身体力量因素。投掷动作最后发力是使用腿部、躯干、肩部、肘部、腕部的肌肉，从下至上和从后至前，依次传导力的一连串的协调动作。身体某个部位力量薄弱都会影响幼儿投掷能力的发展，因此，日常游戏过程中不能只关注上肢力量练习，还要多关注幼儿克服自身重力的综合力量练习。过早对幼儿进行大重量练习反而会影响幼儿身体器官和骨骼的发育，建议选择小负荷快速力量练习，进一步提高幼儿的动作速度。投掷力量练习的内容包括：快速蹲起、站立转体、快速持物胸前推、四肢爬行、抓握悬垂等。

二是动作技能因素。投掷方法和使用的器材种类多样。投掷网球、火箭枪、飞盘的目标重点放在提高幼儿投远能力,投掷棒球、篮球、足球的目标重点放在提高幼儿投准能力。幼儿阶段投远能力的发展先于投准能力。因此日常游戏设计过程中先关注幼儿投远能力的发展,再关注幼儿投准能力的发展。

其中,影响投远的因素包括:出手点的高度、出手的速度、出手的角度。虽然影响成人投掷能力的重要因素是出手的速度,但是在日常教学和观察中发现在幼儿身体力量有限的情况下,出手的角度是重要的影响因素。因此在日常户外体育活动多关注幼儿出手角度的动作指导。

此外,影响投准的因素包括:视觉能力、空间感觉、本体感觉以及手部精细动作的发展。幼儿良好的视觉感受能力和空间感能够帮助幼儿精确判断目标的位置和距离。本体感觉以及手部精细的发展有利于幼儿依据目标物的所在情况,及时的调整出手的力量和出手角度。投掷动作练习包括双手投掷和单手投掷。体积小的球选择单手投掷,体积大的球选择双手投掷。投掷动作可以分为前抛球、后抛球、侧抛球等动作,前抛球还可以分为斜下抛、胸前抛、斜上抛等。

幼儿投的主要动作要点如下(见表4-1):

表4-1 幼儿投的主要动作及要点表

动作 \ 要点	1	2	3	4
单手肩上侧面投掷	持球臂向右后伸直与肩齐平,上体向右后倾斜	抛球时大臂用力带动小臂,快速挥臂鞭打动作	右腿用力蹬地,右手将球投掷从头顶向左侧抛出向	动作连贯,注意力集中
单手肩上正面投掷	正对投掷方向,两脚平行开立,稍宽于肩	持球臂向右后伸直与肩齐平,上体向后倾斜	抛球时转肩翻肘至肩上,两腿蹬伸配合挥臂快速挥臂鞭打动作	注意力集中,能认真观看、学习、模仿
单手肩下向上抛掷	两脚前后开立,稍比肩宽,脚尖向前,躯干面向前方	抛球手后摆,非抛球手在前	抛球时,后腿蹬地,重心前移,手臂上摆将球向上抛出	目视前方,看准目标,精神集中
单手肩下向前滚抛	两脚前后开立,稍比肩宽,脚尖向前,躯干面向前方	抛球手后摆,非抛球手在前	抛球时,后腿蹬地,重心前移抛球手持球,五指向下,两臂向前摆将球抛出	注意力集中,喜欢完成练习
双手肩上正面向前投掷	面对投掷方向,两脚前后开立,两臂头上屈肘持球	上体稍后仰,重心落于后腿,后腿用力蹬地、收腹、甩臂	抛球时,后腿蹬地,重心前移,将球用力抛出	身体姿势正,注意力集中

(续表)

动作＼要点	1	2	3	4
双手肩上背向向后投掷	背向投掷方向，两脚自然开立，双手持球双臂伸直	挺胸展体，双腿双臂同时用力，将球从头顶向后抛出	抛球时，双腿用力蹬地，重心后移	注意力集中，抛球时有安全意识，先向后观看确认安全
双手胸前向前投掷	两脚自然开立，两肘自然弯屈于体侧，面向投掷方向，将球置于胸前	投球时，后脚蹬地，身体重心前移，同时两臂前伸	五指用力弹拨，将球向前上方推出	喜欢尝试，善于思考
双手肩下向上抛掷	两臂持球自然下垂至膝前，手掌向上托住球	预摆时，双腿稍弯曲重心向下	抛球时，手指拨球，控制球的出手方向，双腿蹬地，重心向上	目视前方，注意力集中
双手肩下向前滚抛	预摆时，双腿稍弯曲重心向后	抛球时，双腿蹬地，重心向前	快速摆臂，提高球的出手速度	目视前方，注意力集中

实施指引

一、单手肩上侧面投掷

（一）动作要点

单手肩上侧面投掷的动作要点与运动经验发展如下（见表4-2）：

表4-2　幼儿单手肩上侧面投掷的动作要点及经验发展表

动作＼要点	1	2	3	4
单手肩上侧面投掷	持球臂向右后伸直与肩齐平，上体向右后倾斜	抛球时大臂用力带动小臂，快速挥臂鞭打动作	右腿用力蹬地，右手将球投掷从头顶向左侧抛出向	动作连贯，注意力集中
运动经验发展	单手肩上侧面投掷是投掷的基本方式之一，可以有效锻炼肩背侧肌肉群的发展，让幼儿更好地体会单侧投掷时一侧肩背肌肉的发力感觉。			

幼儿单手肩上侧面投掷的动作要点示例图（见图4-1、4-2、4-3）：

图 4-1 正视图 1

图 4-2 正视图 2

图 4-3 正视图 3

（二）实施建议

单手肩上侧面投掷主要有两种动作形式：(1)右手拿小布球向左侧投掷。(2)左手拿小布球向右侧投掷。

（三）温馨提示

（1）投掷时应两腿蹬伸配合，手臂要完成快速挥臂鞭打动作，要避免手臂没有鞭打动作。

（2）投掷时应右腿用力蹬地，将力量从脚上传递至手，要避免抛物力度不够。

（3）投掷时应将投掷物朝向侧上方抛出，避免出手角度不合理。

（四）游戏分享

1. 幼儿自主发起的运动游戏

①材料提供：沙包、网球、小布球、标志线、小背篓等。②观察要点：观察幼儿利用不同材料投掷的情况；观察幼儿投掷不同材料时投掷的方向、力度、上下肢协调情况；观察幼儿利用标志线或小背篓作为投掷目标的情况。③温馨提示：关注班级幼儿运动能力的差异性；时刻关注幼儿的安全，引导幼儿投掷时注意避开投掷物。

2. 教师发起的运动游戏

游戏一：多彩布球(中、大班)。①游戏准备：小布球、小布袋若干。②游戏价

值：锻炼幼儿侧面抛球的能力，培养规则意识。③游戏方法：每个班级分为男女两组，依次进行游戏。幼儿用侧手抛球的方式，将小布球抛进小布袋内；幼儿一字排开站立，距离幼儿4—6厘米放置4个小布袋，此距离符合大部分幼儿投掷能力的水平；所有幼儿将球抛完算作一轮，每人完成3—4次，锻炼幼儿投掷能力。④温馨提示：幼儿一人一个小布球，依次进行；注意运用侧身抛投的方式，主教注意提示幼儿的动作。

游戏二：魔法球和魔法盒（中、大班）。①游戏准备：沙包若干个、青蛙门4个、滚筒若干、小铁门若干、筐子一个。②游戏价值：培养幼儿的侧面投掷能力、灵敏度、合作意识与规则意识。③游戏方法：教师将小朋友分成4组，在每组前方放置一个滚筒，在滚筒前方放置一个小铁门，要求幼儿用最快的速度跑到"魔法盒"（筐子）旁，随即捡起一个沙包，跑回小铁门前，再将沙包侧面投掷投进滚筒内，小组全部完成后，滚筒内的沙包多的小组获胜；调整小铁门与滚筒的距离，增加游戏难度，进行第二次游戏，并对获胜的队伍进行夸赞（欢呼或鼓掌）。④温馨提示：注意幼儿之间的距离；教师进行巡查和指导，防止意外事故的发生。

二、单手肩上正面投掷

（一）动作要点

单手肩上正面投掷的动作要点与运动经验发展如下（见表4-3）：

表4-3　幼儿单手肩上正面投掷的动作要点及经验发展表

要点 动作	1	2	3	4
单手肩上 正面投掷	正对投掷方向，两脚平行开立，稍宽于肩	持球臂向右后伸直与肩齐平，上体向后倾斜	抛球时转肩翻肘至肩上，两腿蹬伸配合挥臂快速挥臂鞭打动作	注意力集中，能认真观看、学习、模仿
运动经验发展	单手肩上正面投掷是幼儿最常用的投掷方式之一，也是以后中小学学习投掷的目标之一。可以让幼儿较早感受投掷时，力量由脚底通过躯干逐步传递到手的连贯性，为以后学习投掷项目打下一定的基础。			

幼儿单手肩上正面投掷的动作要点示例图（见图4-4、4-5）：

图 4-4 侧视图 1   图 4-5 正视图 2

（二）实施建议

单手肩上正面投掷主要有两种动作形式：（1）投掷过一定远度。（2）投掷过一定高度。

（三）温馨提示

（1）投掷时两腿应蹬伸配合，手臂要完成快速挥臂鞭打动作，要避免手臂没有鞭打动作。

（2）投掷时右腿要用力蹬地，转髋并带动上体转向投掷方向，避免身体无转动。

（3）投掷时投掷物应朝向前上方抛出，避免出手角度不合理。

（4）投掷时右腿用力蹬地，将力量从脚上传递至手，避免抛物力度不够。

（四）游戏分享

1. 幼儿自主发起的运动游戏

①材料提供：沙包、网球、沙池、标志铲、小背篓等。②观察要点：观察幼儿利用沙包或网球投掷在沙池中投掷远度的情况，单手正面投掷动作的表现情况；观察幼儿投掷时投掷的方向、力度、上下肢协调情况；观察幼儿利用标志线或小背篓作为投掷目标的情况；观察幼儿玩法的多样性以及动作创新性。③温馨提示：关注班级幼儿运动能力的差异性；时刻关注幼儿的安全，引导幼儿投掷时注意避开

投掷物。

2. 教师发起的运动游戏

游戏一：海边的夏天(小、中、大班)。①游戏准备：幼儿分为两个队伍,轮流进行游戏;场地上横放一根拔河绳,距离队伍6米远,此距离是大部分幼儿掌握投掷能力后所能投掷的极限。②游戏价值：培养幼儿运动兴趣,提高幼儿投掷能力、规则意识。③游戏方法：幼儿从起点跑到拔河绳后面,采取单手投掷的方式用海洋球扔怪兽,然后返回到队伍中去,听主教口令捡球;建议每人进行3—4轮游戏。④温馨提示：主教强调不能越过拔河绳,否则会被抓走;幼儿捡球时不要哄抢,主教注意控制场上的秩序。

游戏二：掷沙包(小、中、大班)。①游戏准备：沙包若干个、滚筒若干、滚球。②游戏价值：培养幼儿规则意识,提高幼儿投掷水平、团队合作能力。③游戏方法：教师将小朋友分成4组,在每组前方放置一个滚筒和滚球,进行原地投掷沙包的练习,幼儿投掷的沙包要越过前方的滚筒和滚球;调整滚筒的距离,增加游戏难度,进行第二次游戏,并对获胜的队伍进行贴纸奖励。④温馨提示：注意幼儿之间的距离,防止意外事故的发生。

三、单手肩下向上抛掷

（一）动作要点

单手肩下向上抛掷的动作要点与运动经验发展如下(见表4-4):

表4-4 幼儿单手肩下向上抛掷的动作要点及运动经验发展表

要点 动作	1	2	3	4
单手肩下向上抛掷	两脚前后开立,稍比肩宽,脚尖向前,躯干面向前方	抛球手后摆,非抛球手在前	抛球时,后腿蹬地,重心前移,手臂上摆将球向上抛出	目视前方,看准目标,精神集中
运动经验发展	单手肩下向上投掷也是幼儿常用的一种投掷方式。可以让幼儿更好地练习投准的投掷方式。			

幼儿单手肩下向上抛掷的动作要点示例图(见图4-6、4-7):

图 4-6 侧视图 1

图 4-7 侧视图 2

（二）实施建议

单手肩下向上抛掷主要有两种动作形式：（1）手拿小布球向上抛掷。（2）手拿小布球向前上抛掷。

（三）温馨提示

（1）当球出手时，五指拨球，控制球的出手方向，要避免球的出手方向不正确。

（2）抛球时，重心应当前移，要避免重心没有前移。

（3）抛球时两腿应蹬伸配合，手臂要完成快速下摆至前抽打动作，避免出手速度不快。

（四）游戏分享

1. 幼儿自主发起的运动游戏

①材料提供：沙包、网球、隔离网等。②观察要点：观察幼儿利用沙包或网球投掷过隔离网的表现情况；观察幼儿投掷时投掷的方向、力度、上下肢协调情况，是否出现单手肩下向上抛掷的动作；观察幼儿自主调整隔离网的距离与高度的情况；观察幼儿与同伴合作游戏的情况。③温馨提示：关注班级幼儿运动能力的差异性，幼儿之间个体差异大，投掷能力发展不均衡；时刻关注幼儿的安全，引导幼儿投掷时注意避开投掷物。

2. 教师发起的运动游戏

游戏一：大圈小球(中、大班)。①游戏准备：沙包若干个。②游戏价值：提高幼

儿投掷的准度、手眼协调能力,激发幼儿投掷的兴趣。③游戏方法:将幼儿分为3个队伍,每队依次进行游戏;幼儿站在离篮球架3米处单手肩下向上抛掷沙包,将球投入篮球架中,此方式可以让大部分幼儿体验到投掷成功的乐趣;每人投三次,每队累计投中数量多者为胜;游戏活动时间建议20分钟至30分钟。④温馨提示:注意球的出手方向,不要向后或向上投掷,防止砸伤自己或小伙伴;主教及时提醒幼儿注意安全。

游戏二:抛得高接得稳(大班)。①游戏准备:空旷的操场、软式网球若干个。②游戏价值:锻炼幼儿接抛球能力,提高幼儿接抛球准度、抗挫能力、手眼协调能力。③游戏方法:幼儿尽量分散开,单手拿球向上抛掷,尽量抛高、抛直,防止跑动的时候相互碰撞;球下落后双手接住球;增加游戏难度,进行第二次游戏,看哪位幼儿可以单手抛出球后双手接球。④温馨提示:提醒幼儿注意抛球方向和高度,防止砸到其他人;幼儿间距要尽量大。

游戏三:你抛我接(大班)。①游戏准备:空旷的操场、软球若干个。②游戏价值:培养幼儿配合意识、同伴合作抛接球能力、手眼协调能力。③游戏方法:幼儿尽量分散开,两两一组,一名幼儿单手拿球向上抛掷,抛向前方,另一名幼儿在球下落时双手接住球,然后再抛回去;增加游戏难度,幼儿抛接球的距离可以逐渐增大。④温馨提示:提醒幼儿注意抛球方向和高度,防止砸到其他人;不同组幼儿间距要尽量大。

四、单手肩下向前抛滚

(一)动作要点

单手肩下向前抛滚的动作要点与运动经验发展如下(见表4-5):

表4-5 幼儿单手肩下向前抛滚的动作要点及运动经验发展表

动作\要点	1	2	3	4
单手肩下向前滚抛	两脚前后开立,稍比肩宽,脚尖向前,躯干面向前方	抛球手后摆,非抛球手在前	抛球时,后腿蹬地,重心前移抛球手持球,五指向下,两臂向前摆将球抛出	注意力集中,喜欢完成练习
运动经验发展	单手肩下向前抛滚是单手肩下向上抛投的变形,将物体由前抛变为前滚,一般抛掷物多为球体或类似球体,可以让幼儿更好地观察到抛掷物在地面的滚动轨迹。			

幼儿单手肩下向前滚抛的动作要点示例图（见图4-8、4-9）：

图4-8 侧视图1

图4-9 侧视图2

（二）实施指引

单手肩下向前抛滚主要有两种动作形式：（1）手拿小布球向前抛滚。（2）手拿小布球向指定方向抛滚。

（三）温馨提示

（1）抛球时加快摆臂速度，当球出手时，五指用力拨球使球向前飞出，要避免出手速度不快。

（2）抛球时重心应前移，要避免重心没有前移。

（3）当球出手时，五指拨球，控制球的出手方向，要避免球的出手方向不正确。

（四）游戏分享

1. 幼儿自主发起的运动游戏

①材料提供：小篮球，标志线等。②观察要点：观察幼儿单手肩下向前滚抛篮球过一定远度（标志线）的情况；观察幼儿滚抛篮球时的方向、力度、上下肢协调情况；观察幼儿主动调整标志线远度的情况。③温馨提示：关注班级幼儿运动能力的差异性；时刻关注幼儿的安全，引导幼儿投掷时注意避开投掷物。

2. 教师发起的运动游戏

游戏一：投掷小能手（中、大班）。①游戏准备：足球若干个。②游戏价值：发展

幼儿前抛地滚球的能力,培养幼儿对足球的兴趣、规则意识。③游戏方法:将幼儿分为4个队伍,每队依次进行游戏。在每队前放置一个足球,幼儿将足球以地滚球的方式滚出,然后跑出去捡回来交给下一名幼儿;每人完成游戏3—4次,次数可根据幼儿运动兴趣的时间和游戏总时间而定。④温馨提示:注意跑出去的时候速度不宜太快,防止踩到球上摔倒;主教观察幼儿的滚球动作。

游戏二:赶牛(中、大班)。①游戏准备:空旷的操场,设置两条相隔5米的两条平行线,在相距平行线内1米处再设置两条标准线,中间放置一个气排球,场地安排根据场地大小和幼儿投掷平均能力而定;气排球一个,网球若干个。②游戏价值:提高幼儿运动的兴趣与参与度、幼儿滚球的准度、竞争意识。③游戏方法:教师将幼儿分为两队,分别站在两条平行线以后,每个幼儿手持2个网球,网球用地滚球的方式滚向气排球,将气排球弹到对方的标准线后即为胜利;幼儿手中的球投完以后可以在场地中间捡球或者等对面的球滚过来;增加游戏难度,增加两条平行线之间的距离,进行第二次游戏。④温馨提示:指导幼儿尝试从地下滚抛网球;关注幼儿捡球时的情况,防止幼儿捡球的时候踩到网球滑到。

五、双手肩上正面向前投掷

(一)动作要点

双手肩上正面向前投掷的动作要点与运动经验发展如下(见表4-6):

表4-6 幼儿双手肩上正面向前投掷的动作要点及运动经验发展表

要点 动作	1	2	3	4
双手肩上正面向前投掷	面对投掷方向,两脚前后开立,两臂头上屈肘持球	上体稍后仰,重心落于后腿,后腿用力蹬地、收腹、甩臂	抛球时,后腿蹬地,重心前移,将球用力抛出	身体姿势正,注意力集中
运动经验发展	双手肩上向前投掷是幼儿以后上中小学后应用最多的投掷方式,也是考核投掷项目的标准投掷动作。这种投掷方式可以很好地锻炼幼儿的下肢、腰腹、肩背、上肢等不同部位的力量与协调发力,对幼儿的健康发展有很大的促进作用。			

幼儿双手肩上正面向前投掷的动作要点示例图(见图4-10、4-11):

图 4－10　侧视图 1　　　　　图 4－11　正视图 2

（二）实施建议

双手肩上正面向前投掷的动作形式：（1）正对抛球方向，双手向前抛球，比谁扔的远。（2）正对抛球方向，双手向前抛球，比谁扔的高。

（三）温馨提示

（1）投掷时应加快摆臂速度，当球出手时，五指用力拨球使球向前飞出，要避免球的出手速度不快。

（2）预备时身体向后仰，抛球时，重心前移，避免身体的重心前移不够。

（3）准备动作时，身体可后仰成背弓，充分蓄力准备，要避免身体没有后仰成背弓，蓄力不足。

（四）游戏分享

1. 幼儿自主发起的运动游戏

①材料提供：儿童篮球、篮球架等。②观察要点：观察幼儿投篮的表现情况，投篮的动作形式；观察幼儿投掷时是否出现双手肩上正面投掷篮球的动作；观察幼儿灵活调整出手力度和角度的情况，提高投篮命中率。③温馨提示：关注班级幼儿运动能力的差异性；时刻关注幼儿的安全，引导幼儿投掷时注意避让。

2. 教师发起的运动游戏

游戏一：实心球投掷比赛(中、大班)。①游戏准备：空旷的操场，排除危险因素；

沙包若干个、滚筒若干。②游戏价值：提高幼儿的投掷能力、手眼协调能力、竞争意识。③游戏方法：教师将小朋友分成4组，在每组前方放置一个滚筒，进行原地投掷实心球的练习，要求幼儿投掷的沙包要越过前方的滚筒。每队累计超过滚筒数量多者为胜利一方；调整滚筒的距离，增加游戏难度，进行第二次游戏，并对获胜的队伍进行贴纸奖励。④温馨提示：一定要所有人都扔完以后才能一起去捡球；教师进行巡回指导，防止意外事故的发生。

游戏二：喂小鱼(中、大班)。①游戏准备：空旷的操场，设置两条小路，小路也可画成弯曲的，小河与投掷的距离可根据幼儿的情况调整；距离小路尽头5米处设置一个圆圈(鱼塘)，此距离符合大部分幼儿投掷能力的水平；沙包若干个、长绳、标志物。②游戏价值：培养幼儿的运动兴趣，提高幼儿的投掷远度与准度、团队合作能力。③游戏方法：教师将幼儿分成人数相等的两队，幼儿手拿沙包站在起跑线上。游戏开始，教师发令后，每队排头的幼儿头顶沙包，从小路上急速向前走。走到小路尽头，取下沙包，双手肩上将沙包用力向圆圈投去，然后快速按原路返回，拍第二个幼儿的手；依次进行，直至全部跑完。最后教师数一数各队圆圈里的沙包数量，以多者为胜；调整圆圈和小路的距离，增加游戏难度，进行第二次游戏，并对获胜的队伍进行贴纸奖励。④温馨提示：幼儿需要头顶着球跑动，沙包掉落需要返回重新开始；教师进行巡回指导，防止意外事故的发生。

六、双手肩上背向向后投掷

（一）动作要点

双手肩上背向向后投掷的动作要点与运动经验发展如下(见表4-7)：

表4-7　幼儿双手肩上背向向后投掷的动作要点及运动经验发展表

动作＼要点	1	2	3	4
双手肩上背向向后投掷	背向投掷方向，两脚自然开立，双手持球双臂伸直	挺胸展体，双腿双臂同时用力，将球从头顶向后抛出	抛球时，双腿用力蹬地，重心后移	注意力集中，抛球时有安全意识，先向后观看确认安全
运动经验发展	双手肩上向背投是向后投掷最有效的方式，能够有效地锻炼幼儿腰腹和胸背部的肌肉群发展，也能有效地提高幼儿身体发力协调性与连贯性。			

幼儿双手肩上背向向后投掷的动作要点示例图（见图 4-12、4-13）：

图 4-12　侧视图 1

图 4-13　侧视图 2

（二）实施建议

双手肩上背向向后投掷的动作形式：背对抛球方向，双手背抛。

（三）温馨提示

（1）投掷时加快摆臂速度，当球出手时，五指用力拨球使球向前飞出，要避免球的出手速度不快。

（2）预备时身体向前屈，抛球时，重心后仰，要避免身体后仰不够。

（3）当球出手时，方向指向投掷的前上方，要避免球的出手方向不正确。

（四）游戏分享

1. 幼儿自主发起的运动游戏

①材料提供：足球、隔离网等。②观察要点：观察幼儿利用足球向后投掷的情况；观察幼儿向后投掷时足球的方向、力度、上下肢的协调情况，是否出现单手肩下向上抛掷的动作；观察幼儿是否会调整隔离网的距离与高度。③温馨提示：关注班级幼儿运动能力的差异性；时刻关注幼儿的安全，引导幼儿投掷时注意避开投掷物。

2. 教师发起的运动游戏

游戏一：炸碉堡（中、大班）。①游戏准备：篮球 2—4 个，在场地上设置 4 条前进路线，每条路线上放置海绵垫。②游戏价值：提高幼儿背投的兴趣、背投的能力、规则

意识。③游戏方法：将幼儿分为 4 个队伍，每队依次进行游戏；第一名幼儿手持一个篮球，躺在垫子上背向匍匐前进，用背向投掷的方式，将篮球投掷出去，完成后返回队伍中；每人完成游戏 3—4 次，次数可根据幼儿运动兴趣的时间和游戏总时间而定。④温馨提示：主教提示动作，助教在一旁保护与帮助；幼儿动作幅度不宜过大，重在手部用力。

　　游戏二：金龙腾空(中、大班)。①游戏准备：空旷的操场，大皮球 2—4 个，小红旗一面。②游戏价值：发展幼儿的团队合作意识和爱国情感。③游戏方法：教师将幼儿分为 2—4 队，幼儿成纵队站好，幼儿间隔一臂距离，全体幼儿两腿分开站立，每队排头两手抱球做好准备；游戏开始，教师举起小红旗发号施令："金龙腾飞"，全体幼儿欢呼："振兴中华"，说完各队排头迅速将球由头上向后传给第二人，第二人再从胯下传给第三人，这样依次头上、胯下传球，犹如一条巨龙上下翻腾，当球传至排尾，最后一人接到球后迅速跑到队首，双手举球高喊："金龙腾飞"，全体幼儿欢呼："振兴中华"，以速度快的队为胜；游戏进行 2—3 次，次数可根据幼儿运动兴趣的时间和游戏总时间而定。④温馨提示：要手递手传球，不能抛，防止砸伤后面队友；皮球落地需要重新传球。

七、双手胸前向前投掷

（一）动作要点

　　双手胸前向前投掷的动作要点与运动经验发展如下(见表 4-8)：

表 4-8　幼儿双手胸前向前投掷的动作要点及运动经验发展表

动作＼要点	1	2	3	4
双手胸前向前投掷	两脚自然开立，两肘自然弯屈于体侧，面向投掷方向，将球置于胸前	投球时，后脚蹬地，身体重心前移，同时两臂前伸	五指用力弹拨，将球向前上方推出	喜欢尝试，善于思考
运动经验发展	双手胸前向前投掷动作其实就是双手胸前传接球的动作，这种投掷动作的最后手腕有翻转、压腕的细微动作，学习好此种投掷方式，可以为幼儿以后学习篮球的传接球技术打好相应的基础。			

　　幼儿双手胸前向前投掷的动作要点示例图(见图 4-14、4-15、4-16、4-17)：

图 4 - 14　侧视图 1　　　　　　图 4 - 15　侧视图 2

图 4 - 16　正视图 1　　　　　　图 4 - 17　正视图 2

（二）实施建议

双手胸前向前投掷的动作形式：双手拿球，将球向前推出。

（三）温馨提示

（1）加快手臂前伸速度，当球出手时，五指用力拨球使球向前飞出，要避免球的出手速度不快。

（2）抛球时，重心应前移，要避免重心没有前移。

（3）抛球时，小臂应前屈至贴近胸口，要避免小臂前屈不足。

（4）当球出手时，方向指向投掷的前上方，要避免球的出手方向不正确。

（四）游戏分享

1. 幼儿自主发起的运动游戏

①材料提供：篮球、篮球架等。②观察要点：观察幼儿各种投篮的情况；观察幼儿双手胸前向前投篮球时出手方向、力度、上下肢协调情况；观察幼儿主动调整投篮的姿势，投篮命中的情况。③温馨提示：关注班级幼儿运动能力的差异性；时刻关注幼儿的安全，引导幼儿投掷时注意避开其余幼儿。

2. 教师发起的运动游戏

游戏一：传球小游戏(中、大班)。①游戏准备：将幼儿分为两个队伍，两队同时进行游戏。②游戏价值：发展幼儿传接球的能力、团队合作能力、竞争意识。③游戏方法：把幼儿分成两队站在起点站立，两两幼儿之间相距 3 米，此距离是大部分幼儿都能够完成的距离，教师发出口令后由每队的排头将球传给下一名幼儿，看哪一个队最先传完为胜；球可以落地弹一次；每人完成游戏 2—3 次，次数可根据幼儿运动兴趣的时间和游戏总时间而定。④温馨提示：主教提示动作；传球力量不宜过大，防止误伤同伴。

游戏二：推球比赛(中、大班)。①游戏准备：空旷的操场；足球若干个，标志物。②游戏价值：发展幼儿对足球运动的兴趣、上肢爆发力、规则意识。③游戏方法：将标志物置于 3 米、4 米、5 米等处，足球置于胸前，并向前推出，幼儿轮流进行游戏，看谁推得远；游戏进行 2—3 次，次数可根据幼儿运动兴趣的时间和游戏总时间而定。④温馨提示：推球时要控制方向，充分伸臂拨指才能让球推得更远；教师进行巡回指导。

八、双手肩下向上抛掷

（一）动作要点

双手肩下向上抛掷的动作要点与运动经验发展如下(见表 4 - 9)：

表 4 - 9 幼儿双手肩下向上抛掷的动作要点及运动经验发展表

动作 \ 要点	1	2	3	4
双手肩下向上抛掷	两臂持球自然下垂至膝前，手掌向上托住球	预摆时，双腿稍弯曲重心向下	抛球时，手指拨球，控制球的出手方向，双腿蹬地，重心向上	目视前方，注意力集中
运动经验发展	双手肩下向上抛投的动作主要运用于自抛自接的动作技术中，可以有效锻炼幼儿向上抛物的准度、高度和接抛掷物的能力，具有非常高的挑战性与趣味性。			

幼儿双手肩下向上抛掷的动作要点示例图（见图 4 - 18、4 - 19、4 - 20）：

图 4 - 18 侧视图 1

图 4 - 19 侧视图 2

图 4 - 20 侧视图 3

（二）实施指引

双手肩下向上抛掷的动作形式：双手拿小布球向上抛掷。

（三）温馨提示

（1）当球出手时，五指拨球，控制球的出手方向，避免球的出手方向不正确。

（2）抛球时，重心前移，要避免重心没有前移。

（3）准备姿势两腿向下微屈，抛球时脚前掌用力蹬地发力，要避免直腿前抛。

（四）游戏分享

1. 幼儿自主发起的运动游戏

①材料提供：篮球、海绵沙包等。②观察要点：观察幼儿各种自投自接的情况；观

察幼儿用篮球和海绵沙包双手肩下向上抛掷的出手方向、力度、上下肢的协调情况;观察幼儿自抛自接的成功率;观察幼儿与同伴合作游戏的情况。③温馨提示:关注班级幼儿运动能力的差异性;时刻关注幼儿的安全,引导幼儿投掷时注意避开其他幼儿。

2. 教师发起的运动游戏

游戏一:大圈小球(中、大班)。①游戏准备:沙包若干个。②游戏价值:激发幼儿投准的乐趣,提高幼儿投掷球的准度、竞争意识。③游戏方法:将幼儿分为3个队伍,每队依次进行游戏;幼儿站在离篮球架3米处,此距离是大部分幼儿都能够完成的距离。双手肩下向上抛掷沙包,将球投入篮球架中;每人投三次,每队累计投入数量多者为胜;完成游戏2—3次,次数可根据幼儿运动兴趣的时间和游戏总时间而定。④温馨提示:注意球的出手方向,避免向后或向上投掷,防止砸伤自己或小伙伴;主教及时提示幼儿动作。

游戏二:双手抛得高接得稳(中、大班)。①游戏准备:空旷的操场,软式排球若干个。②游戏价值:锻炼幼儿胆量,提高挑战自我的勇气、手眼协调能力、安全意识。③游戏方法:幼儿尽量分散开,双手拿球向上抛掷,尽量抛高,抛直,防止跑动的时候相互碰撞,然后球下落后双手接住球;游戏进行2—3次,次数可根据幼儿运动兴趣的时间和游戏总时间而定。④温馨提示:提示幼儿抛球方向和高度,防止砸到别的小朋友;幼儿间距要尽量大。

九、双手肩下向前滚抛

(一) 动作要点

双手肩下向前滚抛的动作要点与运动经验发展如下(见表4-10):

表4-10 幼儿双手肩下向前滚抛的动作要点及运动经验发展表

要点 动作	1	2	3	4
双手肩下向前滚抛	预摆时,双腿稍弯曲重心向后	抛球时,双腿蹬地,重心向前	快速摆臂,提高球的出手速度	目视前方,注意力集中
运动经验发展	双手肩下向前滚抛和单手肩下向前滚抛的动作相似,但是对力度和准确性的要求更高,同时需要幼儿两手臂发力更均衡,更需要幼儿投入注意力与专注。			

幼儿双手肩下向前滚抛的动作要点示例图(见图4-21、4-22):

图 4-21 正视图 1　　　　图 4-22 正视图 2

（二）实施建议

双手肩下向前抛滚的动作形式：双手拿小布球向前滚抛。

（三）温馨提示

（1）加快摆臂速度，当球出手时，五指用力拨球使球向前飞出，要避免球的出手速度不快。

（2）抛球时，重心前移，要避免重心没有前移。

（3）准备姿势两腿向下微屈，抛球时脚前掌用力蹬地发力，要避免直腿前滚抛。

（4）准备姿势上身前倾至合适角度，避免身体直立。

（四）游戏分享

1. 幼儿自主发起的运动游戏

①材料提供：篮球、足球、足球筐等。②观察要点：观察幼儿各种投篮和滚球的动作情况；观察幼儿用篮球和足球双手肩下向前滚抛的方向及远度；观察幼儿球滚抛进框的成功率。③温馨提示：关注班级幼儿运动能力的差异性；时刻关注幼儿的安全，引导幼儿投掷时注意避开其他幼儿。

2. 教师发起的运动游戏

游戏一：小足球快跑（小、中、大班）。①游戏准备：足球若干个。②游戏价值：激发幼儿对于球类的兴趣，提高幼儿的上肢力量、手眼协调能力、规则意识。③游戏方

法：将幼儿分为 4 个队伍，在每个队伍前放置一个足球，每队依次进行游戏。幼儿将足球以地滚球的方式滚出，然后跑出去捡回来交给下一名幼儿；每人完成游戏 3—4 次，次数可根据幼儿运动兴趣的时间和游戏总时间而定。④温馨提示：注意跑出去的时候速度不宜太快，防止踩到球摔倒；主教提示幼儿地滚球的动作。

游戏二：用手"踢"足球（中、大班）。①游戏准备：空旷的操场，排除危险因素；足球若干个、小球门 2 个。②游戏价值：培养幼儿玩球的兴趣，提高手眼协调能力和上肢爆发力。③游戏方法：幼儿分成两组，在每组前方放置一个小球门，球门与幼儿之间的距离可根据幼儿实际游戏水平适当调整，幼儿每个人拿一个足球，进行原地双手滚球的练习，一个接着一个进行游戏，将球滚进小球门内，累计进球数量最多的一方为胜利；调整球门的距离，增加游戏难度，进行第二次游戏，并对获胜的队伍进行贴纸奖励。④温馨提示：如果有球挡住下一位幼儿滚球的时候，需要上一位幼儿将球拿走；教师进行巡回指导。

运 动 故 事

各种各样的投掷

观察与实录

片段一：4 名幼儿在进行飞盘对抗赛，Yxr 手拿圆形飞盘，身体侧对着对岸，将飞盘向对面掷去，飞盘飞出两米左右后落下。Yxr 又一次拿起飞盘，这一次他身体侧对，将右手向身体后侧展开，用力从后侧将飞盘朝前掷去，飞盘又一次掉在了脚跟前。"怎么就飞不远呢？"说完，Yxr 又一次捡起飞盘，向飞盘施力，嘴里发出："嘿，起飞吧！"飞盘又一次飞出 2 米距离后掉落在地上。第四次，Yxr 没有再拿起飞盘，而是离开了飞盘对抗的场地。（见图 4 - 23、4 - 24）

片段二：Lyc 双脚与肩同宽站立在沙坑边缘，手里拿着网球，目视前方，Lyc 将网球从下往上抛起，网球飞出 1.5 米左右掉入沙坑中。"Lyc，再来一次！丢网球的速度要快。举起手臂，手腕发力时快速松手向前投掷试试"。这一次 Lyc 拿起网球快速向正前方掷去，网球飞出 1.8 米后掉落。"没关系，

图 4 - 23　Yxr 的投掷 1

图 4 - 24　Yxr 的投掷 2

Lyc,再来一次！"Lyc 又一次拿起网球,用力往沙坑中掷去,网球飞出 2.2 米后落下。（见图 4 - 25、4 - 26）

图 4 - 25　Lyc 的投掷 1

图 4 - 26　Lyc 的投掷 2

　　片段三：Ydy 手拿报纸球,站在距离圆环四米距离的地方,侧身举起大臂、挥动小臂,将报纸球向远处的圆环投去,报纸球还没碰到圆环就掉落在地面。第二次,Ydy 重复第一次的动作,这一次报纸球从圆环的上端飞过。第三次,Ydy 的报纸球穿过圆环。"终于投中了,看你往哪儿跑！"说完,Ydy 又一次举起右手,这一次,报纸球从圆环的右边擦身而过。Ydy 继续着"铃儿响叮当"的游戏。（见图 4 - 27）

图 4-27　Ydy 的投掷

识别与分析

　　实录中的三名幼儿分别在掷远、掷高、掷准的活动中遇到了一些困难,以下分别围绕三名幼儿的运动能力、运动品质、家庭因素、兴趣因素等进行综合分析与解读:

　　首先是围绕幼儿自身运动情况的分析和解读。(见表 4-11、4-12、4-13)

表 4-11　片段一(飞盘)

观察对象	录像片段	分析与思考	
		运动能力	运动品质
Yxr	1. 右臂展开由体后向胸前施力,将飞碟丢出去。 2. 飞碟又一次飞出2米距离后掉落在地上。	1. 投掷飞碟时,出手的方向决定飞碟的朝向,将飞碟从后至前投掷时,飞碟受力小,是影响飞碟飞不远的因素之一。 2. 几次的投掷过程中,除去以上原因我们不能排除幼儿上肢力量是否薄弱,需在掌握正确的姿势后再作判断。	当幼儿经历了 4 次失败之后,便有了气馁的情绪表现,幼儿选择放弃,不愿意再去尝试这项活动了,认为自己无法达到预期的目标。经常失败的幼儿自我价值感会下降,通常会出现退缩的反应。

表4-12　片段二(网球)

观察对象	录像片段	分析与思考	
		运动能力	运动品质
Lyc	1. 身体正对着对岸。 2. 双脚与肩同宽站立。 3. 网球从下往上抛起。 4. 网球飞出1.8米后掉落；网球飞出2.2米后落下。	1. 投掷时的准备姿势将直接影响幼儿手部的发力情况。正对投掷时，身体重心未发生转移，导致手臂的出手速度减慢。 2. 选择双脚分开水平站立，这一站立姿势不能很好地帮助幼儿手部发力。 3. 采用地滚球的方式进行掷远，网球向下受力，未在空中形成向上再向下的抛物线。 4. 三次的投掷中，第二、第三次的投掷距离均小于班级幼儿平均水平，幼儿可能上肢力量薄弱。	Lyc在每一次教师鼓励后愿意不断尝试，试图突破自我，但由于各种其他因素的影响，在一次的活动中，技术很难得以提升。

表4-13　片段三(报纸球)

观察对象	录像片段	分析与思考	
		运动能力	运动品质
Ydy	1. 侧身举起大臂、挥动小臂，将报纸球向远处的圆环投去。 2. 第一次报纸球还没碰到圆环就掉落在地面 第二次，报纸球从圆环架的上端飞过 第四次，报纸球从圆环的右边擦身而过。	1. 投掷飞碟时，出手的方向决定飞碟的朝向，将飞碟从后至前投掷时，飞碟受力小，是影响飞碟飞不远的因素之一。 2. 几次的投掷过程中，除去以上原因我们不能排除是幼儿上肢力量薄弱导致，需在幼儿掌握正确的姿势后再作判断。	"铃儿响叮当"的游戏是该年龄段幼儿所喜欢的，在3次未打中、1次打中的情况下，幼儿对活动仍旧是充满兴趣，愿意不断尝试突破自我。

　　其次是针对外部因素的分析。不同的外界因素对幼儿的投掷能力的发展也具有一定的影响。运动发生的环境与任务不同，幼儿在运动中表现出的运动能力发展情况也不一样。一是家庭因素，班中幼儿93％的幼儿受居住环境的影响，投掷活动需要的空间要求比较大，小区活动区域有限，导致幼儿在家中鲜有机会进行投掷类的活动，此方面的经验缺乏。二是兴趣因素，从案例中，我们发现除飞盘对抗赛具有游戏竞赛性，但缺乏同伴间的互动；网球

掷远、"铃儿响叮当"活动中,游戏的趣味性还不够,偏动作、技能的练习,幼儿是在游戏、活动中逐渐产生对运动的喜欢,从而提高运动的能力。运动的内容以及组织形式也是影响幼儿参与活动积极性的因素之一。

回应与支持

第一阶段:体育运动游戏化

学前阶段的运动应当是幼儿化、游戏化的,兴趣是幼儿喜欢、热爱运动的重要内驱力。在第一阶段中,我们将单一的动作技能类练习与体育游戏相结合,结合该年龄段幼儿的年龄特点,同时兼顾体育游戏的动作,在竞赛类、团队类、故事场景类的游戏中,幼儿在投掷游戏中的积极性有了显著的提高。

第二阶段:分段练习,培养幼儿运动能力

幼儿在"投掷"的每个动作阶段出现的问题都不同,不同的问题体现出其相应身体素质的有待提高,我们尝试拆分动作细节,分阶段对幼儿进行针对练习。

首先,准备姿势。不同的投掷游戏,根据不同器材的特性,准备姿势也有所差异。例如正向投掷时,我们鼓励幼儿双脚前后站立,投臂向后伸展,非投掷臂指向投掷方向。又如飞盘投掷时,我们鼓励幼儿双脚与肩同宽,身体侧对目标。正确的准备姿势有效地帮助幼儿把握身体的重心。其次,投掷方法。通过尝试不同的投掷方法,了解投掷方法的多样性。如投篮、滚地球、胸前抛接球等。通过一系列肩上、肩下以及胸前的投掷游戏,从而帮助幼儿了解投掷方式的多样性,在日后的投掷游戏中选择合适的投掷方式。第三,投掷速度与连贯性。当幼儿面对新事物、没有经验时,往往表现得较为生疏、动作不连贯。通过多次参与投掷类体育游戏,帮助幼儿熟悉投掷的基本动作要领,在不断地游戏中,提高投掷的出手速度和动作的连贯性。最后,上肢力量的培养是一个长期性的过程。通过日常的运动、游戏以及家园合作,创设更多锻炼上肢力量的机会,鼓励上肢力量薄弱的幼儿多尝试与上肢力量相关的游戏活动。

第三阶段:丰富多元的个性化小组活动和体育活动

我们利用学校的场地设置、体育游戏的时间,同时结合家园共育,针对幼儿上肢力量缺乏的情况,为幼儿定制了个性化运动计划。(见表4-14)

表4-14 运动计划表

实施活动	小组活动				重点关注幼儿：Yxr、Lyc、Ydy
	动作练习	体育游戏	区域活动		
			室内器械	户外器械	家庭需跟进的活动
上肢力量	1. 单手肩下抛海洋球（前上方） 2. 双手肩下抛网球（斜后方） 3. 投掷小目标物 4. 原地双手肩上投篮 5. 单手肩上掷网球（前上方） 6. 行进间抛接球 7. 投掷移动目标物	1. 炸碉堡 2. 飞碟对抗 3. 投投拍拍 4. 小推车 5. 大力士 6. 挤牙膏	1号区：塑圈投掷 5号区：投篮、抛接球	1号区：堡垒对战、扔飞盘、拍报纸球 5号区：投篮、7号区：抛抛接接	建议家长在家中带幼儿： 1. 拍皮球 2. 投篮 3. 运球 给家长推荐体育游戏： 1. 运水 2. 抬轿子

　　通过以上计划的实施后，我们发现幼儿在上肢物控上仍有提升的空间，所以针对上肢控物能力的培养，我们设计了小组游戏。（见表4-15）

表4-15 运动游戏设计

游戏	材料与场地	游戏玩法
神投手	报纸球若干，用长绳场地上相距3—4米放两根平行线。	1. 幼儿手持沙包对准圈环击击。 2. 幼儿组成人数相等的两队迎面站立，一队幼儿手持圈蹲在线上，另一队幼儿站在另一条线上，将手中的球推出击圈，并设法使球穿过圈。 3. 部分幼儿沿线滚动圈，持沙包的幼儿投击滚动的圈。 4. 幼儿交换角色进行游戏。
球儿飞舞	小花伞、纸球若干。	1. 尝试投纸球，可以自由投或对准目标投。 2. 由幼儿商量，确定4—6人为撑伞者。音乐响起，撑伞者四散在场地走动，其余幼儿手持纸球，分别蹲在场地四周。音乐停，幼儿向撑伞者投掷纸球，撑伞者集中在场地中央，撑伞者挡住各个方向飞来的纸球。 要求：只能对准小花伞投球，不能投在对方身上。
航模运动	人手一架纸飞机，细长的丝带。	1. 幼儿扮作航模运动员，在场地中"试飞航模"：用力向斜上方投（加快飞行速度），纵跳或助跑后将飞机掷出（延长飞机在空中的飞行时间），前臂平稳甩动投掷（提高飞行平稳性）。 2. 航模飞行员将彩带基于飞机上，尝试将飞机投于指定高度（向上投），使飞机降落在指定区域（向前下方投）。 3. 和同伴一起将飞机同时掷出，比一比谁的飞机飞得高、飞得远、在空中停留的时间长。

成效与感悟

经过一个月的个性化定制运动课程,对三名幼儿再次进行投掷观察。

表4-16 幼儿投掷情况

	幼儿姓名	性别	网球掷远(米)干预前	网球掷远(米)干预后
1	Yxr	女	2.2	4.1
2	Ydy	女	3.3	4.3
3	Lyc	男	3.0	5.6

Yxr在教师的指导下投飞盘的准备动作方向发生改变,飞盘转速增加,通过一系列活动的支撑,幼儿的上肢力量、挥臂速度都得到了提升(见图4-28、4-29)。

图4-28 Yxr的投掷3　　　　　　　　图4-29 Yxr的投掷4

Ydy在接触了各种投掷活动后,对不同的投掷方法有了解,能在不同的投掷游戏中,选择适宜的投掷动作(见图4-30、4-31)。

通过幼儿园、家庭的支持与配合,Lyc增加了上肢力量以及上肢爆发力。

通过差异化的运动课程实施,我们尝试解读每个幼儿的需求,每个幼儿都在自己的最近发展区内有了提升,说明我们的差异化运动课程是适合每个幼儿的运动能力,符合幼儿的运动需求的。同时,我们也发现,家园合作在满足个体幼儿运动需求中也起到了有效的作用。相信在这样的课程引领下,我

图 4-30　Ydy 的投掷 3

图 4-31　Ydy 的投掷 4

们的幼儿会成为富有个性且不断发展的幼儿。透过现象，教师剖析幼儿运动问题背后的潜在原因，我们通过体育游戏以及运动给予幼儿大量的动作技能方面的指导与训练。俗话说，"兴趣是最好的老师"，教师可以从兴趣、情感、态度方面出发，培养幼儿的运动兴趣，让幼儿喜欢运动、热爱运动，愿意接受各种挑战，培育勇敢自信的个性。

（张思芸）

希希投掷进行时

——关于大班投掷差异化实施方案

观察与实录

在 1 号投掷区运动时中，我们发现希希在投掷报纸球的时候动作不标准，以至于报纸球没有穿过塑圈内，距离很近。在观测的时候，我们发现希希在投掷网球的时候，球是往下扔的，在沙坑中的距离也是很近，影响了希希投掷的距离。在第二次观测记录中，我们发现希希投球时的力量不够，扔不中目标物，从案例中可见：

在 1 号投掷区我们创设了堡垒对战、扔飞盘以及投报纸球这三个运动项

目。希希选择投报纸球这个运动项目。希希从框内拿了两个报纸球,右手拿球在肩上的位置处往塑圈扔了过去,球扔出去之后在快到塑圈的位置停了下来,由于报纸球碰到塑圈阻挡住了前进的方向,然后自由落体。第二次投球,希希把左手中的球传至右手,还是同样的姿势在肩上位置把报纸球扔了出去,这一次球正好穿过塑圈,希希大声地跟同伴说道,"我扔中啦!"我看到了希希投球的过程,于是,我就走过去拿起一个报纸球,说:"希希,投球的时候手要举过头顶将球用力地往前扔,用靠身体的全身力气通过手臂、手腕传递到投掷物上哦!"说完,我就抓着她的手感受并体验了一下投球的过程。这一次,希希找了找感觉,徒手尝试了一下,接着拿着报纸球用力地向前扔去,只见报纸球沿着抛物线投向塑圈中,终于成功了。然后,希希在鼓励下一次又一次地进行尝试,投掷的姿势越来越正确,但是在力量方面还是不太够。因此,我们根据发现的问题,给她设计针对性的投掷活动,循序渐进,使幼儿的投掷能力越来越棒!

图 4-32 希希投球中

识别与分析

经过一段时间的观察和体测,我们从个体因素、家庭因素、环境因素和教师因素四个方面来分析可能导致希希投掷能力较弱的原因。

首先是个体因素,包含运动能力和运动品质。在运动能力方面,希希手眼协调能力较弱。在案例中，可以看得出来希希的手眼协调能力是比较薄弱的，尤其是在第一次投掷中，希希无法估算力量与距离之间的关系，所以球在塑圈前面就停止了。在过程中，幼儿没有将报纸球扔中塑圈这个目标物，所以在协调性以及估算方面的能力是相对弱一些的。同时，她的手臂和肩部的力量以及爆发力比较薄弱。希希的体重在 40 斤左右，手臂和肩部的力量不够，而且在投掷的过程中，报纸球这个物体的质量较轻体积较大，投出去之后受到的空气阻力较大，希希要用大力气将球扔出去。那么在投掷中，能够明显地感受到幼儿上肢的力量是不够的，所以球没有扔到指定的位置。此外，希希上肢物控的姿势欠缺，没有掌握要领。希希在投掷的活动中，总是把球随意地朝地上扔，上肢物控的姿势不够正确。在教师指导之后，希希在第二次投掷中，能够感受到用手臂力量过肩投掷的过程，让球以抛物线的运动轨迹飞行，正确的姿势帮助希希完成了投掷目标物这个活动，体验到了成功的喜悦。

在运动品质方面，希希的内心是比较胆小的，在运动活动中，常常表现为选择容易成功的游戏进行活动。当遇到有挑战的活动时，就会显得有些慢热，并且害怕遇到失败，对于有难度的游戏不太愿意去尝试或者坚持下去。

其次是家庭因素。希希在饮食方面一直有偏食的不良习惯，不爱吃很多食物尤其是蔬菜、大块肉类，所以体重是偏轻的。在与爸爸妈妈沟通中，了解到幼儿在家的运动时间是不够的，家长对此也不够重视。在课余时间，家长为孩子在学习、艺术方面花费的时间比较多，运动能力方面培养的机会比较少，在投掷方面的运动游戏相对而言也是比较少的。

然后是环境因素。运动游戏中的情境性以及趣味性还不够浓厚，大班幼儿的年龄特点还是喜欢野趣以及有一定情境的游戏，所以希希不喜欢投掷这个区域活动，坚持性相对来说也是不够的。大班幼儿喜欢竞赛，如果以竞赛的形式来开展体育游戏，相信每一个幼儿的积极性以及投入的专注力会有所提升。

最后是教师因素。从案例中可以看出，教师对于幼儿的物控能力以及投掷的情况是不太了解的，通过观察、测试，在活动中教师发现希希在投掷方面

相对其他幼儿来说是比较弱的。但是教师在活动中的指导是不够的,并且缺乏一定的科学性、针对性以及差异化。通过观察以及测试数据的汇总,我们发现希希还有其他的幼儿都在这个方面相对弱一些,因此,针对个体幼儿,我们设计了一系列的运动游戏以及相关的活动,重视个体幼儿的运动发展轨迹,不断提高幼儿的运动能力,使其得到相应的发展。

回应与支持

我们结合学校的运动场地以及有针对性的体育游戏,针对希希的运动情况以及运动能力为幼儿制定了科学的、个性化的运动计划。并且在过程中,我们通过家园共育,共同提高幼儿综合的运动素养。(见表 4-17、4-18)

表 4-17　运动计划表

实施目标	分散活动				关注幼儿:希希
	动作内容	体育游戏	区域活动		家庭需跟进的活动
			室内	户外	
下肢力量	1. 单手肩下抛海洋球(前上方) 2. 投掷小目标物 3. 单手肩上掷网球(前上方) 4. 投掷移动目标物	炸碉堡 飞碟对抗 铃儿响叮当 投投拍拍	1号区:塑圈投掷 4号区:神投手 5号区:投篮、抛接球	1号区:堡垒对战、扔飞盘、拍报纸球 5号区:投篮 7号区:抛抛接接	给家长推荐体育游戏: 1. 抛抛接接 2. 投篮 3. 袋鼠跳 4. 跳格子 5. 开合跳 6. 跳绳 7. 打怪兽

表 4-18　运动计划表(2)

游戏内容	游戏玩法
神奇魔法圈	材料与场地:平整的场地 玩法: 小朋友双手各拿一个魔法圈,魔法圈内各放一个海洋球,然后两只手慢慢地将海洋球拖拽到终点处。 规定:海洋球不能滚出魔法圈。
篮球碰碰碰	材料与场地:平坦开阔的场地 玩法: 双手控制篮球滚动,打到另一个篮球获胜,距离可以调节。

针对因为上肢物控能力、身体协调性、手臂和腰腹核心力量缺失而导致投掷能力薄弱的幼儿可采取以下阶段策略。（见图4-33）

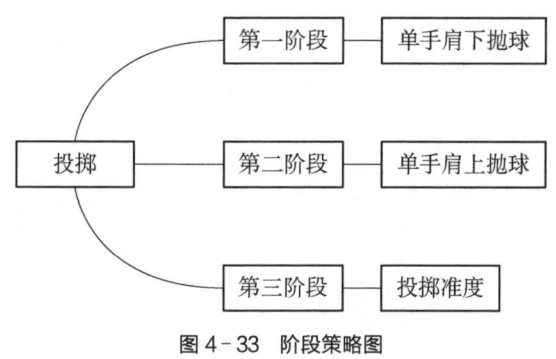

图4-33 阶段策略图

同时，运动计划也在持续推进中。（见表4-19）

表4-19 运动计划表(3)

		活动	家园共育	其他
第一阶段	课程内容	分散运动时间，和希希一起玩抛海洋球的体育游戏，单手肩下抛球，在前上方的位置处反复投掷。通过"铃儿响叮当"、"投投拍拍"的体育游戏，引导其不断用正确的姿势进行投掷。	与希希家长进行沟通，引导家长重视幼儿的饮食，增加幼儿蛋白质的摄入量，能够健康合理饮食。在家中，增加希希的运动量，尤其是投掷方面，可以玩球类活动。	对她进行语言和肢体鼓励，在幼儿面前多示范，让希希能够模仿动作，当幼儿成功的时候，多说："你投掷时手臂有明显的后引，投得特别远，真棒！""你投掷的时候身体有转动，增加了投掷的力量，所以你才能投得越来越远。"等话语，不断鼓励幼儿能够坚持练习投掷的动作。
	观察与指导	1. 观察幼儿投掷时的姿势是否正确，指导幼儿用单手肩下抛球的方式来进行投掷。 2. 观察幼儿投掷时的力量情况，是否能够在一米线之外将球投中目标物（塑料瓶、塑圈）等等。设置1米线、2米线和3米线障碍物，引导幼儿在不同的距离尝试投掷，瞄准目标物用力将球投中目标物。		

经过第一阶段的锻炼和鼓励，希希能够正确地单手肩下抛球，能够掌握动作要领，并且球能落在前上方的位置处。（见图4-34）

但是，在投掷目标物以及肩上投掷这两个方面还是不够的。在2米线以及3米线处，投掷的距离不够，说明幼儿的力量还需要增加，远距离的投掷能

图 4-34　一米线投掷情况

图 4-35　一米、二米、三米线

力以及投准情况还需要加强(见图 4-35)。所以在下一个阶段,我们开展了第二阶段针对肩下投掷以及上肢力量方面的差异化运动。(见表 4-20)

表 4-20　第二阶段运动计划表

		活动	家园共育	其他
第二阶段	课程内容	分散运动时间或自由活动时间,带领希希进行单手肩上投掷的这个动作,在后上方的这个位置进行投掷练习。通过炸碉堡游戏活动,在情境中通过小组共同游戏调动幼儿的积极性,投入在投掷的活动中。	与希希家长继续进行沟通,引导家长在这一阶段可以设计一定高度和距离的活动,如"打怪兽"、投篮的体育游戏,让希希在情境中进行投掷锻炼。	家长、教师、同伴可以和希希共同参与,不断激发希希的潜力。给予希希的进步更多鼓励和肯定,让希希多参与体育游戏,坚持不懈地锻炼。
	观察与指导	1. 观察幼儿能否单手进行肩上投掷,在后上方的位置进行投掷投准。 2. 指导幼儿用手臂的力量带动手腕进行肩上投掷,并且在一定距离(1米,2米,3米)进行投掷投准。 3. 在小组互动游戏中,引导希希积极参与"炸碉堡"这个体育游戏中,个别指导幼儿的动作、姿势,引导幼儿用力投掷目标物。		

通过第二阶段持续推进的投掷课程以及家园共育的助推,希希的投掷能力有了明显的提高,对于投掷类的游戏能够积极参与。在活动中,我们可以看到希希投掷的动作和姿势越来越标准,尤其是肩上投掷的这个动作,在投掷的过程中,球的运动轨迹是呈抛物线式的。(见图 4-36、4-37)

图4-36　场地情况

图4-37　幼儿投掷情况

　　希希在力量以及投掷姿势上有了明显的进步，上肢控物能力以及手臂和肩部的力量也有所提高。但是在投准方面还是有一些欠缺，身体的协调性还需要进一步地锻炼和提高。在第三阶段，我们在协调性方面多给予了她指导，让希希在这一方面有所提升。（见表4-21）

表4-21　第三阶段运动计划表

		活动	家园共育	其他
第三阶段	课程内容	分散运动时间或自由活动时间，带领希希进行投掷投准的体育游戏。通过"堡垒对战"、"神投手"等游戏活动，在同伴、教师的共同陪伴下，鼓励幼儿积极参与，不断练习投准，并能在移动的目标物中，练习投准的手眼协调能力。	与希希家长继续进行沟通，引导家长可以自制移动的投掷物，如移动的塑圈、走动的人或者小型物品等等，锻炼希希投准的能力。	给希希做一个综合评估，积累一定的经验资料；和希希聊一聊自己的改变，鼓励她做一个自评，激励她以后尝试新的体育活动。
	观察与指导	1. 观察幼儿在游戏活动中投准的情况，是否能投掷移动的目标物。 2. 指导幼儿不断提高自身的手眼协调能力，看中目标之后迅速将球投掷出去，用全身的力量带动手腕、手臂的力量快速地投掷。		

　　经过三个阶段的投掷能力差异化活动实施，希希在投掷方面的运动能力有了质的飞跃，并且十分喜欢和同伴、教师共同游戏的这种运动状态，乐在其中。在单手肩下投掷、单手肩上投掷以及投准方面有了明显的提高。在不断地锻炼、运动中，希希的上肢力量以及控物能力也有所提高，手眼、身体的协

调性也是明显地得到了发展。

效果与感悟

希希的投掷能力在现阶段已经有了明显的提高，能够达到班级的平均值，在一系列科学的、差异化的实施中，幼儿的能力是有变化的。希希不仅喜欢上投掷这项运动活动，对于其他的运动游戏也是十分感兴趣，运动的综合能力以及核心要素都有显著的提升。科学、严谨的数据分析，有针对性地开展差异化活动，让孩子得到最大化的发展，这是我们所一直追求的目标，希望孩子能够不断地进步、发展得越来越好！通过本次差异化的运动课程，让我有了如下的一些感悟和思考：

首先，熟悉本年龄段幼儿的运动能力发展水平。作为教师，在运动课程的实施下，我感悟最深的就是要有夯实的专业基础，对于本年龄段幼儿不同领域的运动发展水平了然于胸。只有这样，在实施运动课程或是体育游戏中，教师才能专业地、科学地去观测每一个幼儿的运动发展水平。通过观察与识别进行专业的个别化指导，才能不断地推进幼儿的发展。

其次，阶段性综合观测幼儿表现性行为。关于幼儿一个方面的运动能力观测，教师可利用休息时间定期将照片、视频等资料，根据幼儿的运动表现及时归纳整理并还原成详细的记录，在综合观测幼儿的表现性行为之后，教师才能有针对性地进一步制定、设计实施方案和策略。在每一个阶段之后，通过观测教师能够全面地了解幼儿的运动能力以及综合素养。如此，既能了解幼儿的发展水平，又可以让下一阶段的观察、收集信息更加有目的性，也更加全面和细致，进而做到综合、全面了解幼儿在投掷这个运动中的表现和发展情况。

最后，针对性地措施螺旋推进幼儿发展。通过观察记录、整理、解读与发现幼儿的运动表现，促进幼儿运动能力的有效实施和提升。通过设计与组织、调整环境与资源、师幼互动、家园共育、个别指导等多方面的途径，提高幼儿运动的能力和综合素养。在多方面的、针对性的、科学的教学实施下，教师可不断推动幼儿的发展。

（张洳枫）

不喜欢"打怪兽"的孩子

——小班幼儿投掷的故事

观察与实录

由于连绵的阴雨，室内运动进行了将近一周时间。在"打怪兽"活动中，班级中约有三分之二的幼儿参与了活动。言言、辰辰、成成好像很少参与。

我请成成过来，成成说："我不喜欢打怪兽。"我又请了言言。只见言言右手拿起沙包，手下垂并往身体后方摆动，再用力往前一扔，沙包高高飞起，却落在了身体的后面。他有点不好意思地笑了。我让他再来一次，用点力往前方扔。他又一次拿起沙包，看起来比第一次更加用力，往前一扔，沙包再次高高飞起，这次没有落在身后，却落在了自己跟前。一旁的同伴赞叹："哇，扔得好高啊！"但是，言言看都没看一眼，就跑开了。我最后叫了正在和同伴玩"抓尾巴"的辰辰。辰辰说："我不喜欢玩这个。"我非常好奇他"不喜欢"的原因，继续邀请并鼓励他玩。辰辰有些勉强地参与过来。他捡起地上的一个沙包，与言言不同，辰辰是把沙包举到肩膀处，用力一扔，沙包往前飞出落在了距离他不到 1 米的地面上。

识别与分析

经过观察，我发现，这三名幼儿之所以对"打怪兽"这个游戏不感兴趣，主要的原因可能是他们在"打怪兽"的游戏中，没有成功打到"怪兽"的体验。在游戏场地上，我设置了一米线。幼儿游戏时一般都站在一米线以外。"怪兽"都挂在距离地面一米以上的墙面上。通过观察辰辰和言言的活动，他们的投掷距离显然没有超过一米。成成虽然并没有参与，但是通过他在其他运动活动的表现（不会双脚并拢跳、不敢在 10 厘米高的凳子上往下跳、不会双脚交替走平衡木等），也能够推测出他也没有打到过"怪兽"。

小班年龄（3—4 岁）的孩子刚从婴儿期步入幼儿期，身体的发展非常迅速，但在动作发展方面又表现出明显的个体差异。我们发现，这些差异与他们先天的身体素质、性别、个性及早期教养环境有很大关系。

首先是幼儿个体因素，有手眼协调和方向感的差异、年龄差异、身高限制和心理因素。案例中，言言投掷时，连续两次都是单手由下往上进行投掷。

辰辰则是从上往下投。他们目标相同,动作方法不同。言言在投掷甩臂过程中,沙包放手的同时小臂向上弯曲几乎至肩。放手晚沙包很容易就扔到背后。辰辰投掷只是用到了手腕的力量。投掷时不是手臂协同手腕往前上方伸展,而是手臂几乎不动,只是手腕直接往下投,所以只把沙包投到自己跟前。两名幼儿在手眼的协调和方向感方面都比较弱,在投掷时,都只是用了手臂力量,腿部、腰以及身体的力量都没有很好地协调连贯起来,整个身体动作的协调性较弱。在年龄方面,言言和辰辰都是小月龄的幼儿。月龄小的幼儿,运动基本动作的发展也会同时偏弱于其他月龄较大的幼儿。在身高限制方面,小班幼儿身高1米左右,受身高所限,幼儿在投掷、抛出物体时,抛物线的弧度和长度也会受到明显影响,再加上小班幼儿本身力量较弱,投掷的距离也不会太远。在心理因素方面,从案例中3名幼儿的表现可以看出,他们都对挑战自我的活动不愿意尝试。成成是班级中月龄较大的幼儿,排除动作发展方面的原因,也有避重就轻、知难而退的思想因素。还有一种可能是幼儿对活动内容的设计玩法不感兴趣,从而不积极主动去参与。

其次是家庭因素。除了幼儿月龄较小以外,家庭的环境与教育对幼儿的影响也是显著的。三名幼儿都是男孩,日常家中都由老人带养。辰辰和言言家中老人年纪较大,在日常与老师的沟通与交流中经常流露出"带不动"的信息。成成也因为家庭特殊的原因,比较胆小和缺乏自信,因此对自己难以完成活动较为失落。受老人精力与能力限制,在带养幼儿时,多以室内活动为主并很少进行室内体育运动。由于室内活动空间和场地有限,幼儿身体得不到全面和充分的锻炼,运动量不足、部分运动能力缺失,导致幼儿基本的动作技能和水平出现明显差异。

此外还有环境因素。幼儿投掷活动比较单一。教师布置场地时对幼儿观察不够,1米远的距离和1米以上"怪兽"摆放的高度,限制了幼儿运动能力的自由发挥。活动内容比较单一,幼儿容易失去兴趣并产生厌倦的情绪。此外,教师缺乏更加科学和系统的运动课程规划和思考,在幼儿个体运动发展能力的助推成效上不明显,对幼儿投掷动作的推动性不强。

回应与支持

总体来说,这三名幼儿的问题,不仅仅代表他们自己,还代表除了他们之外的其他有类似问题的幼儿。针对幼儿投掷能力的差异，我实行了以下教育计划和措施。首先是第一阶段，发展幼儿手臂力量和投掷感觉、提高手眼协调能力。

表4-22 第一阶段活动设计

活动名称	活动一：纸球入网 活动二：滚小球	相关图片
活动设计	活动设计一：纸球入网 材料与场地：大纸球若干；小树林中悬挂的网兜。 活动玩法： 1. 幼儿拿纸球用自己喜欢的投掷方法，抛进网中。（见图4-38） 2. 把网中的纸球用手拍的方法取出来。（见图4-39） 活动设计二：滚小球 材料与场地：各种小球（网球、小皮球等）；筒状滑梯入口与出口。 活动玩法： 1. 滑梯出口处，幼儿把球往上投向滑梯上方入口处同伴。（见图4-40） 2. 滑梯上方入口处同伴尝试接或抓球，然后把球从上往下扔（或滚）下来。出口处同伴尝试接或抓球。（见图4-41） （因为从上方扔下的球力度比从下方往上扔的球力度大，下方的幼儿也可以躲球。视球的轻重而定。）	 图4-38 纸球入网1  图4-39 纸球入网2 图4-40 滚小球1
观察与指导	1. 观察幼儿投掷习惯，喜欢用哪些方法把球投向目标。指导幼儿用多种方法进行投掷。如：单手或双手、从下往上投掷或从上往下投掷等。 2. 提醒上方入口处幼儿尽量把球滚落下来。指导幼儿在活动中注意躲避落向自己身体的球类。 3. 鼓励和引导幼儿创新玩法。 安全提示：滑梯上方入口处需要老师看护，以免幼儿在抓球时头朝下滑落。	  图4-41 滚小球2

（续表）

幼儿 表现	1. 活动过程中，幼儿可以自由选择，结伴活动。 2. "纸球入网"活动，幼儿投掷方式多种多样。因为网兜挂得比较高(约1.5米)，参与活动的幼儿约三分之二用单手过肩往上投掷，其余幼儿有从下往上扔、双手过头网上扔，但投掷时基本都能够动用全身力量。幼儿从网中往外拍球时，由于高度较高，也都是双手或单手往上方或者网兜外围方向拍去。 3. "滚小球"活动受滑梯筒形状和方向所限，在下方出口的幼儿多以单手往上投掷为主；滑梯上方入口的幼儿，以把球滚落为主。
家园 共育 活动 推荐	活动名称：打败大怪兽 材料与场地：装扮成怪兽模样的装满水的大饮料瓶(约1000ml的瓶装水大小3—5瓶、沙包或皮球，距离线；家中开阔空地。 活动玩法： 1. 把装扮好的怪兽水瓶按照一字或者三角形摆放。 2. 幼儿站在距离线外(约2米左右，也可根据幼儿实际能力适当调整)，用沙包或皮球击中怪兽，并用力把它打倒。

就实施成效而言，对幼儿来说，手眼协调是一种特殊的技能，即当眼睛看到物体后，通过大脑皮层的感觉中枢，进行由手操作的运动来完成整个协调活动。小班幼儿动作发展进入一个快速发展关键期，由于受动作能力发展、个体因素、环境因素、养育因素等的制约，个体动作能力的发展会有不同程度的差异，幼儿运动水平和能力总体发展还不够完善。因此，小班幼儿在进行投掷活动时，教师可以不必太纠结动作要领。幼儿对很多动作的技能、技巧一时难以完全领悟、做标准，游戏活动的设计以大方向为主，可以根据幼儿自身需要，灵活变换适合幼儿个体的投掷动作。在自由投掷时，指导幼儿探索和寻找投、掷、抛的动作和协调身体的感觉。

"纸球入网"和"滚小球"活动中，都能产生幼儿之间的合作行为，有互动的运动，更能激发幼儿的积极性和参与度。同伴之间还可以通过互动进行比较、学习和模仿。同时，刺激幼儿的挑战欲，激发幼儿的好胜心。同伴之间相互合作、面对面活动，能够激发幼儿的活动兴趣和挑战，延长幼儿活动的耐心，提高活动的持久性。"纸球入网"活动，不仅有投掷动作，还有拍打动作。幼儿把球从网兜中往外拍打时，由于网兜比较大，幼儿需要高举双手进行"屈臂-伸直"连续用力才能把纸球击打出来，对幼儿手臂和肩胛肌肉的锻炼有很大的帮助，同时增强了臂力。家园活动推荐"打败打怪兽"，因为需要用力击倒"怪兽"，可以培养幼儿的手眼协调力、方向感和臂力。

"滚小球"活动中，当小球从滑梯上方滚落时，由于速度快，下方幼儿接的时候就比较有难度，需要敏捷的反应和身手。对幼儿手眼协调、动作的灵活性以及反应能力都有很好的锻炼和发展。虽然对小班幼儿投掷动作标准没有过多要求和标准，但是这两个活动设计的投掷目标方向性强。幼儿可以自由选择活动场地和材料，既能够使幼儿的优势动作得到发挥，场地和材料的变换又能够让幼儿的投掷动作得到更全方位的发展。

随后进入第二阶段，提升幼儿投掷距离和方向感。（见表4-23）

表4-23　第二阶段活动设计

活动名称	喂小鱼	相关图片
活动设计	材料与场地：大型玩具，投掷靶(鱼池)，小鱼，小软球或泡沫粒沙包(鱼食)。 活动玩法： 1. 利用大型玩具滑滑梯，在滑梯下方布置一个"养鱼池"。 2. 幼儿可以把"鱼食"(泡沫粒沙包或软球)拿上滑梯，从高高的滑梯上扔到"鱼池"，进行"喂小鱼"活动。(见图4-42)	 图4-42　喂小鱼
观察与指导	1. 观察幼儿"投食"范围和方向。指导幼儿把"鱼食"对准鱼池的中心方向，进行投掷。 2. 鼓励和引导幼儿创新玩法。	
幼儿表现	1. 与从高处往低处投掷相比，平地投掷和从低处往高处投掷简单很多，更符合小班幼儿身心发展特点。这个活动，班级幼儿全部参与过。 2. 活动中，辰辰把手伸到栏杆外，稍微用力，就能够把"鱼食"扔到"鱼池"，言言和其他同伴一上一下互相抛投。 3. 游戏过程中，多数幼儿是从上往下扔，部分幼儿把"鱼食"捡起来，往上扔，试图扔给滑梯上的幼儿。由下往上是幼儿自发的活动，尽管很难扔上去，但是由于上面有同伴，幼儿兴致很高，乐此不疲。经过不断尝试，有两三名力气大的幼儿已经能够把"鱼食"扔到2米多高的滑梯上。	
家园共育活动推荐	活动一：玩套圈 材料与场地：沙包(或套环)、幼儿小玩具若干、遥控玩具；家中开阔空地。 玩法一：把幼儿小玩具分散摆放在地板上，拉一条距离线(一米以内)，家长和幼儿站在距离线外，用沙包(套环)投向玩具。 玩法二：家长遥控玩具，幼儿拿沙包(套环)投向移动中的目标。 活动二：喂小猪(或其他小动物) 材料与场地：上开口空纸箱(装扮成小猪或者其他小动物的形象)，毛绒玩具或小球(食物)；家中开阔空地。 活动玩法：固定纸箱位置，根据幼儿实际能力，拉一条距离线(一般约2米左右)。幼儿站在距离线以外，把毛绒玩具或小球(食物)投到纸箱内(小猪)。	

第二阶段的实施成效是显著的。"喂小鱼"活动中，结合大型玩具，既有

攀爬又能投掷。高高的滑梯，弥补了幼儿身高的不足。幼儿站得高，投得远。借助高度，无形中延长了抛物线的长度，增加了投掷的距离。同时，"鱼池"又是一个范围较大的目标，幼儿很容易就能够扔进去，提高了幼儿的信心和兴趣。部分幼儿自主自发由下往上扔投，让活动更具难度和挑战。这种高低双向抛投球，还促进了幼儿之间的互动，让幼儿有了合作游戏的可能。活动中，辰辰、言言也充分发挥了他们各自的"优势"，辰辰会往下投，言言会往上抛，积极参与其中。

幼儿来回攀爬滑梯、扔球、捡球，又能够提高幼儿的攀爬能力，锻炼幼儿手脚协调性和腿部力量。大部分幼儿一手拿软球一手抓扶手，只剩一只手辅助身体用力向上攀爬（图七），对幼儿手臂力量的发展也起到了一个很好的促进作用。"玩套圈"和"喂小猪"两个活动，场地、材料要求不高，游戏方法也比较简单。家中就算老人参与，也不会耗费很大体力，家庭成员参与性比较灵活。对发展幼儿手眼协调和投掷方向感很有帮助。

第三阶段的重点是提高幼儿投掷的目标意识和方向感。（见表 4-24）

表 4-24　第三阶段活动设计

活动内容	丢沙包、飞盘过河	相关图片
活动设计	活动一：丢沙包 材料与场地：沙包 1—2 个；开阔场地。 活动玩法： 1. 在操场画出一大圆圈。 2. 3—5 名幼儿在圈内，2—3 名幼儿各站圈外，往圈内的幼儿丢沙包。（见图 4-43） 3. 圈内的幼儿看到沙包飞来，要躲开。被沙包击中者可以替换或出局。 4. 幼儿可以站在原地通过下蹲、跳跃、侧身、抬腿等躲避飞来的沙包。 5. 也可以通过跑动来躲避沙包。但是不能跑出圈外。	图 4-43　丢沙包
	活动二：飞盘过河 材料与场地：飞盘；"小河"。 活动玩法： 1. 找一块适合当"小河"的活动场地（也可以用地垫铺成一条"小河"）。幼儿可把塑胶地面作为"小河"（约 3 米左右）。 2. 幼儿自由分为两组，分别在"小河"两岸，向对方抛投飞盘。尽量把飞盘抛向对方，越过"小河"。（见图 4-44） 3. 活动中提醒幼儿注意躲闪，避免被飞盘击中。	图 4-44　飞盘过河

（续表）

观察与指导	1. 观察幼儿丢沙包（抛飞盘）的方向。指导幼儿把沙包（飞盘）投向对方，并注意投向同伴胸部以下部位，尽量避开头部。 2. 观察幼儿躲闪飞来的沙包（飞盘）的反应速度。指导幼儿注意观察沙包（飞盘）飞来的方向，躲闪时可以用手保护住头部和脸部，并避免相互碰撞。 3. 观察幼儿抛飞盘（丢沙包）的力度和距离（"抛飞盘"只强调距离）。指导和示范飞盘（沙包）的拿法和抛出动作。
幼儿表现	1. "丢沙包"活动过程中，幼儿很少能够击中目标或被击中。但是由于互动性比较强，幼儿参与积极性很高。 2. 胆小的幼儿一般会选择投掷沙包。投掷不远或不准的幼儿一般会选择圈内躲闪。如辰辰、言言等。 3. 虽然很少有幼儿能够击中目标或被击中，但是活动的游戏性很强，幼儿在奔跑与躲闪中非常兴奋。 4. 准确的抛飞盘动作对小班幼儿来说有一定难度，幼儿多采用甩、掷、滚等动作进行活动。
家园共育活动推荐	活动名称：击小铃 材料与场地：软球、带有响铃的小纸盒若干；可以悬挂纸盒的空地。 活动玩法： 1. 幼儿把软球往上抛，自抛自接。 2. 幼儿把软球抛向悬挂的小纸箱，使其发出响声。

　　总结第四阶段的实施成效，在"丢沙包"活动过程中，圈中奔跑的幼儿就是一个个不断移动的目标。扔沙包幼儿的眼睛需要来回不断追踪目标、变换方位。同时，手中的沙包还要扔向同伴。活动难度有所增加，但是趣味性和互动性较强。在有趣的活动中，幼儿一般比较愿意和迎接更高级的挑战。站立不动进行躲闪，需要幼儿做出侧身、下蹲、跳跃、抬腿、抬臂、歪头等动作，能够较好地调动全身各关节的活动，对身体动作协调和平衡要求较高，能够让幼儿的身体动作得到更全面的锻炼和发展。

　　"飞盘过河"活动，通过地面的"小河"的宽度，幼儿在无形中加强了抛投力度，无论是抛、投、甩、滚，都促使幼儿的臂力得到很好的锻炼和发展。避让危险物体，也是投掷活动的内容和要求。"丢沙包""飞盘过河"正好综合了幼儿手眼协调、投掷方向以及对物体避让和躲闪的能力。"击小铃"和抛接球也可以放在幼儿园进行，因为幼儿园的活动场地比较大和多样，更便于进行抛接和悬挂、击打。对于小班的幼儿可以不必纠结击中与否，以游戏兴趣和参与积极性为目标。活动中，幼儿会不由自主的把手中物体往目标方向投掷，在不知不觉中促进了幼儿的手眼协调能力和方向感的发展。

效果与感悟

此篇只是有针对性列举几项幼儿投掷方面常见的问题。对小班幼儿来说,影响投掷的因素还有很多。除此以外,还有以下一些方面:

首先是材料因素。包括材料的大小、轻重和投掷目标的高低、远近。其中,材料的大小方面,大的球比较适合幼儿双手捧握、胸前前推、上抛或双手过头前抛;比较小的球,比较符合幼儿抓握的球,也会更方便幼儿单臂投掷。在材料的轻重方面,较轻的物体投掷的距离相对较远,重的物体投掷的距离相对较近。可以依据幼儿的需求,通过调整目标距离的远近、材料的轻重来选择锻炼幼儿手臂力量和手眼协调。投掷目标的高低、远近方面,目标越高、越远,投掷难度就越大,同时挑战性也越强。

其次是游戏设计。无论是投掷还是其他活动,活动设计的趣味性、情景性以及年龄段的适宜性,都是影响幼儿活动参与积极性和持久性不可或缺的因素。

最后是幼儿个体因素,包括幼儿手臂力量、手眼协调、身体动作的协调与连贯等。

虽然文中主要写的是投掷动作,但是,幼儿投掷动作的发展并不是单一的。不仅仅是投掷动作,幼儿其他动作的发展也都是具有综合性的。有一句话叫做"牵一发而动全身",就很生动地证明了全身动作的协调性、平衡性以及全身力量的联动性。也就是说,幼儿投掷能力的差异,不仅仅是表面看到的动作、力量的不同,而是要综合全方位的因素进行考量。因此,在活动的设计与思考中,我们可以根据幼儿不同的个体的需求和特点,进行差异化分析和活动设计实施,步步跟进,循环锻炼,真正满足幼儿的需求,解决其核心问题,让课程实施发挥出最大功效,让幼儿在符合自身个体发展的课程活动中稳步成长。

（韦丽娟）

"投"出新花样

——大班幼儿投球的故事

观察与实录

运动前，根据前期幼儿定点投篮游戏时观察到的我班幼儿的平均水平，我们设置了投篮距离，约为1.5至2米，在篮球架前摆放了蓝色积木，以提示幼儿站在线后投篮。运动开始了，小M拿着球来到了篮球架下，她抬起手中的球就往框里扔，第一次，球没有接触到球筐就落地了。小M跨过蓝色积木，走近了球筐，第二次尝试投球，她双手抱球举过头顶，用力向上抛球，这一次，因为距离近了，所以球碰到了球筐，但是仍然没有投进筐里。（见图4-45、4-46）两次失败之后，小M放弃了投篮。

图4-45 幼儿投篮图1

图4-46 幼儿投篮图2

识别与分析

根据小M投篮的情况，我发现她在第一次投篮时能通过摆动双臂将球抛起；抛球时双手均匀用力，但力量、方向控制还存在问题，不能很好地控制抛球方向及抛的高度，投篮水平较低。第二次投篮时，由于小M走近了篮球筐投篮，她投球时能有效摆臂双手用力均匀地将球抛起，抛起一定的高度，但投球的力量和方向控制仍存在问题。

小M在我班属于月龄偏小的孩子，身高和体重与同龄的孩子相比较瘦小，各项运动能力均发展较弱。另外，在平时一日活动中我对小M的观察发现，小M的抗挫能力较弱，面对失败比较容易放弃。通过小M这两次的投

篮情况,我发现小 M 对投篮的动作要领是清楚的,但是由于上肢力量较差,不能很好地控制投球的力量和方向。所以,经过这两次的失败后,小 M 对投篮的兴趣逐渐消失。

回应与支持

通过小 M 投篮时的动作表现,我观察到她上肢力量薄弱,所以不能很好地投篮。于是,我翻阅了工具书,查阅到大班幼儿投篮的动作要求(双手向上抛接球、运球、双手胸前投篮),根据动作要求我分了三个阶段来实施差异化指导。主要通过 3 个小游戏,来锻炼小 M 的上肢力量。

第一阶段,抛球游戏。根据大班幼儿投篮的动作要求,我开始和小 M 玩起了抛接球的游戏。我和她面对面距离(1.5 至 2 米)站好,并要求小 M 玩游戏时,双手持球置于胸前,两脚自然开立,两膝微曲,手指自然张开成球状,两个大拇指相对成"八"字形,用力握球,手心自然空出,将球用力向前抛。第一次抛球,因为对动作要领还没完全掌握,以及手部力量较小,所以球直接被抛到了地上。我看到后,来到小 M 身后,握着她的手,和她一起按照动作要领抛球,马上成功了,球抛得很远。获得成功后,小 M 很开心,马上捡起球继续玩抛球游戏。整个运动时间,我们两个一抛一接,玩得很开心。通过一段时间的抛球游戏,小 M 很快的掌握了投篮的基本动作,并且能够将球抛出 1.5 至 2 米的距离,上肢力量得到了有效发展。

第二阶段,设置积木小路。《3—6 岁儿童与学习发展指南》中健康领域的目标中有一条"5—6 岁的大班幼儿能连续拍球"。拍球活动需要躯干、大臂、小臂、手腕、手指等全身多个部位协调用力,需要手眼协调、配合完成。另外,为了保持小 M 运动的新鲜感,也为了更好地锻炼小 M 的上肢力量和对球的控制能力,我和小 M 用蓝色积木搭成了一条直直的积木小路,小 M 站在积木小路上边走边练习拍球。慢慢的,小 M 不满足于这一种拍球方式,她开始和小伙伴们搭建不同的积木小路,有封闭的正方形、一个隔着一个的圆形积木小路、设置路障的积木小路等等。不同的道路对于小 M 边走边拍球有着不同的挑战:在这个过程中,小 M 既要手眼协调地在小路上行走,又要控制住球的方向,还要用力将球连续拍起不断掉,有时还需要跨过路障,这些对她来说都是一个个挑战。正是这些积木小路,让小 M 的拍球兴趣越来越浓,她每天都很期待搭建不同的积木小路,还要不断地给自己增加难度,完成挑战。渐渐地,小 M 的拍球和控球能力越来越棒。

图 4-47　幼儿拍球图 1

图 4-48　幼儿拍球图 2

图 4-49　幼儿拍球图 3

图 4-50　幼儿拍球图 4

　　第三阶段,投篮大作战。根据孩子们设置的积木小路,我调整了原先单调的一根积木投篮点的距离提示,将小路的尽头设为投篮点,小 M 的投篮兴趣又一次被激发了。她从小路的起点开始边走边拍球,跨过障碍来到了终点(投篮点),根据抛接游戏中的动作要求,将球投进篮框内。第一次投就获得了成功,小 M 的投球兴趣一下子就被点燃了! 就这样,小 M 愿意在运动中花大量的时间反复练习,和朋友们一起拍拍、走走、投投,玩得很开心。在这

个过程中,小 M 的上肢力量在潜移默化中得到了发展。

效果与感悟

　　面对小 M 投篮的失败,教师不应该急于求成,直接将动作要求教给孩子,这样反而会适得其反,孩子会渐渐失去兴趣。学前儿童都喜欢游戏,用游戏的方式来将运动的动作要求"教"给孩子,在游戏的过程中既体验到了运动的快乐,同时也达到了运动和练习的效果,孩子会更容易接受。此外,学前儿童都喜欢新鲜感,因此我们应在保证安全的前提下,尽可能的给孩子提供各种各样的体育活动形式,不仅能够丰富孩子的生活,开阔视野,还能更好地激发孩子参与体育活动的积极性,进而促进孩子身心健康发展。

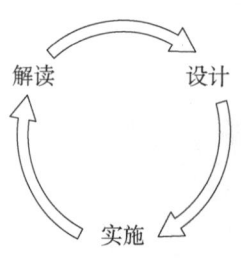

图 4-51　思考流程图

　　这也引发了我的进一步思考和跟进。(见图 4-51)继续跟进小 M 的投篮情况,下一步可以根据投篮工作要领中的"投篮时,下肢蹬地发力,双臂向前方伸出,把球投向篮筐",从下肢力量为小 M 制定个性化的指导措施,帮助小 M 的运动能力得到进一步提高。

　　此外,对于班级其他幼儿的投篮能力,我接下来需要进行以下措施:一是根据大班幼儿投篮目标和要求,制定科学的观测表,并根据观测表内容观察本班所有孩子的投篮情况;二是梳理观测表中本班孩子的投篮情况,划分几个不同的水平;三是根据不同水平孩子的现状,制定适合孩子"最近发展区"的运动方案;四是现场实施。幼儿的运动能力是一个过程性的发展,只有通过不断的分析与解读、设计与实施,幼儿的运动能力和水平才会有质的飞跃。相信,通过差异化的运动措施和实施,我班孩子的运动能力及运动水平都能在原有基础上得到进一步的提高!

　　　　　　　　　　　　　　　　　　　　　　　　　　　(陆晓丹)

第五章

我爬：发展幼儿的
四肢协调能力

　　小班阶段，幼儿上下肢力量较弱，爬行以手肘、膝脚为主，重心低，爬行速度慢，持续爬行距离有限，但是也能很好的爬行，方向主要以向前爬行为主；中班阶段，幼儿上下肢力量增强，可以手膝或手脚爬行，但是手脚爬行不熟练，速度较慢，爬行时间和距离增加，爬行方向多样，可以随意转弯；大班阶段，幼儿手膝爬行、手脚爬行、匍匐爬行等多种爬行方式都可轻松掌握，爬行时身体协调、爬行时间和距离有很大进步。

情景再现

　　骏骏来到"穿越封锁线"区域前，准备尝试匍匐爬来穿过垫子。他全身俯卧在垫子上，两手臂屈肘置于胸前。开始时，他左手前伸、右腿屈膝、臀部微微向上抬起。然后，他开始手脚交替向前匍匐爬，可是爬着爬着身体就拱起来了，变成以跪膝的姿势前行。在一旁的教师看到了，便对骏骏说："屁股放下来，不要用膝盖爬。"可是骏骏爬着爬着屁股又拱了起来，教师也无计可施。

　　体育专任教师大象老师看到了，指导骏骏腿部用力蹬伸："腿部用力，像青蛙用力蹬，伸直！"短短一句话，骏骏的身体再也没有拱起来，爬行的速度也快了很多。大象老师说："骏骏的腿部没有充分蹬伸，爬着爬着身体就拱了起来，只要形象地引导孩子蹬直腿，问题就迎刃而解了！"

 　　为何在认真指导的我们会对幼儿的错误动作"视而不见"或是指导了也没有成效，体育专任教师的一句话就仿佛"灵丹妙药"？

理论认知

　　幼儿爬的动作经历阶段性发展：爬行时身体由不协调到协调、爬行速度和时间逐渐加强，爬行方式种类越来越多、越来越复杂。其中，影响幼儿爬行的相关因素有三，一是四肢力量因素。各个年龄阶段幼儿进行钻爬运动时都很依赖肩部力量和髋部力量。四肢的肌肉耐力意味着幼儿进行钻爬的持久力。肌肉耐力差，爬行一段时间就会出现肩部无力和屈髋幅度变小的状况。肌肉耐力好，动作幅度大而且动作持续时间久。

　　二是爬行动作结构因素。钻爬的动作丰富多样，不同难度的爬行方式会有不同的能量消耗。例如，相同距离和时间的手膝支撑爬行的能力消耗要小于手脚支撑爬行。因此在进行爬行游戏时，家长和老师要依据幼儿自身的体能情况调整爬行的动作结构、距离和时间。建议小班进行手膝支撑爬行，中大班进行手脚支撑爬行。爬动作结构的难度梯度可以分为：毛毛虫爬、手膝支撑爬、手脚支撑爬、横向四肢爬、仰卧四肢爬、匍匐爬、仰卧匍匐爬、后退爬等。

三是场地因素。幼儿阶段身体各关节发育还不够完善,在过强的外力作用下容易造成损伤。因此家长和老师要注意爬行场地的选择和卫生习惯的培养。第一步保持良好的卫生环境。夏天幼儿的出汗量较多要经常对幼儿使用的垫子进行消毒,家长和老师及时提醒幼儿爬行结束后洗手消毒,培养幼儿良好的卫生习惯。第二步清扫场地和垫子上的垃圾。检查场地是否有石头和金属物,避免幼儿在爬行过程中造成身体损伤。第三步依据场地的材质选择爬行动作。光滑的木地板和水泥地选择手脚支撑爬行动作,光滑的塑胶场地和软垫选择肘膝支撑动作。

由于大部分幼儿园的塑胶场地都会出现落色情况,幼儿手上的颜色难以清洗,建议有条件的幼儿园尽可能让幼儿在垫子上爬行。夏天幼儿穿着的衣物以短裤和短袖为主,膝盖和手肘缺少衣物的保护,避免选择手肘和膝盖支撑的爬行动作。第四步依据场地材质调整爬行时间和速度。宽阔的木地板可选择长时间慢速爬行动作,较厚的软垫可进行短时间快速爬行。

幼儿爬的主要动作及要点可见下表。(见表 5-1)

表 5-1 幼儿爬的主要动作及要点表

要点 动作	1	2	3	4
手膝爬	趴在垫子上	手膝着地,头稍抬起,背部挺直,目视前方	左(右)手和右(左)膝配合向前爬行	全神贯注,认真练习
俯卧匍匐爬	全身俯卧,屈肘,爬行时左臂前伸,五指张开全掌按地	爬行时,胸和腹稍微离地面同时右脚前蹬伸直	左(右)手和右(左)膝配合向前爬行	不怕困难,敢于尝试
侧卧匍匐爬	上体右侧卧倒,手臂屈肘前伸向前爬	右腿屈膝蹬地向前爬	右腿配合手臂前伸屈膝向前爬	手膝可以协调配合向前爬行
蛙爬	预备时两脚开胯,双腿屈膝下坐,脚尖向前,五指张开,指尖稍向内	上身体前倾至双掌着地,背部挺直,目视前方向	爬行时臀部稍离地,同时上体稍挺起,两掌推离地面	勇于挑战,多次尝试
兔扑	并腿下蹲,双手并指撑地向前,背部挺直,目视前方	两臂置于两腿外侧与膝盖平齐,爬行时,两掌离地,向前扑撑	提臀,两脚掌蹬离地面立即收腹,向前屈膝提腿	注意力集中,喜欢挑战新动作
横向爬行	两脚开立,两膝跪地,上体前伏,背部挺直,掌心向下横向爬行	蹬脚提臀使两膝离地做分腿俯撑	左手右脚为支撑左手右脚向左移动一步	敢于尝试,愿意换做各种新颖动作练习

实施指引

一、手膝爬

（一）动作要点

手膝爬的动作要点与运动经验发展如下（见表5-2）：

表5-2　幼儿手膝爬动作要点与运动经验发展表

动作＼要点	1	2	3	4
手膝爬	趴在垫子上	手膝着地,头稍抬起,背部挺直,目视前方	左(右)手和右(左)膝配合向前爬行	全神贯注,认真练习
运动经验发展	发展幼儿的四肢协调能力和肩部力量,为接下来的攀登和投掷能力的发展奠定基础。			

幼儿手膝爬动作要点示例图（见图5-1、5-2）

图5-1　正视图1

图5-2　侧视图2

（二）实施建议

手膝爬的动作形式：（1）手膝爬到终点。（2）绕障碍物手膝爬。

（三）温馨提示

（1）爬行时左(右)手和右(左)膝协调配合向前爬,要避免手脚不协调。

（2）爬行时应微微抬头，目视爬行前方，要避免低头不看前方。

（3）爬行时挺胸、塌腰、抬臀，要避免撅屁股。

（四）游戏分享

1. 幼儿自主发起的运动游戏

①材料提供：爬爬垫或其他可以爬行的垫子等。②观察要点：观察幼儿在垫子上爬行的各种动作，比如手膝爬、手脚爬、匍匐爬等；观察幼儿最常见、最简单的爬行——手膝爬（婴儿爬）手脚配合的情况；观察幼儿手膝爬行时的精神面貌和注意力；观察幼儿爬行时与同伴共同游戏的情况。③温馨提示：关注班级幼儿运动能力的差异性；时刻关注幼儿的安全，引导幼儿爬行时注意与其他幼儿保持安全距离。

2. 教师发起的运动游戏

游戏："溜溜布"。①游戏准备：将溜溜布平铺在场地上。②游戏价值：发展幼儿的四肢协调能力、髋部/肩部力量，增强跑动能力、安全意识。③游戏方法：幼儿分成男女两组，同时进行游戏；幼儿在溜溜布上进行爬行比赛，到达终点后从左边绕过溜溜布返回队尾。幼儿依次进行爬行，往返爬行路线间隔 1 米左右。每人完成游戏 5—6次，次数可根据幼儿运动兴趣的时间和游戏总时间而定。④温馨提示：溜溜布下可以垫一层垫子，布间的间隔不少 2 米，避免前面幼儿的脚踢到后面幼儿的头部。

二、俯卧匍匐爬

（一）动作要点

俯卧匍匐爬的动作要点与运动经验发展如下（见表 5-3）：

表 5-3　幼儿俯卧匍匐爬动作要点与运动经验发展表

动作 \ 要点	1	2	3	4
俯卧匍匐爬	全身俯卧，屈肘，爬行时左臂前伸，五指张开全掌按地	爬行时，胸和腹稍微离地面同时右、脚前蹬伸直	左（右）手和右（左）膝配合向前爬行	不怕困难，敢于尝试
运动经验发展	发展幼儿的四肢协调能力，培养幼儿的危机意识和自我保护能力。			

幼儿俯卧匍匐爬的动作要点示例图（见图 5-3、5-4）：

图 5-3 正视图 1

图 5-4 侧视图 2

（二）实施建议

俯卧匍匐爬的动作形式：沿直线俯卧匍匐爬。

（三）温馨提示

（1）爬行时左（右）手和右（左）膝协调配合向前匍匐，要避免手脚不协调。

（2）爬行时，胸和腹稍微离地面同时右脚前蹬伸直，避免身体起伏过大。

（3）爬行时微微抬头，目视前方，要避免爬行时低头不看前方。

（四）游戏分享

1. 幼儿自主发起的运动游戏

①材料提供：爬爬垫、小旗子、轻质网等。②观察要点：观察幼儿利用不同材料和以前的相关游戏经验搭建爬行的通道的能力；观察幼儿爬行低矮通道（垫子上架起轻质网格网）时，主动降重心，变为俯卧匍匐爬的动作的情况；观察幼儿其他各种可能出现的爬行动作，如横向爬行、侧向爬等。③温馨提示：关注班级幼儿运动能力的差异性，幼儿游戏的专注度与创新性；时刻关注幼儿的安全，引导幼儿爬行时注意与其他幼儿保持安全距离。

2. 教师发起的运动游戏

游戏："决战时刻"。①游戏准备：将幼儿分为 4 个队伍，每队依次进行游戏；在场地上铺好垫子，设置 4 条距离为 8 米的前进路线，线路设置根据实际场地而定，可适当调整。②游戏价值：发展幼儿的四肢协调能力、抓握能力、跑动能力、规则意识。③游戏方法：幼儿低姿匍匐到达终点后拿起一个小布球，然后从垫子右侧跑回；每人完成游戏 2—3 次，次数可根据幼儿运动兴趣的时间和游戏总时间作适当调整。④温馨提示：强调抬头看前进方向，防止被前面人踢到；控制幼儿间的间隔，防止相互碰撞。

三、侧卧匍匐爬

（一）动作要点

侧卧匍匐爬的动作要点与运动经验发展如下（见表5-4）：

表5-4　幼儿侧卧匍匐爬动作要点与运动经验发展表

动作＼要点	1	2	3	4
侧卧匍匐爬	上体右侧卧倒，手臂屈肘前伸向前爬	右腿屈膝蹬地向前爬	右腿配合手臂前伸屈膝向前爬	手膝可以协调配合向前爬行
运动经验发展	发展幼儿的同侧手脚协调能力。			

预备时上体右侧卧倒，右臂屈肘前伸贴紧地面，右腿屈膝，左臂屈肘于体侧。爬行时右前臂手掌和右腿的力量使上体向前移动，接着左脚屈膝恢复姿势。如此继续前进。幼儿侧卧匍匐爬的动作要点示例图（见图5-5）：

图5-5　侧卧匍匐爬

（二）实施建议

侧卧匍匐爬的动作形式：（1）沿直线侧卧匍匐爬。（2）侧卧匍匐爬过障碍物。

（三）温馨提示

（1）爬行时应右手和右膝协调配合向前匍匐，要避免手脚不协调。

（2）爬行时应微微抬头，目视爬行前方，要避免低头不看前方。

（3）爬行时手脚应协调配合爬向前方，要避免速度过慢。

（四）游戏分享

1. 幼儿自主发起的运动游戏

①材料提供：爬爬垫、手榴弹（可用胡萝卜、茄子等代替）、呼啦圈等。②观察要点：观察幼儿利用材料组织游戏并自主玩乐的能力；观察幼儿手拿手榴弹炸碉堡时，在垫子上侧卧匍匐爬的情况；观察幼儿其他各种可能出现的爬行动作，如横向爬行、后退爬等。③温馨提示：关注班级幼儿运动能力的差异性，幼儿游戏的专注度与创新性；时刻关注幼儿的安全，引导幼儿爬行时注意与其他幼儿保持安全距离。

2. 教师发起的运动游戏

游戏："洪水救援"。①游戏准备：将幼儿分为 4 个队伍，每队依次进行游戏；在每个队伍前摆放一根太空棒，并在前进路线上放置垫子。②游戏价值：发展幼儿的侧身四肢协调能力、物体控制能力、下肢肌肉力量、规则意识。③游戏方法：幼儿从起点出发，手持太空棒，在垫上侧身匍匐爬到终点处，然后从右边返回队尾；每人完成游戏3—4 次，次数可根据幼儿运动兴趣的时间和游戏总时间而定。④温馨提示：注意前进方向；太空棒掉落，需要捡起来继续前进。

四、蛙爬

（一）动作要点

蛙爬的动作要点与运动经验发展如下（见表 5-5）：

表 5-5　幼儿蛙爬动作要点与运动经验发展表

动作＼要点	1	2	3	4
蛙爬	预备时两脚开胯，双腿屈膝下坐，脚尖向前，五指张开，指尖稍向内	上身体前倾至双掌着地，背部挺直，目视前方向	爬行时臀部稍离地，同时上体稍挺起，两掌推离地面	勇于挑战，多次尝试
运动经验发展	发展幼儿的四肢协调能力和身体平衡能力，为接下来的攀登较高物体奠定基础。			

幼儿蛙爬的动作要点示例图（见图 5-6、5-7、5-8）：

图 5-6　侧视图 1

图 5-7　侧视图 2

图 5-8　侧视图 3

（二）实施建议

蛙爬的动作形式：学小青蛙跳、沿直线蛙爬。

（三）温馨提示

（1）爬行时双手和双腿应协调配合向前爬，要避免手脚不协调。

（2）爬行时臀部稍离地，同时上体稍挺起，两掌推离地面，要避免爬行方式不标准。

（3）爬行时要微微抬头，目视爬行前方臀部稍离地，要避免爬行时低头不看前方。

（四）游戏分享

1. 幼儿自主发起的运动游戏

①材料提供：不同大小的呼啦圈若干个，呼啦圈周围悬挂橙色丝带。②观察要点：观察幼儿选择和摆放呼啦圈方式的多样性，如选择大小不同的圈、圈与圈摆放的间距等；观察幼儿运用四肢连续钻爬的持久性，运用蛙爬的动作钻过圈的情况；观察幼儿钻爬时身体的平衡性和协调性；观察幼儿游戏时与同伴的合作情况。③温馨提示：关注班级幼儿身体素质的差异，动态调整呼啦圈的大小以及摆放呼啦圈的间距；关注幼儿不同的爬行方式，如手膝爬、蛙爬等，循序渐进地增加动作的挑

战性。

2. 教师发起的运动游戏

游戏:"青蛙爬"。①游戏准备:分为4个队伍,每队依次进行游戏;在每个队伍前摆放4个标志盘,间隔1米,四队伍相互不干扰。②游戏价值:发展幼儿的四肢协调能力、肩部力量、核心肌群力量、安全意识。③游戏方法:幼儿双手撑地并向前移动,移动时双脚不动。当身体拉直成卧撑姿势时,双手不动,双脚慢慢向前移动;每人完成游戏3—4次,次数可根据幼儿运动兴趣的时间和游戏总时间而定。④温馨提示:强调幼儿动作的衔接;控制幼儿间距,防止幼儿碰撞。

五、兔扑

(一)动作要点

兔扑的动作要点与运动经验发展如下(见表5-6):

表5-6　幼儿兔扑动作要点与运动经验发展表

动作　　　　要点	1	2	3	4
兔扑	并腿下蹲,双手并指撑地向前,背部挺直,目视前方	两臂置于两腿外侧与膝盖平齐,爬行时,两掌离地,向前扑撑	提臀,两脚掌蹬离地面立即收腹,向前屈膝提腿	注意力集中,喜欢挑战新动作
运动经验发展	发展幼儿的上下肢协调能力和跳跃能力,为接下来跳跃和投掷动作的学习奠定基础。			

幼儿兔扑的动作要点示例图(见图5-9、5-10、5-11):

图5-9　侧视图1

图5-10　侧视图2

图 5-11　侧视图 3

（二）实施建议

兔扑的动作形式：学小兔子跳；沿直线兔扑向前爬行。

（三）温馨提示

（1）爬行时双手和双腿应协调配合向前爬，要避免手脚不协调。

（2）爬行时两手扑撑后，两脚掌蹬离地面立即收腹向前屈膝提腿，要避免爬行方式不标准。

（3）爬行时应微微抬头，目视爬行前方，要避免爬行时低头不看前方。

（四）游戏分享

1. 幼儿自主发起的运动游戏

①材料提供：爬爬垫、《小兔子跳跳》漫画。②观察要点：观察幼儿模仿小兔子跳的动作；观察幼儿兔扑情况；观察幼儿其他可能出现的爬行动作，如横向爬行、后退爬。③温馨提示：关注班级幼儿运动能力的差异性，幼儿游戏的专注度与创新性；时刻关注幼儿的安全，引导幼儿爬行时注意与其他幼儿保持安全距离。

2. 教师发起的运动游戏

游戏："兔子跳"。①游戏准备：将幼儿分为 4 个队伍，每队依次进行游戏；在每个队伍前摆放 4 个标志盘，间隔 1 米，四队伍相互不干扰。②游戏价值：发展幼儿的上下肢协调性、肩部力量、跑跳能力、规则意识。③游戏方法：第一轮幼儿双手先向前远撑，然后收腿跳成蹲，重复动作前进；第二轮幼儿双手向前爬行，拉长身体，然后收腿跳起成蹲，重复动作前进，完成后从两边返回队尾；每人完成游戏 3—4 次，次数可根据幼儿运动兴趣的时间和游戏总时间而定。④温馨提示：强调幼儿动作的衔接：手先出去，脚再跟上；控制幼儿间距，防止幼儿碰撞。

六、横向爬行

（一）动作要点

横向爬行的动作要点与运动经验发展如下（见表5-7）：

表5-7　幼儿横向爬行动作要点与运动经验发展表

要点 动作	1	2	3	4
横向爬行	两脚开立，两膝跪地，上体下伏，背部挺直，掌心向下横向爬行	蹬脚提臀使两膝离地做分腿俯撑	左手右脚为支撑左手右脚向左移动一步	敢于尝试，愿意换做各种新颖动作练习
运动经验发展	发展幼儿同侧手脚协调能力，为接下来横向位移动作(侧滑步/侧向跳跃/投掷)的学习奠定基础。			

幼儿横向爬行的动作要点示例图（见图5-12、5-13、5-14）：

图5-12　正视图1

图5-13　正视图2

图5-14　正视图3

（二）实施建议

横向爬行的动作形式：(1)俯卧侧向爬行。(2)仰卧侧向爬行。

（三）温馨提示

（1）爬行时左手右脚为支撑左手右脚向左移动一步，双手和双腿配合横向爬行，要避免手脚不协调。

（2）爬行时两脚开立，两膝跪地，上体下伏，两臂前伸，掌心向下横向爬行，左手右脚为支撑，左手右脚向左移动一步，双手和双腿配合横向爬行，要避免爬行方式不标准。

（3）爬行时应微微抬头，目视爬行前方，要避免低头不看前方。

（四）游戏分享

1. 幼儿自主发起的运动游戏

①材料提供：麻绳 2—4 根、背篓 2—4 个、小球若干。②观察要点：观察幼儿摆放绳子的多样性，如直线形、"S"形、环形等，或是两根绳子的不同组合；观察幼儿选择爬行方式的挑战性，如仰面爬、横着爬、蛙爬、兔扑、倒着爬等；观察幼儿爬行时四肢的协调性、灵活性。③温馨提示：关注班级幼儿运动能力的差异性，动态调整行进路线（直线、曲线等）和两绳之间的间距；关注幼儿的兴趣，鼓励幼儿可以尝试负重爬行，如背背篓或肚子顶球仰面爬行等多种方式，增加挑战性和趣味性。

2. 教师发起的运动游戏

游戏："横冲直撞"。①游戏准备：在场上设置两条长度为 8 米的前进路线，中间放置一条彩带，高度约 20 厘米，长 50 厘米，空间足够让大部分幼儿横向爬行成功越过彩带。②游戏价值：发展同侧手脚协调能力、肩部力量、大腿内侧肌肉力量、安全意识。③游戏方法：每个班级分为两组，同时进行游戏；幼儿侧向四肢爬，即横向爬行，到达彩带处，先跨出一边的手臂和大腿，然后另一边再跟上，前进到终点处；每人完成游戏 3—4 次，次数可根据幼儿运动兴趣的时间和游戏总时间而定。④温馨提示：强调横向移动经过彩带时，不要绊到；注意幼儿的间距，避免相互碰撞。

运动故事

"拱起身"的匍匐大作战

　　《3—6岁儿童学习与发展指南》健康领域动作发展目标中,关于大肌肉的运动发展目标主要体现在"具有一定的平衡能力,动作协调、灵敏"、"具有一定的力量和耐力"这两个方面。爬行运动是一种由人体肩关节、肘关节、胯关节、膝关节、踝关节等多处关节和上下肢、背部、腰部等众多肌肉群参与的一项全身运动。在爬行运动中,身体上下肢异侧交替进行,能够有效地促进上下肢异侧相互配合,提高身体的协调性以及四肢关节灵活度,提升四肢肌肉和核心区肌肉力量,从而增强身体在运动过程中的灵敏性。就以大班幼儿匍匐爬动作发展为例,来阐述基于幼儿运动核心经验的阶段性运动实施方案。

观察与实录

　　室外运动时间,骏骏来到"穿越封锁线"区域前,准备尝试以匍匐爬的动作来穿越过垫子。骏骏从起点处出发,只见他全身俯卧在垫子上,两手臂微微屈肘置于头部两侧。开始时,骏骏左手向前伸、右腿屈膝,臀部则是微微向上抬起。然后,他开始手脚交替向前匍匐爬,只见他先是向前伸出左上臂,等过了两秒钟身体蠕动了一下之后,他的右腿才开始弯曲蹬地,在两侧手脚的交替轮换之间显得有些笨拙。在爬行过程中,我观察到骏骏的优势腿能够弯曲、脚尖蹬地,而另一条腿无蹬地行为,仅是在拖行。在匍匐穿越前两根封锁线时,骏骏都碰到了线上的铃铛。我见状来到骏骏身边,观察到在爬行过程中骏骏的蹬伸腿没有充分伸展,爬着爬着身体就拱起来了,变为以跪膝的姿势在前行,爬行速度缓慢,臀部也始终高高抬起。这时只听见"叮铃"的一声,骏骏停下来回头一看,说了句:"又碰到铃铛了"。

　　我对骏骏说:"骏骏,在爬的时候臀部贴着垫子,用手肘的力量和脚蹬的力量来爬行哦,试试看!"说完,我上前一边语言指导,一边用手帮助他进行姿势的调整。在后面的爬行过程中,骏骏的姿势还是不够标准,身体起伏较大,导致多次碰到铃铛。

识别与分析

结合对幼儿运动经验的解读以及运动中的观察和分析，我们总结出导致骏骏匍匐爬能力较弱的原因有以下几个因素：

首先是个体因素。骏骏匍匐爬的动作和姿势不标准，表现为在案例中骏骏在尝试匍匐爬时，他的胸腹部离开地面间距较大，臀部抬得过高；同时他在向前爬行的过程中，身体上下起伏过大，并且没有通过双脚的交替前蹬伸直来带动身体前进。由于骏骏本身属于超重儿童，体重很大程度上限制了他的动作，导致在爬行过程中姿势也不够准确。骏骏的上下肢配合的协调性有待提高，表现为骏骏在匍匐前进的过程中，他的左（右）手和右（左）膝互相配合的协调性有欠缺，无法使自己成功向前匍匐。案例中骏骏虽然已经学会小臂贴地、轮换前进的方法，但是在双腿轮换一致性弯曲、蹬地前进动作的方面完成得比较困难。骏骏的下肢及髋部的力量还需加强，表现为在异侧同时轮换手和脚的这一过程中，骏骏很难同时完成这个动作，而是将手脚分开交替行进，即只移动一侧肢体（手臂或者腿）。另外，骏骏在匍匐爬时蹬伸腿并没有得到充分的伸展，因此无法使用腿部的力量促使身体移动。匍匐爬主要强调身体上下肢及躯干的协调配合，对四肢力量、背肌力、腹部力量、腰侧力等要求较高。从案例中可以看出，骏骏髋部部位的灵活性还尚有欠缺，不能通过髋部的转动来完成匍匐的动作。

其次是家庭因素。在当前隐形的社会竞争压力下，家长们往往盲目崇尚韩愈"业精于勤，荒于嬉"的说法，推翻"劳逸结合"的说法。为了满足"社会需要"，成人剥夺了幼儿运动的时间和机会，让幼儿过早学习文学、音乐、数学等。幼儿由于参加过多的早教培训而缺乏运动锻炼的机会，不能较好地发展自身的身体素质，也无法及时、有效地获得运动核心经验。通过家园沟通了解到，家中成人对幼儿运动能力的培养不够重视，在动作的指导上也缺乏科学性。而且，骏骏平时在家的运动次数较少、时长较短。家长也大多注重一些安静的游戏，很少锻炼孩子的运动能力。

最后是教师因素。在运动观察和指导中，教师对于骏骏的匍匐爬动作指导不够全面，对其上下肢的协调能力和水平并不是很清楚。此外，教师在实

施运动差异化指导时,还缺乏一些有针对性的策略来支持幼儿的运动能力发展。

回应与支持

根据识别到的影响幼儿运动能力与水平的各种因素,我们决定因材施教,开展并实施适合个体幼儿的阶段性运动实施方案。(见图5-15)

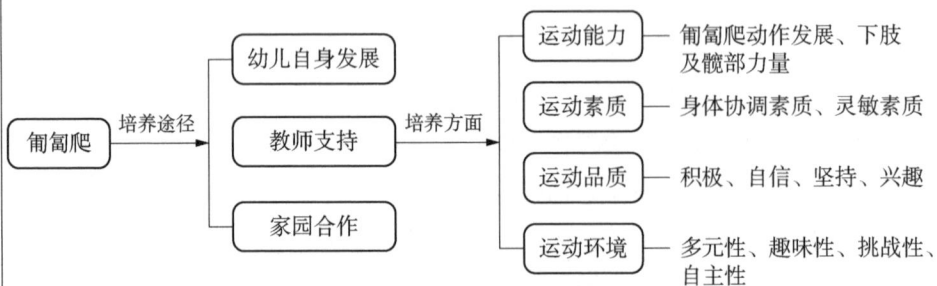

图5-15 对于匍匐爬的思考图

首先是第一阶段。由于幼儿运动经验的形成与其基本动作技能有着紧密的关系,因此我决定先从幼儿匍匐爬的基本动作培养出发,从幼儿园和家庭两个方面对幼儿进行支持,具体计划见下表。(表5-8)

表5-8 第一阶段教育计划

	掌握基本动作技能	观察指导要点
幼儿园	根据幼儿匍匐爬的动作发展特点,以阶段式的动作学习循序渐进地指导幼儿匍匐爬的动作要领: 1. 腹部贴地,用手掌撑地面,上肢手臂无贴地,下肢无弯曲蹬腿动作。 2. 腹部贴地,上臂贴地,双臂宽于肩,手臂正向朝前缓慢交替,下肢无躍地动作,大腿拖地,小腿向上,后勾脚前进。 3. 腹部贴地,头部抬起,双臂弯曲肘朝前交替贴地前进,屈腿蹬地,同时侧臂交替前进。	1. 观察幼儿是否能逐步掌握匍匐爬的基本动作(腹部贴地,上身微抬,头部向上抬起,双手上臂贴地,手肘朝前交替轮换,腿部弯曲,膝盖朝外,脚尖内侧蹬地,两腿交换蹬地前进)。 2. 指导幼儿在蹬伸腿时,膝部边蹬边转,防止臀部隆起。
家庭	1. 与幼儿家长进行家园沟通,引导家长在家持续关注并指导幼儿匍匐爬的动作,可以利用家里的垫子进行一些情境性的游戏,例如"蚂蚁运粮",增加幼儿爬的相关经验,巩固动作发展。 2. 对幼儿进行动作的示范以及言语的鼓励,在指导过程中通过儿歌帮助他掌握匍匐爬的动作要领。 附儿歌:身体贴地面,眼睛向前看。出左臂,曲右腿;出右臂,曲左腿;匍匐过山洞,本领我最棒!	

经过第一阶段的递进式分层指导，骏骏逐渐掌握了匍匐爬的动作要领，在爬行过程中的姿势比之前也有了较大的改善。但是，在运动观察指导中，我们发现幼儿上下肢协调配合的能力仍然比较欠缺，还不能够很自然地进行异侧协调交替前进。因此，针对骏骏这一肢体协调性的弱项，我们开展了第二阶段的教育计划。（见表5-9）

表5-9 第二阶段教育计划

	增强上下肢协调性	观察指导要点
幼儿园	创设多元环境，满足幼儿动作发展需求，促进幼儿协调性的发展： 1. 利用三维空间，形成多种钻爬运动思维。鼓励幼儿将竹梯架在轮胎山上，引导他通过竹梯向上爬，再从轮胎洞内向下钻出；利用楼梯尝试自上而下退着爬，锻炼幼儿四肢向下爬的协调能力；还可以躺在软垫上，拉着绳索仰爬等。 2. 优化运动材料，提升钻爬运动质量。针对幼儿在匍匐爬中的腿部轮换蹬地力量及协调性不够这一问题，我们可以有针对性地增加三轮脚蹬车、手滑车、倒蹬车、推滚轮胎等器械，进一步发展幼儿四肢力量及动作的协调性，满足匍匐爬动作核心经验发展需求。	1. 观察幼儿在运动中四肢是否能自然地协同配合，完成各种爬行动作。 2. 指导幼儿在爬行过程中左（右）手和右（左）膝协调向前行进。
家庭	1. 与幼儿家长继续进行家园沟通，鼓励家长多和孩子玩一些协调性的游戏，如："虾兵蟹将大比武"——根据组织者的口令变换不同的爬行方式。"乌龟搬家"——在游戏中体验负重爬行，通过手脚配合的不同爬行方式完成游戏。 2. 对于幼儿的进步给予表扬和肯定，鼓励幼儿多多参与体育运动，增强运动自信。	

在第二阶段中，通过提供多元的运动环境和方式，以及家园合作的助推作用，骏骏在运动中非常乐意尝试体验多方位的爬行动作，他的上下肢协调性、背部和腹部肌肉力量等也都有了较大的提高。此外，我们也欣喜地发现，当幼儿熟练掌握了上下肢协调轮换的动作后，对于其器械操控能力也有着积极的促进作用。例如在投掷动作发展中，幼儿能较快学会控制上下肢动作，从同侧上步向异侧上步自然过渡，并控制手臂与躯干的协调联动，尝试将球抛出，较为出色地掌握投掷的动作。可见，匍匐爬动作发展在幼儿大肌肉动作发展中具有独特的价值。

但是在日常的体育游戏观测中，我们发现骏骏的爬行速度稍慢于班中整体幼儿的平均速度，爬行过程中身体的灵敏素质也相对较弱。对此，我们开

展了第三阶段的实施计划,提高幼儿爬的速度以及身体灵活性。(见表5-10)

表5-10 第三阶段教育计划

	提高身体灵敏素质	观察指导要点
幼儿园	1. 在区域运动中,教师和幼儿共同创设"西游闯关"的综合运动环境,分段设计"侧爬火焰山""手脚爬过金沙河""匍匐爬过盘丝洞""仰爬蟠桃园""钻爬水帘洞"等运动区关卡。 2. 引导幼儿尝试和同伴以竞赛的方式进行闯关,在多样化的运动区域环境中体验身体各部位的协同合作,从而提高身体核心区各关节灵活度、肢体柔韧性、平衡协调等基本素质。	1. 观察幼儿在一定时间内快速爬行通过各个关卡的情况。 2. 指导幼儿尝试变换不同的爬行姿势(如侧爬、匍匐爬、仰爬等),提高自己身体的灵活性。
家庭	与家长进一步沟通幼儿运动发展情况,引导家长在和孩子开展爬行类运动小游戏时,可根据幼儿水平适当增加难度和趣味性,以全面促进幼儿身体素质的发展,进一步激发幼儿的运动兴趣。	

经过三个阶段的运动差异化活动实施,骏骏的匍匐爬运动能力已有了显著的提高,整体运动水平也得到了进一步发展,具体表现为:在爬行运动中,骏骏已经能够灵活控制手脚的协调配合,匍匐爬的动作和姿势也越来越标准。并且,骏骏还乐意尝试多种爬行姿势,能充分调动身体各部位的灵活性和协调性,从而更全面地锻炼身体关节部位,以及肢体肌肉的耐力和力量。当然,为持续培养幼儿良好的运动品质,我们还将尝试为骏骏接下来几个阶段中的运动发展做评估,形成差异化实施的过程性资料和档案。同时,引导骏骏为自己的表现进行自我评价,逐步积累自己的运动经验和运动智慧。

效果与感悟

通过这次阶段性的运动案例观察与分析,我感悟到实施运动课程应该要立足幼儿动作发展核心经验,遵循幼儿兴趣、满足幼儿需求,以动作发展核心经验为观察视点,借助多元环境及开放式引导,助推幼儿自主建构运动经验,提高身体素质,体验运动的乐趣。

(1)创设丰富多元的幼儿运动环境。在运动活动中,我们应充分利用现有的环境和器材尽可能多的为幼儿营造丰富多变的运动环境,赋予环境情景性。通过创设丰富多元的运动环境,营造运动的氛围,从而激发幼儿运动的内在动机,促使幼儿积极主动发展自我运动核心经验。

(2) 进行针对有效的幼儿运动学习。幼儿运动核心经验的发展并非完全受其遗传因素和身体发展的影响。大多数人的许多基本动作不会自然发展,也不会因为生理成熟而改善,需要有练习的机会。教师要针对幼儿在运动中极易出现的问题提供有效的指导和支持,为幼儿进行正确、规范的动作示范,运用简单、清晰、准确的口令或儿歌帮助幼儿正确习得基本动作,并且多多鼓励幼儿,幼儿才能熟练掌握动作技能。

(3) 激发幼儿积极主动的运动智慧。我们在实施运动差异化活动时,应该是基于了解幼儿身体发展水平及兴趣需求的情况下,再结合幼儿在运动中生成的新玩法和新经验而开展的。只有符合幼儿身体发展情况,满足幼儿心理需求的运动任务才能真正激发幼儿运动的热情和信心。教师要充分掌握幼儿运动活动的一般规律和学习特点,以及幼儿在运动中学习与发展的核心经验与学习轨迹,并且根据幼儿的个体差异和年龄特征,利用具有游戏性、竞赛性、挑战性的运动任务,帮助幼儿产生面对任务积极主动的内部动机,自主自发地参与体育活动中来。

(邓嘉雯)

爬出新高度
——大班幼儿爬的故事

观察与实录

运动开始啦!"今天我们要在长度 5 米的地垫上四肢着地爬并 PK 速度。"

片段一:大象老师讲解示范四肢着地爬的动作要领,指导手脚用力的方法。"我们分小组进行,大家准备好了吗? 预备开始!"第一组 4 名幼儿开始在垫子上爬行,手膝着地,头稍抬起,眼看前方,左(右)手和右(左)膝协调配合向前爬行。西西爬行时低头不看前方,教师在旁指导:"西西,微微抬头,目视前方向前爬,加油!"。嘉懿在爬行时手脚不协调,大象老师指挥道:"左手

和右膝、右手和左膝,一二一……"其余两名幼儿能按照大象老师的标准动作爬行。"现在我们小朋友听我的信号向前爬、向后倒退爬和转圈变速爬。"第二组的4名幼儿中两名女孩子可以熟练手膝协调向前爬。两名男孩子听信号向前爬行的速度非常快。在倒退爬和转圈变速爬的过程中,孩子们还是不太熟练,在两轮之后慢慢熟悉。

片段二:挑战赛开始啦!"现在我在路中间放一些障碍物,大家爬的时候需要快速绕过这些障碍物,看谁动作又标准又快地到达终点。"18名幼儿手膝协调地绕标志爬,5名男孩子的爬行速度十分迅速,6名女孩子爬行的协调性好。

识别与分析

《3—6岁儿童学习与发展指南》中指出幼儿在动作方面的发展目标"具有一定的平衡能力,动作协调、灵敏"和"具有一定的力量和耐力",教育建议中提出鼓励幼儿进行钻爬、攀登等活动来发展动作的协调性和灵活性。爬行活动是日常生活中较实用的身体活动技能,它不仅能增强幼儿四肢肌肉的力量以及背肌力、腹肌的力量,提高幼儿动作的灵敏性、协调能力,发展耐力素质,而且还有利于促进幼儿大脑两半球的发展。从运动实录中我们可以明显看到男孩速度比女孩快,在协调性方面女孩明显优于男孩。于是,我开始思考这一现象的原因,可能有以下几点:

首先是运动能力。爬行有短距离爬行和长距离爬行,短距离爬行主要涉及四肢爆发力和身体的协调性;长距离爬行还涉及肌肉耐力和心肺能力。因此,我观测并记录了本班幼儿双脚连续跳、立定跳远的数据。在立定跳远的观测中,主要看幼儿下肢的爆发力及跳跃的蹬摆协调能力。双脚连续跳观测的是幼儿身体协调性及下肢的肌肉力量。随后,我进行了幼儿动作与体能发展的观测。(见表5-11、5-12)

表5-11　幼儿动作与体能发展观测表

大一班			立定跳远(厘米)		双脚连续跳(秒)	
编号	姓名	性别	距离(厘米)	水平	时间(s)	水平
1	ZYX	男	110	4	4.55	5
2	YYC	男	110	4	4.05	5

（续表）

编号	姓名	性别	距离(厘米)	水平	时间(s)	水平
3	GZC	男	96	3	4.3	5
4	WYY	男	102	3	5.56	4
5	ZYC	男	115	4	3.51	5
6	ZGL	男	92	3	3.96	5
7	WMC	男	121	5	4.38	5
8	JZY	男	98	3	4.75	5
9	YJY	男	72	2	5.23	4
10	ZLZ	男	90	3	4.31	5
11	SJY	男	86	2	5.45	4
12	CSL	男	111	4	4.03	5
13	SZH	男	101	3	4.03	5
14	ZJY	女	90	3	3.81	5
15	SYQ	女	105	4	3.95	5
16	LJX	女	90	3	4.31	5
17	SXY	女	71	2	4.46	5
18	ZWR	女	95	3	3.64	5
19	YRY	女	87	3	4.62	5
20	SYD	女	105	4	3.96	5
21	ZZX	女	89	3	5.57	4
22	LMX	女	98	4	5.06	4
23	MYY	女	111	5	3.24	5
24	XY	女	88	3	5.08	4
25	HQY	女	104	4	4.35	5
26	WZY	女	98	4	4.08	5

表5-12 幼儿动作与体能发展观测表

大一班	立定跳远(厘米)		双脚连续跳(秒)	
	均值	标准差	均值	标准差
班级	97.50	11.91	4.35	0.51
男生	100.31	12.87	4.42	0.58
女生	94.69	10.11	4.28	0.42

由上述两表数据分析可知：大一班男生立定跳远的平均水平高于女生，标准差大于女生。说明男生与女生相比较，男生整体的下肢爆发力好于女生，但整体水平的差异性较明显。女生双脚连续跳的平均水平高于男生，标准差小于男生。说明男生与女生相比较，女生整体下肢力量的连续性和协调性好于男生，整体水平的差异性不明显。

其次是运动品质，幼儿对偏力量型的运动缺乏兴趣，缺乏锻炼，导致上肢力量缺乏。对于有速度要求的运动，幼儿缺乏挑战的意识。

最后是家庭因素。幼儿家长更多关注孩子的学习能力，对运动能力的重视程度不够。家长也缺乏幼儿运动方面的专业知识，不能很好地对孩子的动作发展作出解读和评价。

回应与支持

基于以上的原因分析，我尝试从规划爬行路线、变化动作模型、调整攀登高度三阶段的活动来差异化实施运动教育计划。

第一阶段是规划爬行路线。体育游戏"爬爬乐"让幼儿自主设计爬行路线，提高幼儿的运动兴趣。户外运动场地的爬行区有钻爬区与攀爬区。教师提供幼儿自主选择爬行场地的机会，幼儿可以在塑胶场地、地板、草地等不同场地，利用大型攀爬器械、楼梯以及供儿童建造建筑物的大型积木（例如梯子、木板等）进行钻爬活动。也可以在平坦的草地、地毯、地板上爬，还可以在平衡木、攀爬架和平梯上爬。如下图所示（见图 5 - 16、5 - 17、5 - 18、5 - 19、5 - 20、5 - 21、5 - 22、5 - 23、5 - 24）：

图 5 - 16　幼儿爬 1

图 5 - 17　幼儿爬 2

图 5 - 18　幼儿爬 3

图 5-19　幼儿爬 4

图 5-20　幼儿爬 5

图 5-21　幼儿爬 6

图 5-22　幼儿爬 7

图 5-23　幼儿爬 8

图 5-24　幼儿爬 9

　　同时，教师可根据个体差异进行调整，如：爬行的路线可直、可曲、可圆、可宽、可窄，爬行距离越远越难。钻爬难度与钻爬空间、距离、可视性有关。"洞"可方、可圆，可以是多种形状，可以用不同的健身圈，也可以是圆形"筒"，"洞"的面积、深度都是可变化的。一般来说，钻爬的空间越小、距离越长、可视性越差，则钻爬难度越大。在进行钻的练习时，教师所提供的辅助器械的高低要适宜，促使幼儿尝试运用不同的身体动作。例如，手脚并用的正面钻爬的器械空隙应在幼儿的胸部以上、耳部以下，宽度要大于幼儿的体宽。而用于侧面钻的器械的空隙则应该在幼儿的胸部以下。例如，钻爬架应该体现半开放的特点，充分利用废旧材料开展钻的活动，这样既能满足幼儿活动的需要，又能激发幼儿的好奇心和探索精神，如利用硬的大的纸箱、废旧的车轮。钻爬高度应该适合学前儿童的运动能力，一般建议提供给小班儿童 70厘米高的障碍物（橡皮筋或者绳子）；给中班儿童直径为 60 厘米的呼啦圈或者拱门；给大班儿童通过的出入口长宽仅于幼儿的肩宽的狭小空间。

　　以往我们的体育游戏都是以教师为主导，幼儿只是参与者，而"爬爬乐"游戏是以幼儿自主游戏为主，教师指导为辅进行的钻爬活动。幼儿可以自主设计并选择爬行路线和爬行道路设置，大大激发了幼儿爬行的兴趣，幼儿活

动的参与积极性与成效更高了。

第二阶段是变化动作模型。在爬的过程中，调整幼儿身体支撑位置（如先手后脚、先脚后手、两手同时、两脚同时前进爬）和动作模型（如仰卧、侧身、俯卧、做动作爬行）。幼儿根据指令调整各自身体的重心，支撑点个数越少（如举手抬腿爬行），向前爬行难度越大。

首先是调整身体支撑位置。（见图 5-25、5-26、5-27）

图 5-25　先手后脚爬　　　　图 5-26　先脚后手爬行　　　　图 5-27　两手两脚同时爬行

其次是动作模型的变化，可见下图。（见图 5-28、5-29、5-30、5-31）

图 5-28　仰卧爬行　　　　　　　　　图 5-29　俯卧爬行

图 5-30　做动作爬行 1　　　　　　　图 5-31　做动作爬行 2

此外还可以减少支撑点个数，见下图。（见图 5 - 32、5 - 33）

图 5 - 32　抬腿爬行

图 5 - 33　举手爬行

上述的爬行活动以体育游戏为主，幼儿在自然轻松的游戏氛围中自由探索不同的爬行方法。在活动中，教师观察孩子能否想出和别人不一样的爬行方法。引导幼儿用不同的爬行方式前行，比一比哪种爬行方法最快。孩子们通过体育游戏的锻炼，大大提高了爬行的速度。教师鼓励幼儿变化动作模型，重点练习爬的动作技能，提高了幼儿动作的协调性和灵敏性。

第三阶段是调整攀登高度。攀的动作有助于增强幼儿四肢肌肉力量，尤其是手的抓握力，促进幼儿平衡能力、灵敏性和协调性的发展。攀包括攀登和攀爬，攀登强调下肢力量，攀爬强调上、下肢的协同运动，同时有助于良好心理素质的发展。钻的动作能增强幼儿腿部和腰背部的肌肉力量，发展幼儿的柔韧性、灵敏性和平衡能力。在这一阶段，我们利用户外攀爬区来提高孩子撑和抓的能力。（见图 5 - 34、5 - 35、5 - 36、5 - 37）

图 5 - 34　幼儿攀爬 1

图 5 - 35　幼儿攀爬 2

图 5-36 幼儿攀爬 3

图 5-37 幼儿攀爬 4

其中,活动的观察与差异化指导要点如下:

首先是观察幼儿。其一,观察幼儿翻跟头、钻爬时的上肢力量以及身体协调性。其二,观察幼儿攀爬网格墙、轮胎墙、攀岩墙的四肢协调情况。

然后是指导幼儿。其一,爬圆圈时双手紧握圆圈,双脚踩着圆圈,向上攀爬双手双脚交替协调爬上圆圈。其二,上半身钻过第一排圆圈,双手撑地,通过双脚蹬地向前翻跟头。上半身钻过第二排圆圈,双手撑地,通过双脚蹬地的方式钻过圆圈。其三,攀爬大型玩具的动作要点:双手交替抓握攀岩石、网格墙,双脚踩住岩石或空隙,手脚协调向上攀登。蜷缩身体,保持身体平衡向前灵敏地钻过 55—65 厘米高的障碍物。其四,攀爬动作梯度:四肢交替向上爬→四肢交替向下爬→四肢交替侧向爬→爬上翻越。悬垂动作梯度:双手抓握悬垂→双手交替抓握侧向前进→双手交替抓握前进→单手抓握悬垂。

最后是差异化指导。其一,动态调整幼儿钻、翻的高度。上肢力量较强的幼儿从第二排圆圈钻过去,上肢力量较弱的幼儿从第一排圆圈翻跟头穿过。其二,动态指导攀爬方法。运动能力较强的幼儿可以爬上网格墙之后,尝试从上方翻越网格,引导运用不同的攀爬方式攀登大型玩具。

效果与感悟

第一,相信儿童,让儿童成为运动的主人。爬行是儿童最早的身体移动方式,是孩子非常感兴趣的活动,能发展儿童综合的运动能力。通过科学的体测数据分析、正确解读幼儿运动发展需求、差异化运动课程的实施以及系统的运动课程规划后,我们班级的孩子们勇于挑战攀爬高度,在爬行能力方面得到了显著的提升。在三阶段的差异化运动实施后对幼儿的立定跳远和双脚连续跳再次进行观测,数据的前后对比如下。(见图5-38、5-39)

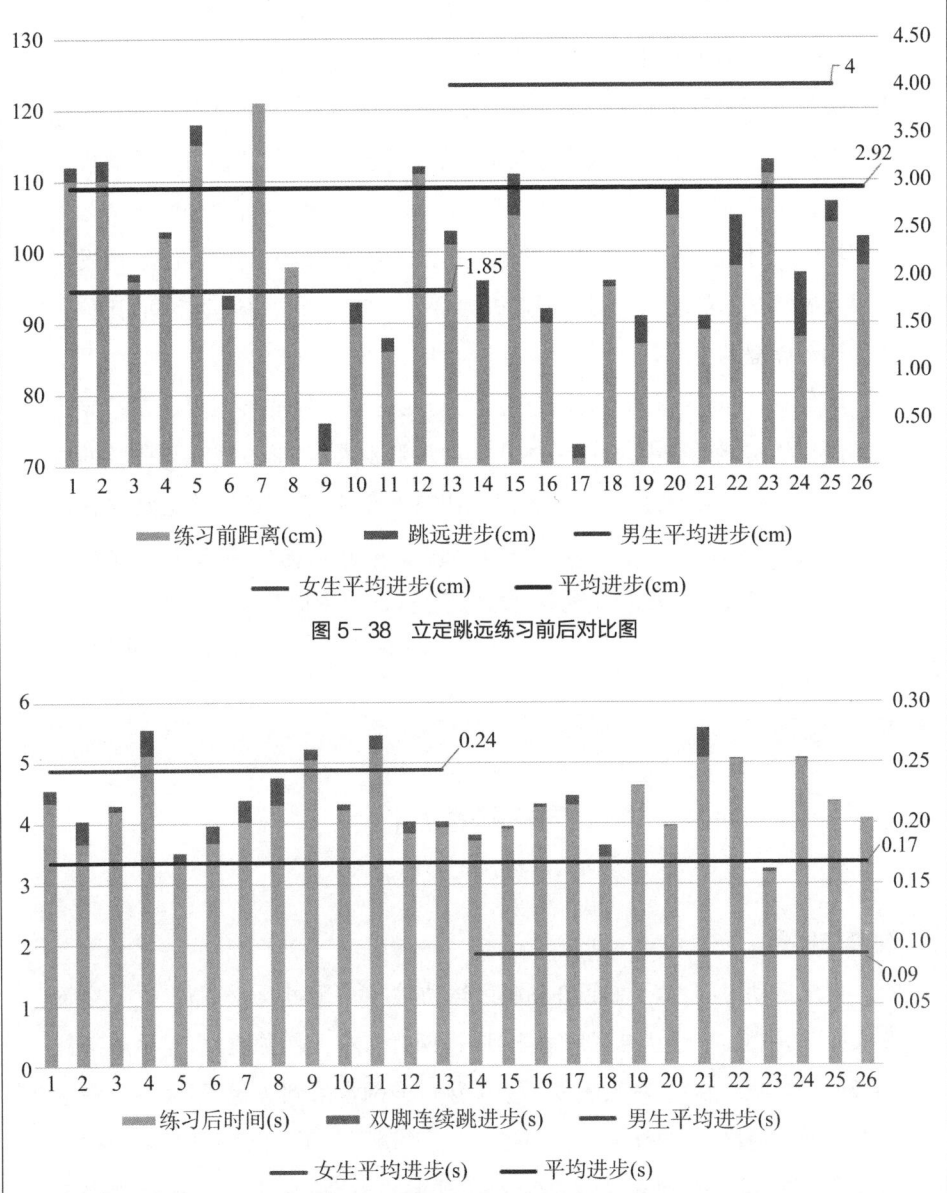

图5-38　立定跳远练习前后对比图

图5-39　双脚连续跳练习前后对比图

　　根据上述图表中的数据可知,在立定跳远这项观测中,练习前的数据为蓝色部分,班级幼儿立定跳远平均进步了2.92厘米。其中,男生平均进步了1.85厘米,较前一次相比提高了1.8%。女生平均进步了4厘米,整体的下肢爆发力提高了4.2%,与男孩相比差异变小。在双脚连续跳这项观测中,练习后的数据为蓝色部分,可见班级整体水平进步了0.17 s。其中,班级男生双脚连续跳的平均水平较练习前相比提高了5.5%,女生提高了2.1%,说明男孩子的下肢连续力量和协调性有不小的进步。同时,我们可喜地发现班级的整体水平都有了较大的提升。通过攀、钻爬,儿童的空间概念、本体觉得到了锻炼,身体素质和心理素质得到了发展。因此,教师要相信儿童,用发展的眼光欣赏孩子的能力。努力创造机会给孩子自由探索的运动空间,让孩子成为运动课程的主人。

　　第二,关注与支持幼儿,让教师成为幼儿运动发展的参与者。在差异化运动课程的实施过程中,教师关注儿童的最近发展区,通过观测与科学的数据,进一步制定科学有效的运动方案。让户外环境当"老师",让运动材料作"引导",组织多样的形式锻炼幼儿的运动能力。拓展课程领域,让运动课程连接所有的可能性。教师在观察、设计、实施、评价中提升专业发展。

(李淼苗)

向左爬的丫丫

——小班幼儿爬的故事

观察与实录

　　户外运动时间,孩子们正在钻爬区运动时,丫丫和小天一起加入了"穿越烽火线"的挑战,穿过丛林绳网后来到"铁网"区,小天屈膝跪地,双手触碰到垫子后,立刻开始向前爬行进发。丫丫穿过绳网也来到了这里,他一边跑喊着"小天等等我!"一边扑倒在了垫子上,丫丫愣了一下,眼眶瞬间湿润,抬头看向我,我立即用鼓励的语气回应他:"没事的小男子汉! 快点爬起来去追他!"接着丫丫用双手支撑起身体重新调整,开始手膝着地爬,这个重新调整出发的过程丫丫花了 3 秒的时间,而此时领先的小天已经爬到了终点。全程 4 米的距离,小天快速通过用时 3 秒,丫丫共用时 9 秒。丫丫在手膝着地爬行的过程中,出现了两次同手同脚前进的状况,并且在此时丫丫身体歪倒在软垫上。在爬行路程 2.5—3 米的阶段,丫丫的爬行路径开始逐渐有一些向左偏离。我便过去用语言引导他:"丫丫,小心不要爬出去,看清小路再爬哦!"丫丫抬头看着我说:"好!"这一次,他调整双手着地的位置,重新出发,接下来的路程没有向左明显偏离,但是丫丫爬得更慢了。经过几次观察,我发现了丫丫在爬行中存在的一些问题,就给他设计了一些有针对性的活动。

识别与分析

在 6 号钻爬区,经过一段时间对丫丫的观察和分析,发现导致丫丫手膝爬行时容易歪倒和向左偏离的原因可能有以下几点:

首先是幼儿个体因素。第一,丫丫的上肢力量和核心力量较弱。丫丫身体上下肢的肌肉群力量较弱,脊柱骨盆周围的肌肉力度不够,导致丫丫的核心力量也较弱,协调性较弱。尤其是在手膝着地爬的运动中,丫丫上肢力量不足的弱势就表现出来了。丫丫在手膝着地爬行的时候,经常因为上肢力量不足而摔倒,一着急就同手同脚,也因此失去平衡,容易侧身摔倒。第二,丫丫的身体两侧发育不平衡。丫丫在手膝着地爬的过程中,经常向左偏离原本路径,说明他身体两侧的肌肉用力不均。右侧上下肢肌肉群的力量在向前爬行时大于左侧肌肉群的发力,导致了丫丫的爬行路径不自觉偏左。并且这种偏离情况经常在 2.5 米—3 米的区间内出现,说明在这段区间内,丫丫的左侧肢体力量因为体力不支,而有所下降,与右侧肢体的持续发力有明显差别才会导致偏离。第三,丫丫有不良坐姿习惯。如进餐环节,我们发现丫丫一直不愿意自己动手主动进餐,喜欢双手、双腿垂放在两边,塌腰驼背地坐着。长此以往,不良坐姿习惯使得丫丫的上下肢力量,包括腰背部肌肉一直处于放松状态,就会导致丫丫的核心力量不足而带来的身体协调性和平衡性的缺失。

其次是家庭环境因素。从家园沟通交流了解到,丫丫生来身形比较娇小,所以家里长辈们也都格外宠爱他,家长会帮丫丫包办许多事情,包括在家进餐环节的喂饭。长此以往也逐渐导致了丫丫自主进餐的欲望不强,食欲、

咀嚼能力较差。丫丫不爱吃蔬菜、牛奶、鸡蛋,鸭肉、牛肉等较难咀嚼的荤菜他也是拒绝食用的。家长们为了丫丫每一餐能多吃点,在菜品上会更多地迎合他的喜好,饮食结构不均衡在无形中也导致丫丫的身体发育比较滞后。在一次次沟通中,丫丫妈妈提到最多的话是"我家宝贝个子小又不爱动",也由此可见妈妈以及家中的其他家庭成员都给丫丫贴上了这样的"标签",对其运动能力的培养不是很重视。

回应与支持

针对上下肢、核心力量较弱,身体两侧发育不平衡的幼儿可以采取以下阶段策略。(见表5-13)

表5-13 第一阶段教育计划-上肢力量增强

材料	游戏内容	观察要点
轮胎、路障、平地、坡度小于等于30°的斜坡	户外运动时,带领幼儿先在平坦开阔处尝试双手向前滚轮胎。熟练后再挑战小山坡等有一定坡度的地方推轮胎上山破。(可先选择光滑的坡面,再挑战不光滑的草地)	1. 观察幼儿滚轮胎时双手推动轮胎前进的情况。 2. 观察幼儿在轮胎意外倒地时,主动扶起倒地的轮胎的情况。 3. 观察幼儿双手控制轮胎行进方向的情况。

其中,游戏的示意图可见下图。(图5-40、5-41)

图5-40 双手向前滚轮胎1

图5-41 双手向前滚轮胎2

在家园共育方面,通过与丫丫的家长进行沟通,引导家长注意观察宝贝的日常坐姿,减少包办,让丫丫有更多的机会自己来动手。适当增加运动量,在家父母要带丫丫多尝试拍球、亲子攀爬等运动,锻炼上肢与腰腹核心力量等。

第一阶段主要针对锻炼丫丫的上肢力量,经过这一阶段的运动游戏,丫丫在双手不离开轮胎的情况下,滚动轮胎的行进速度变快了,也能够成功将轮胎推上有一定坡度的轮胎路。丫丫在手脚着地爬的过程中,就算扑倒也能够在2秒内调整好自己的姿势,重新支撑起上半身。并且在4米软垫爬行运动中,只有1次歪倒在地垫上,4米的垫上手膝着地爬行平均用时为5.7秒。

于是进入第二阶段,帮助丫丫增强上肢力量与核心力量。(见表5-14)

表5-14 第二阶段教育计划-上肢、核心力量增强

材料	游戏内容	观察要点
软垫、大块积木或有一定厚度的书本	1. 幼儿双脚与肩同宽蹲在软垫上,双手在体前按住大积木。 2. 双手前推,双脚原地不动。 3. 下肢轻跳,双脚尽量靠近手部按压位置。	1. 观察幼儿双手推出时,手臂力量的情况。 2. 观察幼儿下肢起跳时,双脚靠近双手的距离情况。

其中,游戏的示意图可见下图。(图5-42、5-43)

图5-42 推积木1

图5-43 推积木2

这阶段的运动游戏在初期对于上肢力量有所加强但是核心力量仍然较弱的丫丫还是有难度的。过程中丫丫表现为双手推出后,左臂容易出现颤抖的情况,双腿在起跳缩回时跳跃距离较短。在两阶段针对上肢力量的运动游戏后,再对丫丫垫上手膝着地爬的情况进行了观察记录,发现丫丫爬行的行进速度有明显提升,情况如下表所示,4米软垫上手膝着地爬行,丫丫用时均在4.4—4.8秒的区间里,并且速度有所提升。(见图5-44)

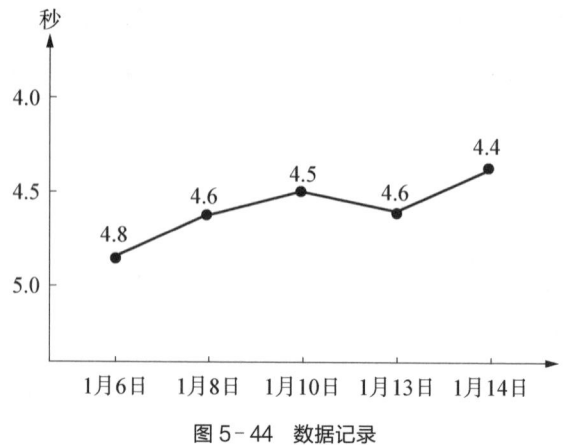

图 5-44　数据记录

在家园共育方面,家长在家可以带领丫丫在进行一些亲子投掷的小游戏,例如投掷固定目标物,或用沙包玩躲避球的投掷游戏,鼓励丫丫多使用力量较弱的左手向前投。鼓励家长观察丫丫力量较弱一侧的投掷情况,指导丫丫屈臂肩上投掷,出手方向为前上方。随后,我们的教育计划进入第三阶段。(见表 5-15)

表 5-15　第三阶段教育计划-上肢、核心力量

材料	游戏内容	观察要点
4 米软垫、小球、2 个路障	1. 幼儿双膝着地,单手撑地(尝试多使用力量弱势的一侧),另一只手扶住球。 2. 幼儿一边爬行,一边将小球向前推。 3. 爬到垫子尽头将球推出完成"射门"。	1. 观察幼儿向前爬行过程中身体的稳定性情况。 2. 观察幼儿整个爬行过程的速度情况。

其中,游戏的示意图可见下图。(图 5-45、5-46)

图 5-45　场地布置

图 5-46　幼儿爬行

经过第三阶段针对性加强核心力量和左上侧弱势肌肉群的运动游戏，丫丫在相同距离的垫上爬行速度加快了，平均用时3.8秒。并且在手膝着地爬行的过程中，丫丫全程身体的平稳情况有了质的飞越，由于上肢力量的提升，"左偏"情况也得到了改善。

在家园共育方面，鼓励家长和孩子玩"推小车"的亲子体育游戏。初期幼儿双手撑地向前爬时，家长可以托起幼儿的腰腹部。后期家长可尝试将托起幼儿的位置后移，托起幼儿膝关节和踝关节的位置，指导幼儿腹部用力不塌腰，发展幼儿核心肌肉群的力量。

效果与反思

每一名幼儿的发展需求不同，在其他的运动游戏中也可以采取这样从观察到识别，再实施有针对性、阶段性、系统性的活动来支持幼儿的发展。通过对幼儿内在需求的分析，通过有效的活动和课程来支持孩子的发展，才能让运动课程真正发挥效益，让孩子的运动能力得到质的提升。

幼儿的健康包括了生理和心理的健康。在幼儿园的一日活动中，丫丫与老师之间常见一种对话是"老师，我不会""老师，我不敢"，包括在最初丫丫和同伴户外运动中摔倒时，他的第一反应是就是向老师求助。这是丫丫的第一反应，同时也表现出幼儿内心的不自信与害怕。但是在这为期一个多月家园共同参与的运动游戏后，我惊喜地发现，在丫丫身上的变化不仅仅体现在他的身体运动能力提升上，还体现在了丫丫自信心的提升上。即使在运动中跌倒，丫丫也能做到不哭泣、不慌张，迅速调整自己的身体，也没有再出现同手同脚的姿势。我也由此获得启发，幼儿心理素质是会因为自身某方面能力的提升而加强，比如丫丫，因为之前连妈妈都不曾在意的运动能力而变得更加自信了。

当丫丫害怕挑战有难度的游戏或害怕失败时，我都会请丫丫的好朋友参与共同游戏。我希望丫丫在他并不擅长的运动项目上，也能收获与同伴游戏的快乐，而不是一次次失败带来的自我否定。当他一次次成功地战胜自己时，我会在终点和他击掌，鼓励他、和他一起高兴！丫丫也在一次次游戏中会体验到克服困难的快乐，我也相信他在以后遇到困难时会多一点信心和毅力去挑战自己。

（范昀晨）

从"不敢"到"尝试",从"害怕"到"喜爱"

——小班幼儿"攀钻爬"的故事

《3—6岁儿童学习与发展指南》指出,走、跑、跳、攀、爬等是幼儿应该发展的基本动作技能。爬行动作是幼儿较早进行的动作之一。婴儿期,随着爬行动作的熟练,婴儿们对外界未知事物的判断会逐渐准确,他们对未知事物的探索也会不断增多。爬行是人生阶段必不可少的重要动作,在某种程度上讲,婴儿期间的爬行与婴儿的空间认知能力、注意力及社会性的发展密切相关,与婴儿认知能力的发展存在着相关性。进入幼儿园阶段,幼儿的心理和生理相对婴儿阶段都有一定程度的发展,他们对世界的认知也逐渐清晰起来。在幼儿园体育活动中,攀钻爬运动技能建立在爬行的基础之上,可以从各方面开发幼儿的潜能,攀钻爬很完美地融合了幼儿身体不同的基本能力,如爬、支撑、拉、攀等。从人体科学上讲,攀钻爬可以很好地锻炼儿童的体能,如训练儿童的大肌肉群、像脚和手的小肌肉群以及一些不被注意的肌肉群等。

图 5-47 幼儿钻爬"长龙"

观察与实录

户外运动开展的时候,钻爬区是幼儿非常喜欢的区域之一,幼儿争先恐后地去攀爬"长龙","长龙"只有一条道路,幼儿们玩的时候,教师先维持秩序,组织幼儿排好队。可是我们班有几位小朋友从来不会去选择钻爬"长龙",每一次都会选择避开这个设施,但是会在"长龙"的底下抬头看着上面的小朋友,有时候会给他们加油鼓励,可是就是不肯自己去爬一爬"长龙"。(见图 5-47)

媛媛就是其中一个,老师鼓励她说:"媛媛,你看小朋友们玩得多好啊,像蜘蛛侠一样爬得可快了,你也上去试试看好不好?看看你能不能也像蜘蛛侠一样,老师相信你是一个勇敢的孩子,老师在旁边看着你、保护你,绝对不会掉下来的,这个网可结实了,试一试,好吗?"她点了点头。从起点开始出发,在观察中发现,她爬行的时候,双腿的相隔距离是很近的,只敢用手抓着网绳慢慢地往前面挪动,从而爬得很慢,时不时会出现同手同脚的现象,交替爬行还是不够连贯,往前爬行几下就要停下来等等再往前爬。越爬越高的时候,她会慢慢地把身子放低,紧紧地抓住旁边的网绳,等爬到最高点的时候,她开始哭了,越哭越大声。由于只有一条路,她卡在那边止步不前,我走上去对她说:"没事的、没事的,勇敢往前爬,我在下面保护好你。"后面的小朋友也鼓励她对她说:"没事的,不要怕,不会掉下去的。"于是,她慢慢开始往前继续爬,等到下坡的时候,她会站起来转过身子,一步一步试探性地往下移动。虽然她最后没有爬完整个"长龙",但是她今天已经勇敢地迈出了她的第一步。

识别与分析

实录中的幼儿在攀爬和钻爬的运动情境中遇到了一些问题,我们试着翻看了《学前儿童健康学习与发展核心经验》中关于"学前幼儿攀、钻爬的发展"的核心经验,结合幼儿生理发展特征试着进行原因分析。

表5-16 学前阶段攀爬、钻爬的发展

	第一阶段(2—3岁)	第二阶段(4—5岁)	第三个阶段(6—7岁)
攀爬	能逐步交替脚上下台阶;双手双脚攀登时,多半是同手同脚,动作仍不够灵敏,协调性较弱,手握横木的姿势不正确。	能协调地交替脚上下台阶,双手双脚攀爬时动作开始协调,但从攀登设备下来时,仍然同手同脚。	已能在攀登设备上较熟练、灵活地做钻、爬、移位、悬垂等动作,动作较灵敏、协调。
钻爬	已能基本掌握正面钻的动作要领,但过程中还不能较好地弯腰、紧缩身体。能协调地掌握手膝着地的爬行动作外,爬越以及手脚着地爬却显得有些笨拙。	正面钻的动作掌握得较好,基本上学会了侧面钻的动作,但两腿在屈与伸的交替动作方面有时还不够灵活。除协调地掌握手膝着地的爬行动作以外,爬越以及手脚着地爬比较熟练。	各种钻的动作基本掌握,能有意识地弯腰、紧缩身体,准确地钻过各种障碍物。除协调地掌握手膝着地的爬行动作以外,爬越以及手脚着地爬也较熟练。

原因主要有以下几点:

第一是生理因素。从《3—6岁儿童学习与发展指南》提出幼儿在动作方

面"具有一定的平衡能力,动作协调、灵敏"和"具有一定的力量和耐力"的发展目标可以看出,平衡能力、协调能力、灵敏性、力量和耐力是幼儿最基本的身体素质。由于幼儿肌肉中水分的含量较多,蛋白质和无机盐较少,呈现出力量较弱的特点,并且实录中的幼儿有偏食、挑食等饮食情况,导致自身肌肉的力量不足,没办法使用腿部力量带动身体往前爬,只能借助手臂的力量带起腿部往前移动。其次,由于幼儿平时不爱运动,缺乏运动能力和运动经验,导致身体运动的协调性较差,伸手与伸腿动作不协调,因此不能持续连贯地爬行一段距离,主要体现在钻爬过程中出现同手同脚、爬爬停停的现象。

第二是心理因素。由于该幼儿性格比较胆小,对于离开地面位置较高的运动器材心理上会产生一种恐惧感,从而导致四肢肌肉的紧张,由之前的爬爬停停变成原地不动,这时就会产生一种"我不行、我做不到"的悲观心理,从而会在运动过程中出现抗拒的行为,甚至出现哭闹的行为。此外,由于空间感上的差异,从向上转变成向下的运动过程中,该幼儿出现了典型的胆怯行为,她背对着移动方向,用脚先去探测安全性,确定安全后再开始慢慢地往下爬。和心理因素相关的还有他人的鼓励。先前幼儿不敢尝试,在老师的鼓励下,她愿意迈出第一步。等爬到最高点的时候,因为高度的原因,开始害怕哭泣,但是在后面小朋友和老师的鼓励下,坚持成功地爬完了第一段路程,这些方面充分地说明了在他人的鼓励下,幼儿运动时的状态和能力会有所改变。

第三是家庭因素。了解后发现,该幼儿平时都是由爷爷奶奶带的。爷爷奶奶经常会抱着幼儿送来幼儿园,接的时候也是一把抱起,导致幼儿缺乏平日里的基本运动;幼儿在家吃饭的时候,不想吃蔬菜就不吃蔬菜,老人惯着她,甚至会给她买"肯德基"等快餐类食品,导致她看上去比同龄的幼儿胖许多;因为爸妈工作繁忙,幼儿周末很少出去游玩,很少有机会参加一些攀爬类运动等,一般都在家中看电视、玩玩具,因此导致了该幼儿的攀钻爬运动能力不足。

回应与支持

在全面分析幼儿的情况后,我制定了第一阶段的教育计划。(见表5-48)

第一阶段 → 锻炼双手双脚交替攀爬，增加腿部力量，感受空间位置 → 运动游戏"穿越烽火线"，让幼儿伏地双手双脚交替通过网线

锻炼双手双脚交替攀爬，增加腿部力量，感受空间位置 → 在小型攀爬设施上，让幼儿多次进行攀爬（见图5-48、5-49）

培养幼儿柔韧性，锻炼幼儿双腿屈与伸的交替动作 → 创设高低不等的小门洞，鼓励幼儿双膝着地正面爬行过去

培养幼儿在园饮食习惯，增加营养摄取，提高身体素质 → 在进餐的生活活动中，有针对性地进行个体指导

增加幼儿对运动的兴趣 → 了解幼儿的兴趣，有针对性地开展运动游戏

图 5-48　第一阶段教育计划思路图

图 5-49　攀爬设施 1

图 5-50　攀爬设施 2

经过这段时间的实施和观察下来,媛媛对于运动活动并不排斥了,经常会同其他小朋友们一起运动和游戏,玩小型攀钻爬设施,基本掌握了双腿屈伸的动作,但是对于双手双脚交替着爬行还是不显著,对于有点高度的设施

会选择放弃、不敢尝试。其次，在抱着接送幼儿问题方面与幼儿家长沟通下来，家长很配合老师的工作，每天都能让幼儿自己步行来幼儿园。在饮食方面有些许进步，仍需要提醒她多吃蔬菜，一口饭、一口菜、一口汤，和幼儿沟通了解下来，幼儿在家还是不想吃就不吃，挑自己想吃的吃。

于是我们对第一阶段计划实施后反映出的相关问题进行反思和调整，我们决定从家园两方面开展对幼儿的支持，做了第二阶段的计划。（见图5－58）

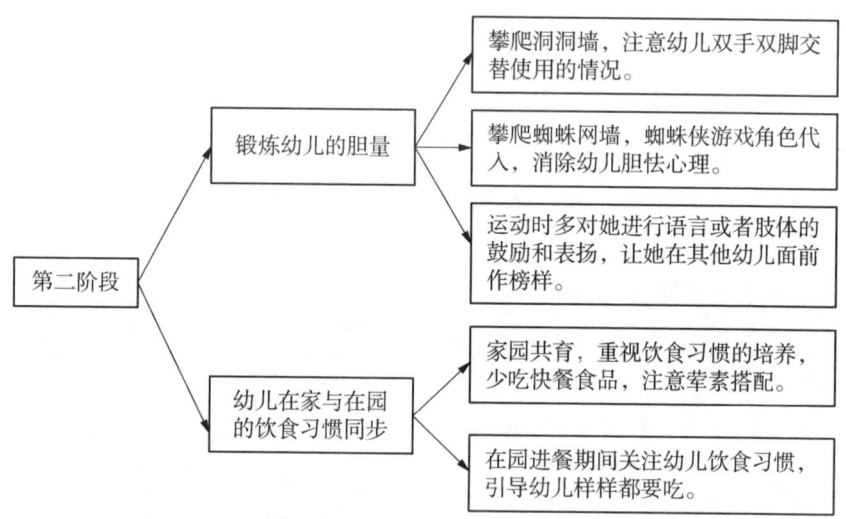

图5－51　第二阶段教育计划思路图

经过攀爬"蜘蛛网墙"和"洞洞墙"的游戏，媛媛已经逐步养成了双手双脚交替使用的习惯，对于有高度的运动设施也变得不像以前那么害怕和胆怯，由于多次在运动时表扬和夸奖她，她慢慢开始喜欢上攀爬这类运动器械，时不时会叫老师看她，变得大胆多了。但是发现她每一次运动仅限于上文提到的运动器材和设施。在家园联系方面，幼儿的家长也开始重视幼儿的饮食情况，慢慢开始对幼儿的饮食进行改善。幼儿饮食习惯方面有着巨大的进步，在园期间发现已经不需要刻意去提醒，幼儿就能把饭菜、汤全部吃完。

于是我们的教育计划进入第三阶段。（见图5－52）

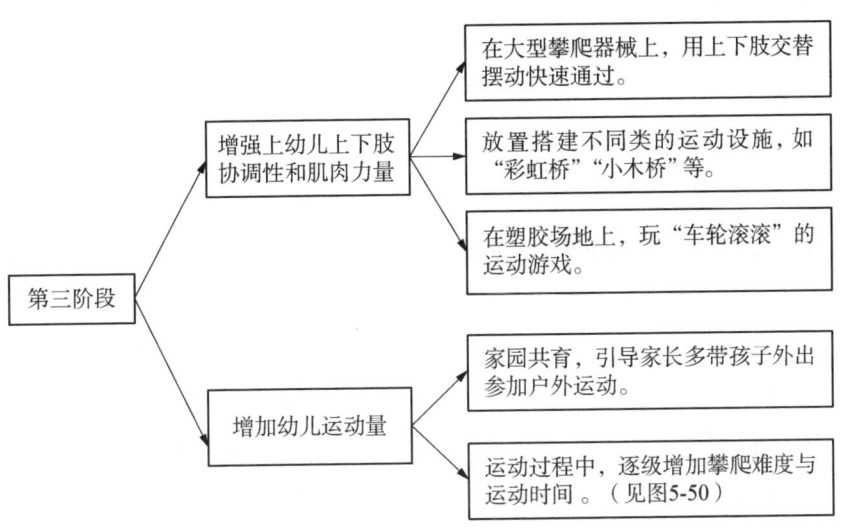

图 5-52　第三阶段教育计划思路图

图 5-53　攀爬"蜘蛛网"1

图 5-54　攀爬"蜘蛛网"2

　　经过三阶段的活动实施，媛媛不光变成了勇敢大胆的小姑娘，同时也改善了挑食的不良饮食习惯，最重要的她现在在运动游戏中，能以一种很享受很快乐的状态去运动和游戏，从"不敢"变成"尝试"，再从"尝试"变成了"喜爱"，经过不断地引导和鼓励，我们的努力在幼儿的身上终于得到了回应。

效果与感悟

爬行是幼儿最早的身体移动方式,学会行走后幼儿虽然较少使用攀、钻、爬等动作作为移动的方式,但是 6 岁前的孩子仍然喜爱攀爬、钻爬。通过攀、钻、爬这些运动,幼儿的空间感和本体感觉得到了锻炼,幼儿的身体素质和心理素质也得到了发展。攀爬的动作有助于增加幼儿四肢肌肉力量,提高手的抓握力量,促进幼儿平衡能力、敏捷性和协调性的发展。钻爬的动作能增强幼儿腿部与背部的肌肉力量,发展幼儿的柔韧性、灵敏性和平衡能力。钻爬可以在塑胶场地、地板、草地等不同场地上开展,也可以利用大型攀爬器械、楼梯以及幼儿建造的大型塑料积木建筑进行,难度可以根据空间的大小、距离的长短、器械的高低来调整,促使幼儿运用相对应的身体动作。

幼儿在运动的时候,教师应该不断鼓励他们要胆大、要勇敢,相信自己一定能成功。在幼儿们顺利完成任务后,教师及时给予表扬。如此一来,在一次次的攀爬活动中,孩子们会变得更加勇敢和大胆,各方面的运动能力和品质都得到了一定程度的发展。教师要制订好幼儿园里的攀爬运动的方案,把运动融入到教育的课程内容之中,并根据最后的实际情况不断调整,即方案的设置是动态的。在进行攀钻爬活动的时候要进行运动观察、运动指导以及事后的分析,这样做有利于教师在开展的过程中更好地总结经验,为下一次更好、更有效率地开展攀钻爬活动奠定基础。

对于幼儿在爬的动作发展方面,我们设计并实施了差异化的运动课程。从实际的效果来看,差异化的实施是可行的,也是有效的。每个孩子都是独立的个体,每个孩子都应获得最大程度的发展,教师要为此提供足够的支持。

(黄俊豪)

第六章

我稳：增强幼儿的
身体平衡能力

　　小班阶段，幼儿身体不稳定，动态平衡能力先于静态平衡能力发展；中班阶段，幼儿平衡能力得到迅速发展，做各种运动时平衡能力大大提高，身体逐渐趋于稳定，静态能力也开始发展；大班阶段，幼儿静态平衡能力大大提高，逐渐趋近于动态平衡的发展，幼儿对于身体的控制大大增强。

在一次户外阳光活动中,我带着孩子们在操场的草地上捡落叶,只见一阵风一样的影子从大家眼前掠过,原来是"蛋宝"在草地上奔跑,突然他摔倒了,连带着打了两个滚,这时,涵涵大声说:"老师,你看!'蛋宝'又摔倒了,在地上打滚了。"还没等我们过去扶起他,他又站起来,跑到另一边却没跑两步又摔倒了……体育老师大象老师见此情景过来和我们交谈起来,我们告诉他:蛋宝这个孩子十分好动,特别容易摔跤,不仅是现在容易摔跤,从小班入园开始,他就喜欢奔跑,但一跑起来就摔了、滑了、滚了。所以,对于这样的问题我们已经习以为常,没太注意,以为可能是他好动爱跑才导致经常摔跤的。

大象老师听后告知我们,蛋宝的情况需要引起关注,可能和他的前庭发育不完善有关。于是,我们和大象老师一起经过了一段时间的观察和探讨,并和家长进行了沟通与了解,发现蛋宝经常摔跤可能有以下原因:(1)个体因素:前庭器官发展不完善,影响他对自身运动状态和头部空间位置的感受器,导致平衡感的缺失。(2)家庭因素:蛋宝的家人对于他总是摔倒的现象也解读为幼儿正常的好动行为,甚至觉得很可爱,在三岁以前没有很好地去锻炼他前庭功能。(3)教师因素:前期缺乏对幼儿进行个性化的差异指导,语言引导效果不佳。

专业的、科学的判断能力对教师来说很重要! 我们常常会被一些习以为常的经验固化而忽视了孩子成长中的关键!

动态平衡能力早于静态平衡能力发展,后逐渐接近,幼儿在运动中发展平衡能力,身体控制能力也在运动中逐渐增强。影响幼儿平衡能力的相关因素有二,一是感受器发育。平衡能力是指身体的平衡被破坏后维持身体平衡的能力,包括静态平衡和动态平衡。人体维持身体平衡主要依赖于中枢神经系统对视觉、前庭觉、本体感觉和运动效应器的控制。

视觉系统传输运动场地的情况和人处于运动场地的位置。前庭系统接收运动中身体的加速、减速和旋转信息。本体感觉感受身体各部位的空间和肌肉的紧张度。不同感受器获得信息传输到大脑神经中枢进行信息处理，通过传出神经到达效应器。身体各部位的肌肉获得信息后进行收缩和舒张。前庭器官是指内耳迷路中除耳蜗外，还有三个半规管、椭圆囊和球囊，是人体对自身运动状态和头在空间位置的感受器。幼儿某个感觉系统较弱都会影响身体的平衡能力，其中提高平衡能力较有用的途径是进行前庭系统的锻炼。

3—6岁阶段是身体感受器发展的关键时期，通过系统的平衡类体育游戏有利于前庭器官功能的发展。静态支撑练习包括：靠墙站立、提踵站立、单脚支撑站立、俯卧支撑等。动态平衡分为直线平衡、曲线平衡和旋转平衡。直线平衡练习包括：走平衡木、快跑后减速、跳蹦床等。旋转平衡练习包括：原地转圈、垫上滚动、跳跃转身等。

二是肌肉力量和身体反应。下肢力量和核心肌群力量偏弱也对幼儿的平衡能力有一定的影响，肌力力量差和收缩速度慢的幼儿平衡能力也相对较差。核心肌肉群包括：腹直肌、腹内外斜肌、骶棘肌、竖脊肌和腰方肌。下肢力量与人体站立姿势的稳定有着密切联系，增加下肢肌肉力量的锻炼有利于幼儿平衡能力提高。此外，核心力量的增强能够提高人体在非稳定状态下的控制力，增强平衡能力。

幼儿平衡动作的主要内容和要点见下表（表6-1）。

表6-1　幼儿平衡动作的主要动作和要点表

要点 动作	1	2	3	4
单脚站立	一条腿抬起来，坚持5秒不落地	另一条腿弯曲与大腿折叠	支撑腿伸直	坚持，意志力强
双脚前后站立	双脚脚尖朝前	前后站立	双脚在同一条直线上	坚持，意志力强
持物平衡	两手臂侧平举打开	持物后两手臂侧平举保持稳定不动	持物向前走，物体不掉	注意力集中，保持身体平衡

实施指引

一、单脚站立

（一）动作要点

单脚站立的动作要点与运动经验发展如下（见表6-2）：

表 6-2 幼儿单脚站立的动作要点及运动经验发展表

动作　　要点	1	2	3	4
单脚站立	一条腿抬起来,坚持 5 秒不落地	另一条腿弯曲与大腿折叠	支撑腿伸直	坚持,意志力强
运动经验发展	通过单脚支撑练习,提高幼儿踝关节/膝关节/髋关节深层肌肉群的稳定性,进一步提高身体平衡能力。			

幼儿单脚站立的动作要点示例图(见图 6-1、6-2):

图 6-1　正视图 1

图 6-2　侧视图 2

(二)实施建议

单脚站立的动作形式:(1)单脚站立,比谁坚持时间长。(2)单脚站立,跳起来换脚。

(三)温馨提示

(1)单脚站立时,双手打开呈侧平举姿势,保持平衡身体左右,要避免身体晃动不平衡。

(2)单脚站立时支撑腿要微屈,可避免身体前后晃动不平衡。

(四)游戏分享

1. 幼儿自主发起的运动游戏

①材料提供:凳子、梅花桩、沙包等。②观察要点:观察幼儿利用不同材料单脚

站立,如单脚站在凳子上,梅花桩上,沙包上等;观察幼儿单脚平衡时间的长短,身体的摇晃程度,是否出现单脚移动维持身体平衡等;观察幼儿能否通过数数字、到一定时间主动换脚等延长单脚站立平衡的时间。③温馨提示:关注班级幼儿运动能力的差异性,幼儿个体的平衡能力差异较大;关注幼儿维持平衡时的注意力和意志力情况;关注幼儿的兴趣,适时调整投放材料的种类,增加趣味性,适时介入幼儿,引导幼儿自行制定游戏规则;时刻关注幼儿的安全,引导幼儿及时交换两只脚,左右平衡发展。

2. 教师发起的运动游戏

游戏一:大雁飞(小、中、大班)。①游戏准备:幼儿自由站立在场地上集体游戏。②游戏价值:发展幼儿身体平衡能力、动作位移能力、下肢爆发力、反应能力和规则意识。③游戏方法:站立开始,老师喊"大雁飞"时,双脚小碎步,同时双手侧平举做扇动的翅膀;老师喊"左边飞",双脚向左跳;老师喊"右边飞",双脚向右跳;当老师喊"有猎人"时,保持单脚站立,双手侧平举状态;每轮游戏进行1分钟,每人完成3—4次,游戏玩3—5轮,游戏总时长根据幼儿持续运动的注意力时间而定,大约5—10分钟左右,也要根据幼儿年龄特征调整,幼儿年龄越大,游戏时间相对越长。④温馨提示:注意幼儿之间不要碰撞,强调安全;(主教)注意幼儿的运动强度,引导幼儿左右脚交替前进;关注个体差异,对平衡能力弱的孩子要多多鼓励。

游戏二:小青蛙跳荷叶(中、大班)。①游戏准备:空旷的操场,并在场地上做好相隔0.4米、0.6米、0.8米、1.0米的标记点若干排,标记点只能容得下一只脚,从最短的0.4米间隔开始,这是大部分幼儿单脚都能够跳过的距离。②游戏价值:发展幼儿身体平衡能力、连续跳跃能力、单脚支撑力量和合作能力。③游戏方法:将幼儿分为两队,分别进行游戏。幼儿单脚跳到标记点上,一只脚落地;另一组观察,如果出现双脚同时落地的情况或者出现一半以外的脚踩在标记点以外则视为游戏失败,需要重新出发,一组所有幼儿通过后计时停止。用时短的一组即为胜利;从最短的间隔0.4米开始进行,逐步增加难度,每个间隔游戏进行2—3轮,总时间大概持续25分钟左右,游戏时间建议25至30分钟。④温馨提示:注意幼儿之间的距离;距离不要太大,防止幼儿摔倒或滑倒。

二、双脚前后站立

（一）动作要点

双脚前后站立的动作要点与运动经验发展如下（见表6-3）：

表6-3　幼儿双脚前后站立的动作要点及运动经验发展表

动作＼要点	1	2	3	4
双脚前后站立	双脚脚尖朝前	前后站立	双脚站在同一直线上	坚持，意志力强
运动经验发展	发展幼儿保持身体左右侧平衡的能力，为接下来侧向移动(走/跑/跳)奠定基础。			

幼儿双脚前后站立的动作要点示例图（见图6-3、6-4、6-5）：

图6-3　侧视图1　　　　　图6-4　侧视图2　　　　　图6-5　正视图3

（二）实施建议

双脚前后站立的动作形式：（1）双脚前后站立，保持平衡。（2）双脚沿直线，走猫步。

（三）温馨提示

（1）双手打开呈侧平举姿势，有助于保持平衡。

（2）当向前换步出现前后晃动不平衡时，注意换步要轻，慢慢向前移动身体重心。

（四）游戏分享

1. 幼儿自主发起的运动游戏

①材料提供：长凳、平衡桥、障碍物。②观察要点：观察幼儿在摆放不同高低宽窄平衡桥和障碍物时的自由组合的创造性以及玩法的多样性，如单人侧身走、单人交叉步走、障碍跨步走、后退走、双人合作走等；观察幼儿能否在长度4米、宽15—20厘米、高30—40厘米的独木桥上快速通过；观察幼儿在比赛时跨越障碍物时身体躯干的稳定性和眼脚协调性，观察幼儿在走平衡桥时不同的通过方式，如正常走、侧身走、滑步走、绕步走等。③温馨提示：关注班级幼儿运动能力的差异性，引导幼儿摆放不同难度的平衡道路进行比赛；关注幼儿不同的通过方式，如正常走、侧身走、滑步走、后退走、双人行进等，鼓励幼儿尝试不同的方式进行游戏。

2. 教师发起的运动游戏

"小板凳"(小、中、大班)。①游戏准备：将小板凳平稳放在场地上连成一条直线。②游戏价值：发展幼儿平衡能力、动作位移能力、冒险能力、游戏专注力。③游戏方法：将幼儿分成两个队伍，每队依次进行游戏。幼儿从起点出发，抬腿踩上第一个小凳子，站稳后双手侧平举继续前进；每人完成4—6次，次数以幼儿能够充分锻炼为宜，不能过于频繁使幼儿失去兴趣，时间也要根据幼儿年龄特征而定。④温馨提示：小板凳的脚需配备防滑垫；鼓励幼儿克服恐惧，提醒幼儿速度不宜过快。

三、持物平衡

（一）动作要点

持物平衡的动作要点与运动经验发展如下(见表6-4)：

表6-4 幼儿持物平衡的动作要点及运动经验发展表

要点 动作	1	2	3	4
持物平衡	两手臂侧平举打开	持物后两手臂侧平举保持稳定不动	持物向前走，物体不掉	注意力集中，保持身体平衡
运动经验发展	双手持物走发展幼儿的前臂肌肉力量和肩部力量，为投掷能力的发展奠定基础。单手持物，有利于纠正左右侧肌肉力量不均衡问题。			

幼儿持物平衡的动作要点示例图(见图6-6、6-7)：

图6-6　正视图1　　　　　　　图6-7　侧视图2

（二）实施建议

持物平衡的动作形式：（1）单手托飞盘移动（非对称性平衡）。（2）双手托飞盘移动（对称性平衡）。

（三）温馨提示

（1）双手打开呈侧平举姿势，有助于保持平衡。

（2）若飞盘容易掉落，可用身体核心用力，身体保持不要晃动。

（3）若平衡走的路线不直，可在地面画一条直线，或者沿着跑道线持物平衡走。

（四）游戏分享

1. 幼儿自主发起的运动游戏

①材料提供：梯子、长凳、沙包、篮球、小背篓、木棍等。②观察要点：观察幼儿是否能在持物的情况下正常地通过梯子、长凳等；观察幼儿持篮球、背背篓、拿沙包或木棍等走直线、过独木桥时身体的平衡和稳定性；观察幼儿对于平衡持物游戏的兴趣、团队合作能力等，注重幼儿的差异化发展。③温馨提示：观察幼儿平衡发展的差异性，引导幼儿游戏由易到难，循序渐进；提醒幼儿游戏中的安全，鼓励幼儿挑战自我，玩出新的花样。

2. 教师发起的运动游戏

游戏："我是小丑"（中、大班）。①游戏准备：设置一条摆有标志物或垫子等障碍物的跑道，跑道长度15米左右，根据场地实际情况而定；垫子、标志物、小木板、沙包。②游戏价值：发展幼儿颈部肌肉控制能力、动作位移能力、抗挫能力、专注能力。③游戏方法：幼儿把两臂伸直,每人拿一个沙包或者小木板放在头顶上,依次从障碍跑道经过,沙包掉落需要重新进行游戏;游戏进行4—6次,次数可根据幼儿运动时间和幼儿实际能力水平而定。④温馨提示：注意行走途中不可以用手触摸头上的物品;老师提醒幼儿小心脚底下的障碍物,防止摔倒。

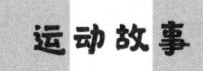

运动故事

"平稳"地成长
—— 大班幼儿平衡的故事

观察与实录

在大班9月份的课程计划中,有一条指向运动中平衡能力的目标"能在斜坡、荡桥和有一定间隔的物体上较平稳地行走"引起了我们的注意,因为大班的平衡运动区和中班略有不同,难度也增加了,因此,我们想结合这条目标,制定一份平衡能力观测表观察一下幼儿在这段过渡时期的平衡能力情况。

正值9月份的第一周,我们班轮到玩4号平衡攀爬区,我们结合花式平衡木独木桥活动区域,进行了为期一周的观测,我们观察到班级中三分之二幼儿首次尝试宽10厘米、高30厘米的独木桥都能平稳通过。(见图6-8)

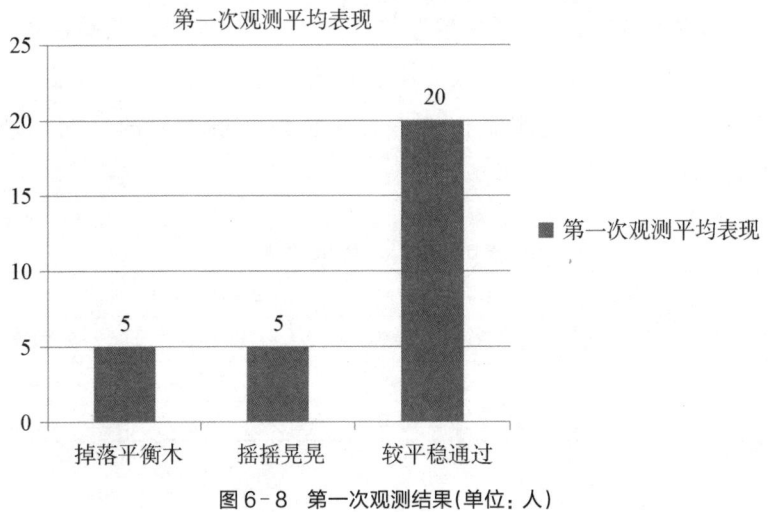

图6-8 第一次观测结果(单位：人)

通过一个月的场地轮换和平衡锻炼,在月底我们又进行了一次全面的体能观测。在这次平衡能力的观测中,我们关注到之前三分之一比例中未能平稳通过独木桥的幼儿,这次在通过独木桥的时长上都缩短了,并且在行进的稳定性上也有所提高。如下图所示(图6-9):

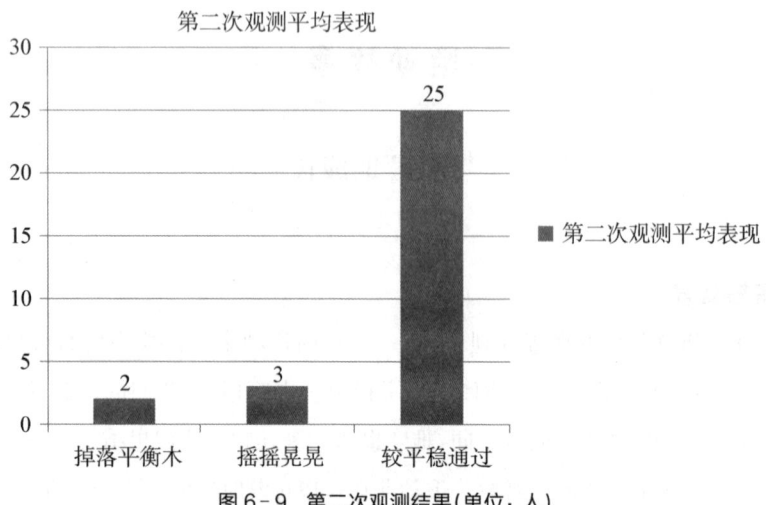

图6-9 第二次观测结果(单位:人)

但其中,我们还是注意到有两个幼儿的平衡感与他人有差距。cc不但平稳性较弱还会掉落平衡木,在独木桥上行进的时间也是班中最长的,其平衡能力水平与班级整体水平还有较大的差距;小宝也是经过一个月锻炼却未得到有效提升,还是经常跌落平衡木,并且时常出现跌跌撞撞的行为。因此,我们在10月份重点关注了cc和小宝在玩独木桥以及一些平衡运动中的情况,采用观察记录方式去跟踪分析他们的情况。(见表6-5、6-6)

表6-5 幼儿个体均值数值

大四班			走平衡木(秒)		
编号	姓名	性别	观测结果	观测结果	观测结果
1	cc	女	6.9	6.85	6.4
2	小宝	男	6.8	6.5	6.3

表 6-6　班级平均值与标准差

大四班	走平衡木（秒）		立定跳远（厘米）		坐立体前屈（厘米）		双脚连续跳（秒）		10米折返跑（秒）		网球掷远（米）	
	均值	标准差	均值	标准差	均值	标准差	均值	标准差	均值	标准差	均值	标准差
班级	4.49	1.97	100.96	10.48	9.80	5.01	4.79	0.52	6.60	0.44	6.05	1.46
男生	3.72	1.10	100.71	9.05	7.79	4.64	4.52	0.43	6.53	0.48	6.40	1.11
女生	5.39	2.34	101.30	12.19	12.62	4.06	5.10	0.43	6.71	0.35	5.69	1.67

片段一

独木桥上摇摇晃晃的cc

我们发现 cc 在踏上独木桥的时候身体就有些摇晃，直到站稳要花费 3—5 秒时间；而旁边独木桥上的幼儿能够在 1—2 秒内轻松上桥，因此，cc 在起始阶段就比别人多花费时间；她在行进过程中双手微缩在身体边，左脚在前，右脚在后，始终保持这样的姿势慢慢向前挪动，眼睛始终紧盯自己的脚，神情紧绷。过程中，她在平衡木上三次摇晃身体，发现一定问题后，我便过去用语言指导她"cc，再试一次吧，这次可以边走边张开手臂，也许会走得更快更稳"，于是，cc 听了我的鼓励又尝试了一次，这一次，她踏上木板后就打开双臂，在第一次往右边摇晃的时候，左手用力维稳了一下，整个重心就稳了，这一次通过独木桥比刚才快了 2.5 秒，她玩了三次后，我又鼓励她尝试左右脚交替向前行进，她试了一下，可以做到，但是速度又变慢了，因为换脚交替前进时有重心的转移，难度增加了。因此，接下来，我们就给她设计了针对性的、循序渐进的平衡活动。

识别与分析

经过一段时间的观察和探讨，发现以下原因可能是导致 cc 平衡能力较弱的因素：

首先是个体因素。一是 cc 的上下肢协调性和灵敏性较弱。之后我们从保健室提供的数据了解到 cc 属于轻度肥胖幼儿，身体核心肌肉力量较弱，体重一定程度上可能影响了灵敏性和协调性，导致 cc 在独木桥上重心不稳，从而失衡。二是 cc 脚踝的力量及稳定性较弱。从案例中可以看出，cc 踏上独木桥时间较长并且行进过程中摇晃次数不少，说明她的下肢力量，特别是脚踝的稳定性和力量较弱，而脚踝的力量及稳定性又是平衡能力的基础。三

是 cc 在窄面行进方式、经验的缺失。从案例中,可以看出从 10 月份观察伊始,cc 在行进时保持平衡的动作是微缩着手臂,步伐不变慢慢挪动,这样的行进方式会延长时间,但也说明了 cc 缺少在较窄的空间上保持平衡的经验和方法,在教师引导下她马上就能调整动作有进步,习得维稳方式;在尝试前后交替行进后又影响速度了,说明她锻炼经验还不够,这些因素都导致她在活动中不能在基础能力上有所提升。

其次是家庭因素。cc 的家人也都是轻度肥胖人群,不排除遗传因素。另外,家园沟通时了解到 cc 在家的运动时间也较少、时长较短,家长起初对 cc 运动能力培养不够重视,饮食上也是重油重脂,不但造成幼儿肥胖,身体运动机能也下降。

最后是教师因素。从案例中可知,教师一开始对于 cc 的平衡能力水平并不清楚,导致差异化运动指导还不够到位,之前的数据分析大多是基于全班幼儿,设计后续的运动方案也缺少差异化指导,因此,对于需要个别重视的幼儿如 cc,缺乏更加科学和系统的运动课程规划,在个体运动发展能力的助推成效上就不明显了。

回应与支持

针对由于身体下肢核心力量缺失导致平衡感缺失的幼儿可采取以下三阶段策略。第一阶段策略可见下表。(表 6 - 7)

表 6 - 7 第一阶段支持策略

	具体内容	观察与指导
活动	运动时间或自由活动时间,带领 cc 进行"跨越障碍物"的体育游戏,在地面宽 10 厘米的木板上或者沿着地标线上练习"恰恰步"的平稳行进。(见图 6 - 10) 图 6 - 10 阶段一活动布置示例	1. 观察幼儿能否跨过教师设置的障碍物,保持平稳通过木板。 2. 指导幼儿在被打断平衡感后依旧保持平稳,身体朝前,双手持平,前后脚依次抬高跨过障碍物,抬高的同时身体保持平稳通过障碍路段。

（续表）

	具体内容	观察与指导
家园共育	与 cc 家长进行家园沟通，引导家长控制她的体重，增加运动量，健康饮食，在家里进行"恰恰步"的练习。	
其他	对她进行语言和肢体鼓励，如多说"你很棒，因为你手臂张开了，身体平衡稳定性更好了""你做得很棒，还可以尝试双脚前后交替行走"等，还有示范行走稳定姿势等。	

经过第一阶段一周的锻炼和鼓励，cc 在上平衡木的时间平均缩短了 2 秒，并且能够有 90% 的概率不从平衡木上掉落，摇摇晃晃次数也越来越少了。但是，她整体行进的时间还是比别人花费多，而且双脚交替通过时还是有摇摇晃晃的明显现象。因此，针对这两个问题，我们开展了第二阶段针对 cc 平衡稳定性和行走姿势的差异化运动活动。（见表 6-8）

表 6-8　第二阶段支持策略

	具体内容	观察与指导
活动	运动时间或自由活动，带领 cc 在一定间隔的平衡木上行走，在宽 10 厘米、高 30 厘米、长 4 米的平衡木上自然向前行进。（见图 6-11）  6-11　阶段二活动布置示例	1. 观察幼儿能否跨过间隔的平衡木，依旧保持平稳继续通过路程。 2. 指导幼儿在被打断平衡感后依旧保持平稳，身体朝前，双手持平，眼看前方，双脚交替在同一方向维稳通过。
家园共育	与 cc 家长继续进行家园沟通，引导家长在这一阶段可以用椅子等设计一定高度的宽窄面，让 cc 在游戏情境中进行平衡锻炼。	
其他	给予 cc 的进步更多鼓励和肯定，激励她多多参与体育运动，以及激发她的运动兴趣。	

通过第二阶段持续推进的平衡运动以及家园共育的助推,cc 在较窄的路面上行走的平衡能力明显增强,并且她现在也很喜欢挑战走一些较窄的路面,如荡荡桥、勇敢者道路等,这些原本她不感兴趣的运动器材,在她有了平衡经验后都经常去玩。cc 在平稳性上有了质的飞跃,但是和班级幼儿整体行进速度相比还是有一点差距。于是,老师想给她增加难度,让她在摇摆不稳的直行荡桥上进行活动,让她能继续提升直行的稳定性和速度。(见表 6-9)

表 6-9 第三阶段支持策略

	具体内容	观察与指导
课程	运动时间或自由活动,带领 cc 在荡荡桥上不扶手行走,平稳自然向前直行。同时,开展"我是平衡王"比赛激励 cc。	1. 观察幼儿能否平稳不落地通过荡荡桥,在荡荡桥摇晃的时候依旧保持平稳继续通过。 2. 指导幼儿在荡荡桥摇晃的时候,身体下俯,双手抓稳,前后脚依次在同一方向行走。
家园共育	与 cc 家长继续进行家园沟通,引导家长可带幼儿外出在类似荡荡桥的路面进行行走锻炼。	
其他	给 cc 做一个综合评估,积累一定的经验资料;和 cc 聊一聊自己的改变,鼓励她做一个自评,激励她以后尝试新的体育活动。	

经过三个阶段的平衡能力差异化活动实施,cc 现在已经能在独木桥上很稳定地匀速通过了。并且,她也很喜欢玩这个区域的器材和类似的体育活动,在平衡区域,总能看到她在搬运组建不同独木桥道路的身影;在游戏情境"闯关小达人"中平稳通过后开心地和我击掌说"耶!";在"我是平衡王"比赛中能够战胜别人开心地大笑,她开怀的模样也永远铭刻在了我心上。从下方观测数据中能明显看到 cc 的进步和变化。(见表 6-10)

表 6-10 两次阶段测试对比图

大四班			走平衡木(秒)		
阶段	姓名	性别	观测结果 1	观测结果 2	观测结果 3
第一阶段观测	cc	女	6.9	6.85	6.4
第三阶段观测	cc	女	6.1	5.54	5.1

片段二

总是跌倒打滚的小宝

在一次户外阳光活动中,我带着孩子们在操场的草地上捡落叶,只见一阵风一样的影子从大家眼前掠过,原来是小宝在草地上奔跑,突然他摔倒了,连带着打了两个滚,这时,涵涵大声说:"老师,你看! 小宝又摔倒了,在地上打滚了。"还没等我们过去扶起他,他又站起来跑到另一边却没跑两步又摔倒了……体育老师大象老师看到这场景过来和我们交谈起来,了解到原来小宝这个孩子十分好动,不光是现在容易摔跤,从小班入园他就喜欢奔跑,一跑起来就会摔跤、滑倒或者打滚,所以,他对于这样的动作已经习以为常了。一开始我们也以为可能是他好动、爱跑导致经常摔跤,但是大象老师说:"如果是长期的行为可能就不只是好动导致,有可能是他前庭功能发展不完善。"这就让我们又回过头去反思他在平衡木上的表现,他虽然很好动,但是在平衡木上屡屡摇摇晃晃摔下来,5 次里面可能只有 2 次能平稳通过,平衡观测中他的数值也是处于班级均值临界点。

识别与分析

经过运动观测以及一日活动中的观察,发现以下原因可能是导致他这些行为的因素:首先是个体因素。前庭器官发展不完善,影响他对自身运动状态和头在空间位置的感受器,导致平衡感的缺失。其次是家庭因素。小宝的家人对于他总是摔倒的现象也是持以幼儿正常好动行为的想法,甚至觉得很可爱,在三岁以前没有很好地去锻炼他的前庭功能。最后是教师因素。一开始,教师缺乏个性化的差异指导,行为引导效果不佳。

回应与支持

针对由于前庭发展不完善导致平衡感缺失的幼儿可采取以下阶段策略。

第一阶段,在平衡运动时,带领小宝在玩运动游戏"木头人"的过程中,让他闭目站立保持一个动作1—2分钟。此外,还可以在平衡运动时,带领小宝在玩运动游戏"滚地雷"的过程中,在垫子上进行侧向滚动的锻炼。在一次排队的过程中,我明显感觉到小宝摔跤和跌跌撞撞的次数减少了,他能够跟着前面的小朋友和队伍走直线,在下坡或者小跑的过程中,他也能平稳跟上。

第二阶段,在平衡运动时,引导小宝在游戏情境改编版"大风吹"游戏中,旋转一周后静止站立。此外,在平衡运动时,还可以带领小宝在玩运动游戏"我是小蜗牛"的过程中,进行前滚翻的锻炼。经过半个月的差异化指导,我们观察到小宝在平衡木上跌落的次数减少了,他在五次行走中四次都能不跌

落通过平衡木,在行进的过程中,他身体左右摇晃的频率也减少了,走下平衡木的时候能够较稳定地落地返回。

第三阶段,在平衡运动时,带领小宝在情境游戏改编升级版"大风吹"游戏中,儿歌停止闭目旋转一周后静止站立。此外,在平衡运动时,还可以带领小宝在玩运动游戏"我是小蜗牛"的过程中,进行后滚翻的锻炼。经过一个月左右的锻炼,我们再次对他进行了针对性的观测,在观测过程中,他身体朝前双手自然垂直,左右脚前后交替较为平稳地前进,头没有前倾的趋势,并且用时缩短了。(见表6-11)

表6-11 两次阶段测试对比

大四班			走平衡木(秒)		
阶段	姓名	性别	观测结果1	观测结果2	观测结果3
第一阶段观测	小宝	男	6.8	6.5	6.3
第三阶段观测	小宝	男	6.0	5.25	4.9

效果与感悟

第一,量化观测与质性观察相辅相成。在教育实践中,观测表虽然是使用便捷、观测结果一目了然的观察工具,但是幼儿的发展具有复杂性和不确定性的特点,很多情况下A孩子与B孩子观测出同一结果,但诱因却是不尽相同,如本文两个案例,同样是平衡能力较弱的幼儿,cc的原因大部分源自肥胖和平时缺乏运动经验造成,而小宝的诱因就不一样了。因此,仅仅凭借观测表的观察是单一而片面的,需要结合质性的观察工具,从以上案例的"表现性阶段实录"中可以看到,轶事记录和行为观察等也是观察幼儿的重要方式。全面制定差异化的、针对性的运动方案,才能科学地去推动孩子的运动发展。

第二,观察维度可以更广。从两个案例实录中可以看出,教师观察的时间、空间和维度都是不一样的,但是却能反映出核心问题,平衡能力的弱势不单单在运动中体现,更体现在生活中的一系列行为表现上,甚至是其他领域的发展,比如小宝行为习惯上的不可控可能就和他的前庭功能发展缺失有关。给我们的启示是:在观察时考虑的维度可以更广,从横向的全班比较到纵向的个人一日活动中的行为比较和观察,多维和多元地去分析诱因,使制定的指导策略更科学和全面。

　　第三，整合多方资源，系统、连续观察指导，更显科学教育方式。教师是观察幼儿行为发展过程中的主体。教师毕竟面对全体幼儿，很多情况下"分身乏术"，即使有足够的时间和能力关注到每一个幼儿，教师仅从一个角度了解幼儿也会造成片面。因此，从实录1中的"回应与支持"部分，我们充分感受到教师与家长之间的紧密配合的重要性，在每一个阶段都有家园共育的逐步推进，从饮食、生活习惯等根源因素上调节幼儿的健康，从而更快促进运动发展。在幼儿的发展过程中，我们需要通过家长，收集幼儿在家庭生活中的行为表现，才能准确、深入地了解每一个幼儿的发展，形成家园共同观察、持续反馈和更新的机制。

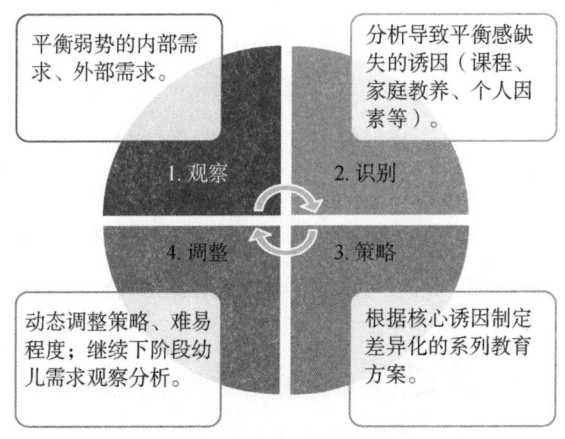

图6-12　以本案例"平衡"内容为例

　　整个思维的过程可以用上图(图6-12)进行概况。只有真正地做到了去解读每一个个体生命，才能为每一个独一无二的孩子制定适合他们的教育计划。教育是一个循环的过程，我们只有不断前行，就如同表单里一直在螺旋式地往上走，孩子的成长才会"平稳"向上，就如同案例中的两个孩子。他们运动中的平衡感提升了，能有助于他们更健康、平稳地前进！

（张晴）

赛道升级

——中班幼儿与平衡车的故事

运动是幼儿在园一日活动中必不可少的环节,通常教师会根据场地的特点、运动器械的种类围绕年龄阶段的目标对运动场地进行预设,期望幼儿能在运动环节中得到充分的锻炼,然而,教师们的运动设置真的能够满足每一位幼儿的运动需求,让他们的运动能力得到发展吗?

观察与实录

运动时间,8名幼儿(中班:5名男生、3名女生)选择了平衡车,他们戴上头盔,戴上护膝在赛道上骑行着⋯⋯5分钟后,男生们开始比起了速度,路路对着小杰说:"你怎么这么慢,我要超过你了。"说完,路路小腿交替速度加快,一下子超过了小杰,小杰也加快速度,追赶路路。而3名女生中有2名女生(小树、沙沙)玩平衡车时的速度较慢,车把左右晃,一名女生(姚姚)则速度较快,起步、刹车灵活,但是女孩们玩了4分钟左右,就开始停在赛道边,开始聊天⋯⋯又过了3分钟后,有3名男生(小宇、安安、胖胖)停好平衡车后离开赛道,选择玩起了自行车,3名女生也陆陆续续离开了⋯⋯

识别与分析

首先,八名幼儿的平衡力发展有差异:5名男生和1名女生都能保持身体的平衡,下肢协调,能完全掌握平衡车。2名女生平衡能力较弱、下肢协调较弱,处在摸索阶段。其次,赛道设置无法满足不同幼儿的运动需求。对于6名骑行平衡车熟练的幼儿来说,赛道设置无法满足幼儿挑战难度、竞赛的运动需求。对于两名2名骑行平衡车速度较慢的幼儿来说,赛道设置缺乏运动环境的安全需求、完成赛道的成功体验需求。

我从四个方面对幼儿需求进行了分析。一是家庭因素。了解后发现,灵活骑行平衡车的5名男生和1名女生,在家中都有骑行经验。二是运动能力。根据日常运动中的观察,5名男生和1名女生在玩锻炼平衡能力的运动器材时,都能较好地进行运动,例如:走平衡木时,这6名幼儿能够张开双手,调整身体的前后倾斜以保持平衡,稳稳走过独木桥;而另2名女生在走平衡木时速度较慢,并会出现掉落独木桥的情况。三是运动品质。跟踪发现,6名骑行平衡车熟练的孩子在平日的运动中乐于挑战各种运动器械,即使失败,也愿意不断尝试;而2名骑行平衡车速度较慢的女生在平时的运动中,遇到有挑战的运动器械及游戏时,比较胆小,不愿尝试或需要老师一旁陪同。四是运动环境。赛道路线无变化:由于赛道只是直线,没有路线的变化和赛道的关卡设置,使得运动过程较乏味。赛道路线无差异:两条赛道均为相同笔直路线,孩子无法根据自己实际的运动情况进行赛道的选择,从而导致无法满足不同幼儿的运动需求。

回应与支持

第一阶段中首先对赛道进行了调整,改为:"S"型、"Y"型、"Z"型、螺旋型等多种赛道。从之前的直线赛道调整为多种变化的赛道,让幼儿不再单一的双脚交替到达目的地,而是根据赛道的转弯、分岔,通过身体的左右倾斜,从而调整身体的平衡以及下肢的动作变化,不同赛道的变化激发了幼儿玩平衡车的兴趣。

其次是在赛道中添加一些关卡设置,让幼儿在不断挑战的过程中进一步锻炼平衡能力、下肢协调能力,并感受挑战成功而带来的运动快乐。改造主要有:路障——灵巧调整骑行方向,保持平衡避让障碍物;高底线——用较宽的橡皮筋设置不同的高度,鼓励幼儿通过判断高度调整上身姿势(或在骑行过程中判断合适的前进路线);平衡木板——保持身体平衡在宽度为50厘米的平衡木板上前进。(见图6-15);斜坡桥——通过调整下肢力量骑行上桥,下肢离地快速下桥等。

三是赛道终点设置。在赛道终点进行环境创设,当幼儿成功达到终点时能充分感受到完成赛道成功体验感。赛道升级后,能明显发现孩子们参与平衡车的运动兴趣得到了激发,愿意不断地挑战赛道中的不同关卡,和同伴以竞速的形式进行运动。

第二阶段聚焦个性化指导。通过运动观测表观测,了解本班幼儿平衡能力、下肢爆发力发展情况。发现班内40%的幼儿平衡能力需加强,53%的幼儿下肢爆发力较弱,针对该情况,制定相应的差异化指导计划。(见表6-12、6-13)

表6-12 个性化指导计划

项目	原因分析	个性化指导方案	
		一日活动中的指导	家庭教育建议
平衡能力	1. 心理因素 2. 下肢力量较弱	1. 鼓励幼儿大胆尝试,克服心理障碍。 2. 和孩子玩双脚垫脚站立的游戏。 3. 走平衡木的时候,可以先侧身走再正面走,平衡木可以由宽到窄。 4. 从低矮的平衡木过渡到离地较高的平衡木。	1. 增强下肢力量的运动,如:青蛙跳、骑自行车等。 2. 多参加户外运动,在成人保护下尝试高处走,锻炼胆量。
下肢爆发	1. 缺乏锻炼、下肢力量较弱	1. 热身运动:跑步 2. 增加下肢爆发力的练习,如,高抬腿、后蹬跑等练习方式。 3. 多增加幼儿的跑跳练习,增加折返跑、兔子跳、拔萝卜等游戏。加强下肢的爆发力。	1. 适当增加针对跑的练习,如老鹰抓小鸡、地雷开花等游戏。 2. 运动项目建议:引导幼儿参加跑动练习,如后踢跑、追逐跑等,增加幼儿下肢爆发力的发展,培养对跑的运动兴趣。

表6-13 个性化指导计划(2)

项目	游戏名称	游戏内容
平衡	走钢丝	材料与场地:长绳或粗麻绳代表钢丝置于场地中间。 玩法: 1. 自由模仿走钢丝的动作。 2. 用任意方法设法停留在"钢丝"上,保持静止状态的平衡,如单脚站立,模仿"孙悟空"。 3. 听信号表演"走钢丝",如教师或一名幼儿念儿歌"走走走,走钢丝,我学小兔走钢丝"。幼儿则像小兔一样在"钢丝上"跳着走;幼儿念"我学大象走钢丝",则在"钢丝"上弯腰弓背地走。 4. 侧身在"钢丝"上走,左右脚踱步通过"钢丝"。 建议: 1. 适合小组活动。 2. "钢丝"可以摆放成各种形状,也可以放置平行分开的"钢丝",便于同伴间一起活动。 3. 播放背景音乐,让幼儿踩着音乐节奏进行"走钢丝"表演。
	小海军	材料与场地:数块平衡板放置在摇板上,并置于场地中,代表军舰,场地左右两端放置塑圈和皮球(代表水雷区),滑板若干。 玩法: 1. 幼儿扮演海军战士在"军舰"上想象、模拟各种动作。 2. 队列操练:将"军舰"间隔排列,边跨越"军舰"边做走、跑、跳的动作。 3. 听信号,幼儿扮演"扫雷艇",盘坐在滑板上,用手推地向前滑,寻找目标。 4. "扫雷艇"将"水雷"(圈、皮球)排除,并运送到军舰上集中。 规则:"扫雷艇"不能接触"雷",否则视为失败。 建议:丰富"水雷"种类,或在晃动的平衡板上添加障碍物。

234

（续表）

项目	游戏名称	游戏内容
	钩脚跳	材料与场地：画有大圆的场地。 玩法： 1. 听音乐，自由结对互勾一脚进行跳玩。 2. 听信号，集体站在大圆圈上念儿歌。念到最后"蹦蹦跳"时，两人结伴勾脚跳向圆心，在圆心双脚着地，互相拥抱旋转 1—2 圈。 3. 念儿歌，找伙伴，结伴勾脚跳回大圆圈上。 4. 全体幼儿结伴勾脚，沿大圆圈按顺时针或逆时针方向跳。
下肢力量	潜水员	材料与场地：不同高低的小椅子、救生圈、海洋生物图片若干。 玩法： 1. 自由组合成若干组，分别在场地四周用椅子搭成多块"大礁石"，场地中间放有许多海洋生物图片，如海星、贝壳、珊瑚、海龟、花蟹等。 2. 各自模拟潜水员动作，如吸氧、下潜、游水、采集标本等。 3. 自由组合成若干组，站在"大礁石"上，音乐响起，"潜水员"分别从"礁石"上往下跳，找"海洋"里的"宝物"，每一次找一样，直至把所有的"宝物"找完，数一数共找了几样"宝物"。 4. 不同高低的椅子把场地围成"泳池"，幼儿自选"小跳台"站好，自由地跳入"泳池"，模仿游泳运动员的动作，观察并讨论：谁跳得最轻？怎样才能跳得轻巧？ 5. 听音乐跳入"泳池"，拿一个"救生圈"套在身上，模仿游泳动作。音乐一停，把圈放入"泳池"，立即跑回"小跳台"，准备再次"跳水"。放入"泳池"内的圈逐步递减，没找到圈的幼儿暂停游戏一次。 6. 情节内容可变化，如运动员跳伞、滑雪。 建议："潜水员"须根据指令"下海找宝"，"潜水员"找到的图片必须与指令对应，找错则暂停游戏一次。

通过一阶段的个性化指导后，进行了第二轮的平衡能力、下肢爆发力的观测，数据分析中发现班内的孩子都在原来运动能力的基础上有所提高，90％的孩子都能在平衡木上安全快速通过，87％的孩子下肢爆发力达标。

第三阶段聚焦幼儿兴趣，升级赛道。顺延幼儿的兴趣，在班内开展了"我的赛道，我做主"的活动，和幼儿通过晨谈、运动分享会的形式，共同开始了赛道的升级。孩子们根据自己的运动需求、同伴的运动分享，设计了各种各样的有趣赛道，并自己尝试收集材料、运用园内器械的组合实现了赛道的改造。（见图 6 - 13、6 - 14、6 - 15、6 - 16）

孩子们自主掌控运动场地的设置，从运动器械的收集、组合、摆放全由自己做主，在这个过程中，他们的运动兴趣提高了，运动能力提升了，最重要的是他们享受这个过程，运动智慧也无形中得到了激发。

图 6-13　轮胎赛道

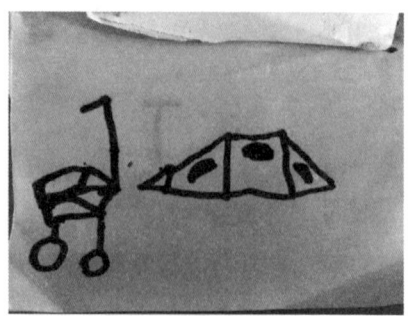

图 6-14　陡坡过桥

图 6-15　限宽过车

图 6-16　沿线骑行

效果与感悟

通过本次的运动课程改进，无论是我还是孩子都有所收获：

一是让儿童爱上运动并体验运动的快乐。很多人都认为运动只不过是枯燥的训练，但其实不然。孩子们从之前玩运动场地上现有的器材，到现在自己设置运动场地，从被动的运动转变为主动的运动，不断地建立材料间的联系，探索不同的玩法，并在过程中体验到了运动的快乐，他们自己掌控运动过程，享受到了获得成功的快乐。

二是学会放手，尊重幼儿，满足幼儿的自主需求。好的教师并不是一名运动教练，而应该是幼儿运动过程中的陪伴者，我们应该尝试在安全范围内将运动自主权交还给孩子，并根据不同幼儿的运动需求，动态调整自己的运动支持策略，让孩子在运动过程中不仅能得到锻炼，还能感受到运动的快乐。

三是学会解读，了解幼儿，提升专业知识的全面性。教师只有掌握科学的运动教育，才能在观察中敏锐地发现幼儿运动能力的发展需求，给幼儿提供个性化的运动支持。为此，教师理念的转变也势必带来专业知识的不断全面和丰富。

《指南》中提到幼儿阶段是平衡能力、协调能力、灵敏性发展的重要时期，这些身体素质获得一定的发展，能促进幼儿神经系统和脑功能的完善，也是今后幼儿学习更多、更复杂动作技能的基础。所以我们应该努力提升自己的运动教育能力，让幼儿的运动发展看得见，让教师的发展走得远！

（秦燕）

越玩越精彩的滚筒

观察与实录

片段一：爬不上去的滚筒

幼儿园新添了户外运动器械——滚筒，它由 4 个轮胎固定而成，平放在地上时，幼儿可以站在上面保持平衡。

第一次看到新的器材，孩子们都围在它旁边讨论可以怎么玩？辰辰第一个尝试。只见他双手撑住轮胎，一条腿跪在轮胎上面，当他把另一条腿放上轮胎时，轮胎向前滚了起来，轮胎的滚动使辰辰从轮胎上滑了下来。姚姚看见了，也模仿辰辰的样子爬上轮胎，他爬的速度很快，他一爬轮胎就快速向前滚起来，他也从轮胎上滑了下来。

（孩子的表现引起了我的思考：这个运动内容适不适合班级孩子？会不会太难了？我是马上介入帮助孩子爬上滚筒还是再等一等，看看孩子接下来的表现？第一次接触新材料，我还是等一等吧，看看孩子们会怎么玩。）

辰辰用刚才的方法又试了一次，因为轮胎的滚动，他还是没能爬上轮胎。这时，轩轩被吸引过来，也想爬上轮胎，当他把右腿放上轮胎时，轮胎向前滚了起来，他滑了下来。三个孩子轮流爬轮胎，虽然没有成功，但是他们乐此不

疲,一遍遍地尝试着。

识别与分析

首先,不同性格幼儿对新事物的反应不同。对于新出现的运动器具,孩子的表现不一样。辰辰和姚姚喜欢尝试新事物,敢于挑战,他们最先尝试,班级中的其他孩子以观望为主。

其次,有挑战的活动推动幼儿运动能力发展。滚筒对于幼儿平衡能力具有一定的挑战。任何外力的影响都会造成轮胎的滚动,孩子在运动过程中平衡一直处于不断被打破又不断重新调整的动态变化中,这与他们平时进行独木桥类的平衡运动有较大的区别。

再者,适宜的安全防护有助于幼儿投入探索。轮胎的滚动会造成前后晃动,幼儿容易从轮胎上掉下来,现阶段头盔可以保护幼儿不受伤害,也能给幼儿带来心理上的安全感。

最后,对班级幼儿现有运动水平的了解为后续教师支持提供依据。辰辰是班中平衡能力较强的幼儿之一,多次的挑战都没能成功,说明这个内容对于班级幼儿具有一定的挑战度。前期对班级幼儿平衡能力的观测结果显示:班中平衡能力发展在中等以上的,男生占比87%,女生占比90%;其中男生平衡能力比较强的更是占到了71%。虽然这个运动内容具有挑战,但是基于班级幼儿的现有水平,通过科学的指导,幼儿是能够挑战成功的。

回应与支持

首先,提供安全护具,支持幼儿充分探索。在环境与材料方面提供了安全头盔护具,同时将运动场地做出了进一步规划——将平整度高的塑胶场地留给滚筒区,将原来同在塑胶场地的轮胎山搬移至小上坡上,确保有足够的场地和安全的保障。

作为观察者,进一步观察幼儿的行为。针对不同能力的幼儿进行了进一步观察:由于轮胎直径的高度接近幼儿大腿位置,幼儿爬动过程中给轮胎施加了额外的动力,致轮胎本身发生滚动,所以爬上轮胎需要一定的力量和灵敏度。能力较强的幼儿能够爬山滚筒,但是爬上去的瞬间又掉了下来;能力较弱的幼儿无法爬上滚筒。作为支持者,创设幼儿自主解决问题的机会。针对爬上滚筒的这个难题，我利用运动前的自由活动时间组织幼儿进行了一次讨论，在交流过程中幼儿提出了合作的想法：3 人一组，2 人扶 1 人爬。孩子们打算下次运动的时候试一试这个方法。为了进一步支持幼儿参与滚筒运动，主配班老师也在全面观察的基础上，重点关注滚筒这一区域。

　　片段二：摇摇晃晃的滚筒

　　辰辰和姚姚又来到滚筒旁，这次他俩找了轩轩一起爬轮胎。有了第一次的经验加上运动前的讨论，这一次他们 3 人分工合作：轩轩和姚姚一人一头扶住轮胎，辰辰爬轮胎。辰辰一个膝盖跪在轮胎上，两手支撑的同时把另一个膝盖也放了上去，随着辰辰的爬动，轮胎开始前后滚动起来，姚姚和轩轩合力扶住了轮胎，终于辰辰稳稳地跪在了轮胎上。接着，他慢慢地从轮胎山站了起来，我试着让姚姚和轩轩松手，"1、2、3、4、5……"，我为辰辰拍手，同时给他站在轮胎山的时间计数，辰辰坚持了 10 秒。（终于成功了，在前期的讨论计划后，孩子们通过自己的努力解决了爬不上轮胎的问题。我要不要把这个方法告诉更多的孩子，让他们也来尝试呢？运动也能够发展孩子解决问题的能力，孩子们会不会想出其他爬上轮胎的方法呢？爬轮胎是一个发展孩子平衡与协调，锻炼孩子胆量的活动，即使孩子没有成功地爬上去，也经历了锻炼的过程，我决定再等一等，看看其他孩子会怎么玩？玩的怎么样。）

　　有了成功的经验，其他孩子的兴趣也被点燃了，瞬间又来了一组孩子。芯芯、庭庭和多多，她们模仿前一组的经验三人合作，芯芯和庭庭试了 3 次后成功了。哲哲也来了，他是一个人来玩的，没有同伴帮他扶住轮胎，他两次都从滚动的轮胎上滑了下来。令我惊讶的是，他把滚筒推到了操场边的座椅旁，让轮胎挨着座椅，限制轮胎的滚动，就这样他也爬上了滚筒。

识别与分析

　　其一，在问题解决中看到了幼儿的运动智慧。进入大班，幼儿问题解决能力和合作能力有了很大的提高，他们能够在与同伴的讨论中提出解决问题的设想，并在运动中以小组合作的方式找到爬上滚筒的方法。特别是哲哲，在了解了爬轮胎山的方法后，利用场地上现有的座椅来限制轮胎的滚动，成功地爬上了滚筒。

　　其二,在成功体验中产生了进一步探索的愿望。这一次的合作让孩子们体验到了成功的快乐,也进一步激发了他们的运动兴趣,更多的孩子参与到滚轮胎的运动中。孩子们的方法也越来越多样。站稳是第一步,怎样让滚筒滚起来,我决定进一步观察。

回应与支持

　　首先,从材料上支持孩子。考虑到孩子们对滚筒的兴趣越来越浓厚,我们在原来2个滚筒的基础上又增加了3个滚筒以满足幼儿尝试的需求。基于幼儿下肢力量和平衡能力的不同,按照颜色将滚筒进行区分,红色的滚筒为练习筒,旁边有一位教师协助;其余彩色的滚筒为表演筒,幼儿可以自主进行运动。孩子们根据自己的需求选择不同颜色的滚筒进行尝试。

　　其次,从经验上支持孩子。我收集了很多玩滚筒的照片,有的是单人玩的,有的是多人玩的,有的是往前滚的,有的是向后退。孩子们看到这么多不同的玩法,更加跃跃欲试。同时,我在教室里提供了一本记录本,孩子们可以把自己玩滚筒的故事记录下来。

　　片段三:花样百出的滚筒

　　芯芯稳稳地站立在滚筒上,滚筒随着她身体的晃动向前滚了起来。老师鼓励她:"芯芯,试一试走起来,别让自己掉下来。"芯芯慢慢地移动脚步,站在滚筒上跟随轮胎向前走,一步、两步、三步……,她成功地迈出了五步。在芯芯的启发下,孩子们开始了不同的尝试:滚筒向前滚,站在轮胎上向前迈步;滚筒向后滚,站在轮胎上向后退。移动的距离也从最初的1米逐渐延长到5米,现在他们能够从操场的这一头滚到那一头,再站在滚筒上从操场的那一头倒退回这一边。

　　瞧,孩子们又有了新的玩法。把两个滚筒放在操场两头,两个孩子站在轮胎山面对面向前走,走到中间碰头的地方,站在滚筒上交换位置,走到对方的滚筒上再倒退回起点。两个孩子能够顺利交换之后,他们又提出了三个孩子交换滚筒的想法。有的小组还尝试了多人同时在滚筒上行走,滚筒越来越好玩。(见图6-17,6-18)

图6-17　滚筒游戏1　　　　　　　　图6-18　滚筒游戏2

识别与分析

首先，我感动于孩子的创造力。短短一个月的时间，原本陌生的滚筒在孩子们的脚下花样百出，他们想出了不同的玩法：有不同人数的组合；有不同的行进方式；有不同的运动路径；还有不同的队形变化。孩子们的在运动中不断积累的经验以不同的形式表现，正是他们创造力的体现。

其次，我惊喜于孩子运动能力的提升。幼儿的运动能力随着实践迅速发展，原本害怕不敢爬上轮胎的幼儿现在能独立大胆地在轮胎上行走。原本摇摇晃晃的轮胎在孩子们脚下变得听话、乖巧，大班幼儿的合作能力也在运动中得以体现。一个小小的滚筒玩出了无数的花样，孩子们不仅得到了锻炼，更加体会到运动带来的快乐。

回应与支持

首先，和孩子一起记录我们的运动故事。我赞赏孩子们在运动中体现的智慧以及敢于尝试的勇气，也为孩子们的运动发展感到自豪。我将幼儿记录的滚筒故事装订成册，成为了我们班级的滚筒故事书，孩子们可以继续将自己玩滚筒的故事记录下来。故事书越来越厚，越来越精彩。

其次，全面科学地评价幼儿的运动发展，制定后续差异运动方案。通过一个月的连续观察，我对班级幼儿平衡协调能力发展有了全面的了解，针对

班级幼儿共性发展制定班级后续运动方案,同时也为班级个体幼儿(例如:涵涵、同同)设计了个别化运动方案。

效果与感悟

第一,运动是追随幼儿发展的过程。在滚筒运动的过程中,我深刻感悟到幼儿运动能力的发展是过程性的,教师要做的就是观察幼儿当下的表现,了解幼儿发展的水平,找准促进发展的支撑点。就如一开始孩子们爬不上轮胎,教师观察后发现原因在于下肢力量薄弱、身体协调能力较差。老师思考解决的办法,帮助孩子站上滚筒。之后孩子的每一次发展老师都看在眼里,都能及时进行分析,支持孩子进一步的尝试。最终在一步步的递进后,运动能力得到了提升。

第二,教师是孩子运动发展的支持者。教师尊重孩子的差异,将幼儿已有的运动经验和所要达到的经验进行对照,寻找每一位幼儿运动能力提升的空间,再以不同的方式进行支持。就如案例中教师用颜色区分轮胎,能力较弱的幼儿从联系筒开始,能力较强的幼儿给予更多尝试的空间。

第三,课程是一日生活自然的融合。运动不仅仅局限在户外运动和体育游戏的时间。教师把运动课程融到了一日生活中,比如:来园晨谈聊一聊玩滚筒遇到的困难,想一想解决的办法。再比如:自由活动时间和好朋友想想今天玩滚筒的新方法。个别化学习时间记录自己玩滚筒的故事。孩子们在这样的环境下对滚筒的兴趣越来越浓厚,玩出的花样也越来越精彩。

(胡晓萍　王宜军)

勇敢的小登

观察与实录

片段一:户外运动开始了,孩子们陆陆续续运动了起来,在"过小河"的区域,我看见了小朋友们都在玩"过小河"的平衡游戏,但是在平衡木的边上,一直有一个小小的身影在来回徘徊,我走近一看,原来是小登。小登站在边上,看着大家在走平衡木,左晃晃右晃晃,一脸无精打采的样子。于是,我说:

"小登要不要也去试一试?"小登看看我,犹豫了一会儿,我说:"你看,大家都在玩,很好玩,很刺激的!"于是,小登在我的鼓励下小心翼翼的走上平衡木,刚走上去,就叫我:"张老师,张老师。"一边叫我一边在不停甩手,示意让我过去扶扶他,但是,我心想:"如果我不过去,他说不定就成功了,我再等等吧!"我对小登说:"我来了。"示意小登我靠近他了,别担心,但是我没有伸手去扶一扶他,选择继续观察。1分钟过去了,小登始终不愿意跨出第一步,站在原地,又不敢走下平衡木,后面的朋友又催着他,看他有点着急,又很想走过去的样子,于是,我拉住了小登的手,让他牵着我走过了平衡木,第一次,小登拉着我的手走过了平衡木。

接着在我的鼓励下,小登又进行了第二次尝试,我说:"小登,你很棒!你看,刚才你成功走过了平衡木了,是不是很厉害!这次老师就不扶住你了,你自己走走看行吗?"小登听后不说话看看我。于是,他第二次踏上了平衡木,一开始,还是有点战战兢兢,不敢往前走,一小步一小步地往前挪,但是,没走几步,他就从平衡木上掉了下来。小登涨红了脸,排到了队伍的最后面。我说:"小登,我们再来一次好吗?"经过前一次的失败同时看到朋友们走得这么快这么稳,小登有点泄气了,摇摇手说:"我要去休息一会儿了。"我说:"你再去试试看,说不定这次就成功了呢。"小登在我的鼓励下,又进行了第三次的尝试,小登上去之前,我对他说:"这次老师就在你的边上,别害怕,哪怕掉下来了,也不要害怕。"小登勇敢地尝试了第三次,他小心翼翼地将脚跨了出去,但是第二步怎么就跨不出去,过了30秒,小登将脚横了过来,一步一步往前面挪。这时,我对其他小朋友们说:"我们等一等小登,让他走完平衡木我们再走上去吧!"这次,小登在没有压力的情况下,慢慢地,慢慢地,自己一人横着走完了平衡木。(见图6-19)

图6-19 摇摇晃晃的小登

识别与分析

经过一段时间的观察,我们发现小登在走平衡木的时候总是摇摇晃晃的,他在平衡木上双脚不能进行快速交替轮换向前走,而是横着一步一步左右挪动。相对于班中其他男孩子,他更加需要教师的关注和指导。《3—6岁儿童学习与发展指南》中对于中班的幼儿也指出:"具有一定的平衡能力,能在较窄的低矮物体上平稳地走一段距离。"究竟是什么原因导致了小登不敢走上平衡木,我们不仅进行了持续的观察,还进行了家园沟通,原来他的平衡能力和很多因素有关:

首先是心理因素。从实录中可以看出,由于小登第一次玩平衡木,心中带有胆怯、害怕的心情,看着细细长长的平衡木总是担心自己会掉下来。"害怕"是最大的障碍。久而久之,对运动这件事情就缺乏了自信心。但是通过一次一次的尝试,幼儿从一开始需要老师扶住,到后来会横着走过,最后自己可以走完平衡木。这是一个过程,也是一个幼儿学习的过程。而且这是幼儿第一次玩平衡木,解除幼儿的心理障碍是很重要的。像"老师在你的边上,别害怕"这样的鼓励对幼儿是很需要的,就像一剂强心剂,大大地消除了幼儿内心的恐惧。

其次是身体机能。4—5岁是幼儿动作发展的重要时期,处于一个不断上升的阶段,这个时候关注幼儿的动作发展是极为重要的。但是从实录中可以看出,小登的平衡能力发展比较迟缓,需要进一步地培育,他在平衡木上摇摇晃晃,始终不能顺利地走过平衡木。而且动作非常的缓慢,小心翼翼,生怕从平衡木上掉下去。

还有兴趣因素。兴趣是最大的老师,从实录中可以得出,小登对运动的兴趣似乎不是很大,结合小登平时的一日活动,小登的确很少参加体育运动,平时的运动活动大多需要在老师的鼓励下进行,或者参加了一会便去休息了,小登大多数的时间喜欢看着大家运动。加上小登是易出汗体质,运动一会儿就满头大汗,渐渐的也失去了对运动的兴趣。

最后是家庭因素。通过和家长沟通,小登平时很少接触运动,很少有大块的运动时间,小登爱好乐高,在家更多的时间是用来玩桌面游戏、建构游戏等等。家长也缺乏培养幼儿运动能力的意识,觉得开发智力更加重要。久而久之,小登的运动能力就得不到发展。

回应与支持

第一阶段的重点是鼓励教育，提高幼儿对运动的兴趣。（见表6-14）上幼儿园初期，我们便发现小登是个需要多鼓励的孩子。不管是入园、午睡、回答问题，大多都是在老师的鼓励下慢慢好转起来的，那么在运动这件事情，基于对幼儿的了解，我们仍旧是尊重幼儿的兴趣，以鼓励教育为主。

表6-14　第一阶段教育计划表

计划内容	用积极的鼓励方式激发幼儿对于运动的兴趣，尊重幼儿的运动的想法。 运动前可以开展谈话活动：你想玩什么？你想怎么玩？ 运动中进行过程指导：关注幼儿的运动动态，及时调整及表扬。 运动后及时分享交流：今天玩得怎么样？明天还想怎么玩？
过程性指导	1. 关注运动品质：在运动活动中，多关注幼儿的运动情况，关注幼儿的运动品质的发展，引导幼儿多次、有效地进行运动。教师全程进行关注与鼓励。 2. 参与幼儿的运动：在过程中，教师可以加入幼儿的运动，让幼儿感觉不孤单，觉得运动有意思、很好玩。
教育成效	小登对于运动的主动性增强了，对运动开始有自己的想法，并且会将自己的想法告诉老师和同伴。
其他	和家长及时沟通，鼓励家长在家多提供运动的时间和机会，特别是增加亲子运动的时间，让幼儿慢慢爱上运动。

经过一段时间的鼓励和沟通，虽然小登的平衡能力还需要多加提高，但是对于运动这件事情并不是那么排斥了！从慢慢的被动开始主动起来，有时候会主动和老师分享："老师，我今天想玩这个？""明天我想和×××一起玩？"我们都感到很欣慰，孩子的这些转变虽然很微小，但是从这些言语的背后，可以看出小登开始喜欢并慢慢爱上运动！

第二阶段重点在于通过推进游戏，加强幼儿的平衡能力。在幼儿喜欢上运动之后，我们开始对幼儿的平衡能力进行关注，如何让幼儿在潜移默化中提高平衡能力呢？可以和大家一样大胆自信的走过平衡木，建立自信心呢？我们开始了第二阶段的活动——"游戏游戏帮帮忙"……

表6-15　第二阶段教育计划表

计划内容	游戏一："金鸡独立"（单脚独立站）：在一日活动中，增加提高幼儿平衡能力的小游戏，如：在排队的时候，引导幼儿进行单脚站立，循序渐进，从一开始的5秒—10秒等等。（见图6-20）

（续表）

图 6-20　单脚独立站

游戏二："大鹏展翅"（侧弓步支撑）：利用生活中的空余时间,和幼儿一起做一做侧弓步支撑的游戏,首先将两腿分开四至五步宽,然后一条腿下蹲至大小腿折叠,另一条腿伸直。（见图 6-21）

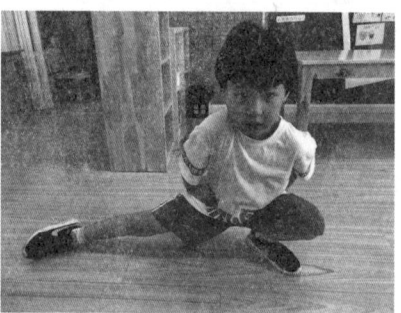

图 6-21　侧弓步支撑

游戏三："快步剪刀"（箭步蹲）：双脚一前一后,呈剪刀状,脚下放一块平衡垫,来增加难度和保持平衡。（见图 6-22）

图 6-22　箭步蹲

(续表)

	游戏四："稳住瑜伽球"（瑜伽球平衡）：引导幼儿慢慢坐在瑜伽球上，双手进行支持，在瑜伽球上慢慢保持平衡，不让自己掉落下来。（见图6-23）  图6-23　在瑜伽球上保持平衡
过程性指导	1. 参与幼儿的游戏：在一日活动中，教师多多鼓励和参与幼儿的运动游戏，暗示他也能行，不仅可以自己锻炼，还可以邀请他的好朋友一起来参与游戏。 2. 增加运动的趣味性：在幼儿进行小游戏的时候，可以播放一些节奏感较强的背景音乐，鼓励幼儿跟着节奏做一做这些小游戏，还可以邀请自己的同伴一起参加。
教育成效	在日复一日中，一开始小登摇摇晃晃和需要提醒，慢慢地，他把这些小游戏逐渐内化。在地面上保持平衡的能力越来越好，从一站就倒到现在的10秒、20秒，时间也越来越长。
其他	在单脚站立和支撑的时候，引导幼儿双手侧向打开保持身体的平衡。

　　第三阶段重点是巩固和提升，提高幼儿的运动品质。根据学期目标，我们和小登一起用建构积木自制了宽度不同、高低不一的平衡木，不仅可以用来玩平衡游戏，还可以增进幼儿对运动的兴趣。中班上学期幼儿平衡能力发展目标为走完长3米，宽10厘米，高30厘米的平衡木，用时在10秒内。中班下学期幼儿平衡能力发展目标为走完长3米，宽10厘米，高30厘米的平衡木，用时在8.2秒内。据此我们进行了第三阶段教育计划的制定。

表6-16 第三阶段教育计划表

计划内容	1. 平衡木我做主：在进行一系列的平衡小游戏之后，可以让幼儿开始在平衡木上进行训练，平衡木从宽到细，从矮到高，慢慢过渡。引导幼儿利用建构积木自己搭建平衡木宽度和高度，自己来决定游戏的难易程度。 2. 时间我做主：当幼儿熟悉了平衡木之后，慢慢鼓励幼儿加快行走的速度。过程中，可以让幼儿自主记录时间，把秒表交给孩子，让孩子自己做主，为自己计算时间！
过程性指导	1. 教师学会放手：幼儿在走过平衡木的时候，给幼儿提供完全自由的机会，尽量不要伸手扶幼儿，降低幼儿对老师和他人的依赖。 2. 将运动还给孩子：在提高运动品质时，最合适的做法就是将选择权还给孩子，让孩子自己来做主，他想怎么玩？哪里玩？
教育成效	小登的平衡能力越来越好，不仅能够顺利的走过平衡木，也能逐步参加平衡车、滑板车等一些高难度的体育活动。

"日复一日"的力量是强大的，每天小小的改变，久而久之就是大大的转变，小登的平衡能力也得到了很大的改善。小登在一次体育游戏中，得到了大象老师和伙伴们的肯定。

片段二：今天大象老师在我们班级进行走平衡木的体育游戏，大象老师在开始之前，允许幼儿在平衡上走走试试看，首先，大象老师请了一位能力比较强的幼儿来走一走，领头羊的作用是十分重要的，后面几个男孩子都走的十分顺畅，到小登了，下面的孩子都在给小登加油，虽然小登看上去有点紧张，但是我发现他的眼神是期待的，小登踏上了平衡木，我对他说："小登，加油！我们已经走过很多次了，加油！我在你的边上，别害怕。"小登举平了双手，勇敢地踏出了第一步，这一步是往前走的，接着，他跨出了第二步，然后双脚交替向前走，不一会儿，双脚快速进行交替，在大家的鼓励下，小登成功了走过了3米的平衡木。大家都给小登送上了掌声。正式游戏开始了，轮到小登了，小登打开手臂，一步两步三步……很快地走完了，这次小登走出了6秒左右的时间，小登走完之后，我向他竖起了大拇指。第二次，小登也没有让老师失望，不仅没有倒下来，而且走得比第一次还快。

幼儿的进步是有目共睹的，从一开始需要老师扶，到现在能够顺利的走过平衡木，这次大象老师的鼓励和领头羊的成功给小登起到了很大的鼓舞作用。幼儿的自信也越来越浓，这次活动老师在边上的鼓励也很少，幼儿凭借着强大的内心征服了恐惧和害怕。

效果与感悟

通过对小登平衡能力的观察和指导,我发现小登发生很多的变化:

第一,幼儿越来越自信。自信是一个人的"容貌",自信的孩子走到哪里都散发着一股阳光。经过这段时间和小登的"亲密接触",发现小登越来越自信了,特别是集体活动的时候,能够在大家面前大方介绍,自信满满。

第二,其他运动能力得到提升。运动是一个综合性课程,包含了大肌肉、小肌肉等等的发展,当幼儿某方面的运动能力得到了发展之后,也促进了其他运动能力的发展。我们发现小登的下肢力量也提高了不少,在玩平衡车起步的时候,双腿发力,起步的力量很大。在"跳""跑"等方面大肌肉发展方面也得到了提高,能够沿着直线跑,摔跤的现象也慢慢地减少了。

第三,幼儿自主性提高。我们都知道,孩子是幼儿园中的主体,所有的一切都是为了孩子而存在的,运动这件事也是一样,我们需要把运动的选择权还给孩子,让孩子自己的做主,不是"我希望孩子怎么玩?"而是幼儿自己觉得我要怎么玩? 在小登的这个案例中,后期在提高运动品质的阶段,教师完全放手,场地、时间、平衡木的长度宽度都让幼儿自己做主,幼儿的积极性很高,乐在其中,久而久之,兴趣带动了平衡能力的发展。这也是孩子自主发展的过程。

在进行对幼儿观察和指导的过程中,教师在解读幼儿方面的能力得到了提升,基于实证的描述分析、利用照片、多媒体等方式进行解读,了解每个幼儿都是一个独立的个体,发展的速度和接受的能力都是不同的,教师要善于观察幼儿,从不同的幼儿身上发现其自身独有的特质和潜能。为幼儿设计多元化的教育方案,让每个幼儿都在原有的基础上得到最好的发展。小登就是这样一个孩子,从拒绝运动到慢慢喜欢上,后来主动选择运动,这就是一个质的转变,说明这些多元化的课程的魅力所在,让他克服自己的困难,改变自己!

(张枫雯)

后记

　　在走完一段路程之后回顾一路的经历,是人之常情。在本书结稿之际,我也不由得回忆起我们的"我的运动"课程从萌芽到生长,不断纵深发展的过程。我和我的老师们伴随着课程的生长,一步一步共同成长。

　　课程要具备蓬勃的生命力,必须扎根于营养丰饶的土地中,而孩子就是我们课程的土地。孩子们是天生的运动家,我们一直以来要做的事情,就是看到孩子的需要,跟随孩子的脚步,支持孩子的发展。当我们看到孩子们在运动中有自主运动的需要,我们就预留空白的运动场地,鼓励他们根据自己的需要进行创设;当我们看到孩子们在运动中有自我发展以获得成就感的需要,我们就创设条件支持教师关注每位幼儿的运动发展水平,个性化地支持幼儿的发展……课程为幼儿的个性发展提供丰富的养料,幼儿的发展是我们课程的起点和原动力。

　　本书从筹划、起草、修改到最后成书,见证了我们对"我的运动课程"研究的一步步深化,前后历经十年。对于幼儿园教师而言,看到幼儿在运动中基本动作发展的经验,仅仅是开展运动课程的第一步;更重要的是,在教师了解儿童的运动经验、发展需要后,如何结合儿童的兴趣,从儿童发展的角度出发支持他们实现在原有基础上获得进一步发展,这是一门需要深研的学问,也是我们一直以来不懈努力的方向。

　　感谢由会贞博士带领上海乐娃青少年体育俱乐部一直以来在"我的运动课程"发展过程中对教师专业的引领;感谢上海市特级教师、虹口区教育学院幼教教研员崔岚在课程建设和实施过程中的指导;感谢上海市特级教师黄琼,在书稿撰写过程中为我们提供专业的支持;感谢我园的体育专任教师王宜军和张洪勋在"我的运动课程"改革中对课程专业性、科学性的把握;感谢幼儿园全体教师在我园运动课程改革中不断地积极探索、锐意进取,感谢你们为孩子发展作出的贡献;还要感谢邱吉、刘梦莹、李芳、丁红英、张少灵、黄婷为本书撰写付出的心血。

　　孩子们是每一个家长的牵挂,是民族的希望,更是祖国的未来。少年强则国强,孩

子的全面发展离不开健康的体魄、顽强的意志。幼儿期是人一生中发展最重要的时期,我们每一位学前教育工作从业者,都感受到了肩头上这一份沉甸甸的压力和责任。

本书的成稿是我园在幼儿园运动课程一个研究阶段的结束,更是未来运动课程改革探索的又一个新起点。在未来,挑战还会接踵而至,但我坚信只要心中时时有着孩子,终会收获一片灿烂天空。

陆晔

上海市嘉定新城实验幼儿园园长

2021 年 1 月 5 日

学校整体课程规划的七个关键	978 - 7 - 5760 - 0424 - 3	62.00	2021 年 3 月
课堂教学的 30 个微技术	978 - 7 - 5760 - 1043 - 5	52.00	2020 年 12 月
教学诠释学	978 - 7 - 5760 - 0394 - 9	42.00	2020 年 9 月
原点教学：提升区域育人质量的策略研究			
	978 - 7 - 5760 - 0212 - 6	56.00	2020 年 8 月

学校课程发展精品丛书

学科课程群与全经验学习	978 - 7 - 5760 - 0583 - 7	48.00	2021 年 1 月
育人目标与课程逻辑	978 - 7 - 5760 - 0640 - 7	52.00	2021 年 2 月
学科课程与深度学习	978 - 7 - 5760 - 0505 - 9	52.00	2021 年 2 月
学校课程的文化表情：百花园课程的学科指向与深度实施			
	978 - 7 - 5760 - 0677 - 3	38.00	2021 年 2 月
学校文化与课程变革	978 - 7 - 5760 - 0544 - 8	62.00	2021 年 2 月
语文天生重要：语文学科课程群设计	978 - 7 - 5760 - 0655 - 1	44.00	2021 年 2 月
五育并举的课程体系：致良知课程的旨趣与探索			
	978 - 7 - 5760 - 0692 - 6	48.00	2021 年 1 月
学科课程与育人质量	978 - 7 - 5760 - 0654 - 4	48.00	2021 年 1 月
在地文化与课程图谱	978 - 7 - 5760 - 0718 - 3	46.00	2021 年 2 月
中观课程设计与学科课程发展	978 - 7 - 5760 - 0624 - 7	36.00	2021 年 1 月
大教学：英语学科核心素养培育的课程模式			
	978 - 7 - 5760 - 0462 - 5	46.00	2021 年 1 月

特色学校聚焦丛书

不一样的生命，一样的精彩	978 - 7 - 5675 - 8675 - 8	34.00	2019 年 3 月
童味正醇：特色学校的文化图谱	978 - 7 - 5675 - 8944 - 5	39.00	2019 年 8 月
特色普通高中课程建设探索	978 - 7 - 5675 - 9574 - 3	34.00	2019 年 10 月

儿童是天生的探索者:360°科学启蒙教育

$$978-7-5675-9273-5 \qquad 36.00 \qquad 2020 年 2 月$$

做精神灿烂的教师:教师自我成长的 5 个密码

$$978-7-5760-0367-3 \qquad 34.00 \qquad 2020 年 7 月$$

让教育温暖而芬芳   978 - 7 - 5760 - 0537 - 0   36.00   2020 年 9 月

快乐教育与内涵生长   978 - 7 - 5760 - 0517 - 2   46.00   2020 年 12 月

故事教育与儿童发展   978 - 7 - 5760 - 0671 - 1   39.00   2021 年 1 月

美好教育:学校内涵发展的循证研究   978 - 7 - 5760 - 0866 - 1   34.00   2021 年 3 月

把美好种进儿童心田   978 - 7 - 5760 - 0535 - 6   36.00   2021 年 3 月

倾听生命的天籁:"天籁教育"的实践与探索

$$978-7-5760-1433-4 \qquad 38.00 \qquad 2021 年 9 月$$

为了每一个孩子的美好心愿   978 - 7 - 5760 - 1734 - 2   50.00   2021 年 9 月

跨学科课程丛书

大情境课程:主题设计与创意评价   978 - 7 - 5760 - 0210 - 2   44.00   2020 年 5 月

社会参与素养的培育模型与干预机制   978 - 7 - 5760 - 0211 - 9   36.00   2020 年 5 月

大概念课程:幼儿园特色主题活动设计

$$978-7-5760-0656-8 \qquad 52.00 \qquad 2020 年 8 月$$

项目学习:进入学科的课程智慧   978 - 7 - 5760 - 0578 - 3   38.00   2021 年 4 月

STEAM 课程的设计与实施   978 - 7 - 5760 - 1747 - 2   52.00   2021 年 10 月

幼儿个性化运动课程   978 - 7 - 5760 - 1825 - 7   56.00   2021 年 11 月

核心素养导向的课堂教学丛书

漾着诗性智慧的课堂教学   978 - 7 - 5675 - 9308 - 4   39.00   2019 年 7 月

转识成智的课堂教学:核心素养导向的历史教学

$$978-7-5760-0164-8 \qquad 40.00 \qquad 2020 年 5 月$$

学导式教学:学会学习的教学范式   978 - 7 - 5760 - 0278 - 2   42.00   2020 年 7 月

高阶思维教学的关键技术   978 - 7 - 5760 - 0526 - 4   42.00   2021 年 1 月

会呼吸的语文课：有氧语文的旨趣与实践			
	978 - 7 - 5760 - 1312 - 2	42.00	2021 年 5 月
高阶思维教学的核心指向	978 - 7 - 5760 - 1518 - 8	38.00	2021 年 7 月
磁性课堂：劳动技术课就这样上	978 - 7 - 5760 - 1528 - 7	42.00	2021 年 7 月
核心素养导向的作业设计	978 - 7 - 5760 - 1609 - 3	40.00	2021 年 8 月
语文，让精神更明亮	978 - 7 - 5760 - 1510 - 2	42.00	2021 年 9 月
"六会"教学法：基于核心素养的课堂教学			
	978 - 7 - 5760 - 1522 - 5	42.00	2021 年 9 月

特色课程建设丛书

教师，生长的课程	978 - 7 - 5760 - 0609 - 4	34.00	2020 年 12 月
学校课程发展的实践范式	978 - 7 - 5760 - 0717 - 6	46.00	2020 年 12 月
丰富学习经历：如歌式课程的愿景与深度			
	978 - 7 - 5760 - 0785 - 5	42.00	2020 年 12 月
学科课程群设计方法	978 - 7 - 5760 - 0579 - 0	44.00	2021 年 3 月
学校美育课程的立体建构：菁华园课程的逻辑与框架			
	978 - 7 - 5760 - 0610 - 0	36.00	2021 年 3 月
关键学习素养与学科课程设计	978 - 7 - 5760 - 1208 - 8	34.00	2021 年 4 月
学校课程设计：愿景建构与深度实施	978 - 7 - 5760 - 1429 - 7	52.00	2021 年 4 月
生长性课程：看见儿童生长的力量	978 - 7 - 5760 - 1430 - 3	52.00	2021 年 4 月
"慧阅读"课程：儿童视角	978 - 7 - 5760 - 1608 - 6	42.00	2021 年 6 月
诗意栖居的课程愿景：智慧岛课程的逻辑与深度			
	978 - 7 - 5760 - 1431 - 0	44.00	2021 年 7 月
每一个孩子都是最重要的人：V - I - P 课程的内在意蕴与学科视角			
	978 - 7 - 5760 - 1826 - 4	54.00	2021 年 8 月
给每一个孩子带得走的能力：井养式课程的旨趣与探索			
	978 - 7 - 5760 - 1813 - 4	42.00	2021 年 10 月
指向核心素养的课程统整框架：I AM BEST 课程的学科之维			
	978 - 7 - 5760 - 1679 - 6	48.00	2021 年 11 月